9급/7급 공무원 시험대비 **최신판**

동영상강의 www.pmg.co.kr

박문각 공무원 입문서

2024

시작!
강성빈
행정법

QMG 박문각

이 책의 머리말

많은 수험생이 '행정법은 이해하는 과목이 아닌 암기하는 과목'이라는 오해하에 잘못된 공부방법을 선택하여 시행착오를 겪는 모습을 적지 않게 발견할 수 있습니다. 그러나 이와 같은 오해는 문자 그대로 사실과 전혀 다른 것으로서, 실제로 행정법은 그 공부 방법에 있어서 철저하게 핵심 개념에 대한 이해가 선행되어야 하는 과목이며, 이해가 선행되었을 때에 비로소 행정법의 수많은 판례와 조문에 대한 정확하고 장기적인 암기가 가능해집니다.

특히 방대한 행정법의 내용 중 가장 핵심이 되는 주제가 바로 '행정작용법(처분)'과 '행정소송법(취소소송)'으로서, 이 두 가지 주제에 대한 어느 정도의 이해에 도달할 수 있다면 행정법 공부의 7부 능선을 넘었다고 해도 과언이 아닐 것입니다. 그만큼 위 두 주제는 행정법 전체의 내용 중 절대적인 비중을 차지하고 있고, 같은 이유에서 행정법 공부는 위 두 주제에 대한 '정확한 이해'에서 '시작'되어야 합니다.

〈2024 강성빈 행정법총론 입문서〉는 행정법 공부 방법에 대한 위와 같은 전제 사실하에, 수험생들이 가장 효율적으로 공무원 행정법 공부를 시작할 수 있게 도울 목적으로 집필되었습니다.

본서의 주요 특징은 다음과 같이 크게 세 가지로 나뉩니다.

첫째, 본서는 철저하게 초시생(행정법 공부를 처음 시작하는 수험생)이 가장 쉽게, 동시에 정확한 우선순위하에 행정법 공부를 시작할 수 있도록 행정법의 가장 중요한 두 주제인 행정작용법과 행정소송법의 핵심이 되는 내용만을 수록하였습니다.

둘째, 본서는 비록 '입문서'의 성격을 갖는 교재이지만, 그러면서도 '수험 적합성'을 놓치지 않도록 세부 테마별로 OX문제와 기출문제를 수록함으로써 수험생들이 공부의 방향을 확인하고 공부한 내용을 정확히 복습할 수 있도록 하였습니다.

셋째, 본서는 상대적으로 적은 볼륨을 통해 초시생이 부담스럽지 않게 행정법에 접근할 수 있도록 하였습니다.

본서의 구체적인 활용방법 내지 공무원 행정법의 공부 방법은 다음과 같습니다.

먼저 저자의 [Lv.0 입문강의] 커리큘럼을 통해 빠르게 전체 내용을 회독하는 것을 목표로 해야 합니다. 강의 수강 후에는 진도 나간 부분에 대한 복습을 진행해야 하는데, 복습은 절대로 배운 내용을 '암기'하는 방식으로 하는 것이 아니라, 혼자서 조문과 판례를 읽었을 때 '내용이 이해되는지 확인'하는 방식으로 이루어져야 합니다.

개념에 대한 복습을 마친 후에는 테마별로 수록된 OX문제와 기출문제를 풀어봄으로써 각 테마의 출제 포인트를 확인하고, 이후 틀렸거나 정확히 알지 못했던 선지에 대해서는 다시 개념으로 돌아가 이를 확인하는 방식으로 공부를 이어가야 합니다.

이와 같은 과정으로 모든 테마에 대한 회독을 마쳤다면 짧은 시간 안에 행정법에 대한 상당한 실력이 쌓였음을 분명 느낄 수 있을 것입니다. 이후에는 다음 레벨의 커리큘럼을 통해 '반복 회독'을 이어감으로써 본격적으로 점수를 올려 나가는 과정을 진행해야 합니다.

본서가 출간되는 과정에 있어서 많은 분들의 도움이 있었습니다. 먼저 수험생들이 보다 효과적으로 행정법공부를 시작할 수 있도록 입문과정 커리큘럼을 기획해주신 박문각 공무원 학원의 임직원분들께 감사의 인사를 올립니다. 또한 타이트한 출간일정 가운데서도 꼼꼼하게 편집작업을 진행해 주신 출판사업부 임직원분들께도 진심으로 감사의 말씀을 드립니다.

본서가 수험생 여러분이 행정법 공부를 시작하는 데 있어서 많은 도움이 되기를 바랍니다. 결코 쉽지만은 않을 수험생활이 시작되겠지만, 여러분의 최종합격을 진심으로 응원하며, 여러분의 고될 수험생활의 순간순간마다 하나님의 은혜가 가득하기를 기도합니다.

2023. 4.

변호사 강성빈

구성과 특징

1

본서는 초시생들이 행정법총론을
파악하는 데 부담이 없도록 핵심이
되는 내용인 행정작용법과 행정소송법
을 컴팩트하게 구성하였습니다.

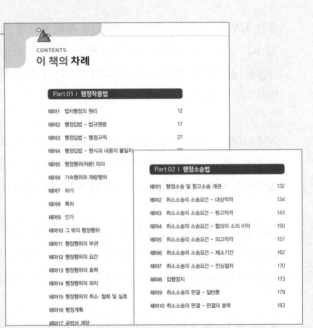

2

- OX문제와 기출문제를 수록하여 각
  테마별의 출제 포인트를 확인하고
  이후 틀렸거나 정확히 알지 못했던
  선지에 대해서는 다시 개념으로
  돌아가 이를 확인하는 방식으로
  공부하면 더욱 효율적인 학습이
  가능합니다.
- OX문제와 기출문제는 2023년
  국가직도 수록하여 최근 출제된
  경향에 대해서도 파악이 가능하며
  이론의 부족한 부분까지 채울 수
  있습니다.

기출 OX 확인

01 국립대교수 재임용탈락통지는 항고소송의 대상이 되는 행정처분에 해당한다. 11 사복   ( )

02 「국가공무원법」상 당연퇴직의 인사발령은 법률상 당연히 발생하는 퇴직사유를 공적으로 확인하여 알려주는 이른바 관념의 통지에 불과하므로 행정소송의 대상이 되는 독립한 행정처분이라고 할 수 없다. 16 국가   ( )

03 정년에 달한 공무원에 대한 정년퇴직 발령은 정년퇴직 사실을 알리는 이른바 관념의 통지에 불과하여 행정소송의 대상이 될 수 없다. 18 교행   ( )

04 국민건강보험공단이 행한 '직장가입자 자격상실 및 자격변동 안내' 통보는 가입자 자격의 변동 여부 및 시기를 확인하는 의미에서 한 사실상 통지행위에 불과할 뿐, 항고소송의 대상이 되는 행정처분에 해당하지 않는다. 23 국가   ( )

05 지적공부 소관청의 지목변경신청 반려행위는 행정사무의 편의와 사실증명의 자료로 삼기 위한 것이지 그 대장에 등재여부는 어떠한 권리의 변동이나 상실효력이 생기지 않으므로 이를 항고소송의 대상으로 할 수 없다. 17 국가   ( )

> 지목은 토지소유권을 제대로 행사하기 위한 전제요건으로서 토지소유자의 실체적 권리관계에 밀접하게 관련되어 있으므로 지적공부 소관청의 지목변경신청 반려행위는 국민의 권리관계에 영향을 미치는 것으로서 항고소송의 대상이 되는 행정처분에 해당한다. 대법원 2004. 4. 22. 선고 2003두9015 판결

06 토지대장의 기재는 토지소유권을 제대로 행사하기 위한 전제요건으로서 토지소유자의 실체적 권리관계에 밀접하게 관련되어 있으므로 토지대장상의 소유자명의변경신청을 거부한 행위는 국민의 권리관계에 영향을 미치는 것이므로 항고소송의 대상이 되는 행정처분에 해당한다. 16 국가   ( )

> 소관청이 토지대장상의 소유자명의변경신청을 거부한 행위는 이를 항고소송의 대상이 되는 행정처분이라고 할 수 없다. 대법원 2012. 1. 12. 선고 2010두12354 판결

07 영업양도행위가 무효임에도 행정청이 승계신고를 수리하였다면 양도자는 민사쟁송이 아닌 행정소송으로 신고수리처분의 무효확인을 구할 수 있다. 22 지방   ( )

3

1 공정력

> **[사례1]**
> 미성년자에게 속아 술을 판 편의점 점주A에 대하여 구청장이 영업취소처분을 하였음. 점주A는 영업취소처분에 대하여 취소소송을 제기함과 동시에 영업중단에 따른 손해를 배상받고자 민사법원에 국가배상청구를 함. 취소소송의 판결이 나오지 않은 상태에서 국가배상청구는 인용될 수 있는지?
>
> **[사례2]**
> 국세청에서 자료를 잘못 분석하여 A에 대하여 법에 근거가 없는 과세처분을 함(중대·명백한 하자 존재). A는 세금을 납부한 후에야 비로소 과세처분이 잘못되었음을 알게 되었음. 이에 A는 과세처분에 대한 무효등확인소송을 제기함과 동시에 잘못 납부한 세금을 돌려받고자 민사법원에 부당이득반환청구를 함. 행정법원의 판결이 나오지 않은 상태에서 부당이득반환청구는 인용될 수 있는지? 만약 과세처분에 취소사유에 해당하는 하자가 존재하는 경우, 민사법원은 청구인용판결을 할 수 있는지?

(1) 논의의 전제

- 국가배상청구 : 공무원의 위법한 직무집행행위로 손해를 입은 국민이 그 손해배상을 구하는 청구 민사소송(민사법원 관할)
- 부당이득반환청구 : 무효인 원인에 근거하여 금전 등을 지급한 자가 상대방에 대해 반환을 구하는 청구 민사소송(민사법원 관할)
- 사례의 쟁점) 과연 행정법원이 아닌 민사법원에서 처분의 위법 or 무효 여부를 판단할 수 있는지?

(2) 행정소송법의 규정

> **행정소송법 제11조 【선결문제】**
> 처분 등의 효력 유무 또는 존재 여부가 민사소송의 선결문제로 되어 당해 민사소송의 수소법원이 이를 심리·판단하는 경우에는 제17조(행정청의 소송참가), 제25조(행정심판기록 제출명령), 제26조(직권심리), 제33조(소송비용에 관한 재판의 효력)의 규정을 준용한다.

- 선결문제 : (판) 국가배상청구의 인용 여부를 판단하는데 있어서 전제가 되는 문제 ➡ 처분의 '위법' 여부

4

(2) 절차의 하자 (판) 취소사유

🏠 **판례**

1. 행정절차법상 청문제도는 행정처분의 사유에 대하여 당사자에게 변명과 유리한 자료를 제출할 기회를 부여함으로써 위법사유의 시정가능성을 고려하고 처분의 신중과 적정을 기하려는 데 그 취지가 있음에 비추어 볼 때, 행정청이 침해적 행정처분을 함에 즈음하여 청문을 실시하지 않아도 되는 예외적인 경우에 해당하지 않는 한 반드시 청문을 실시하여야 하고, 그 절차를 결여한 처분은 위법한 처분으로서 취소사유에 해당한다. 대법원 2004. 7. 8. 선고 2002두8350 판결
2. 세액산출근거가 기재되지 아니한 납세고지서에 의한 부과처분은 강행법규에 위반하여 취소대상이 된다. 대법원 1985. 4. 9. 선고 84누431 판결
3. 재외국민이 관할행정청에게 여행증명서의 무효확인사실 제출, 주민등록신고를 하여 주민등록이 되었는데, 관할행정청이 주민등록신고시 거주용여권의 무효확인서를 첨부하지 아니한 여행용여권의 무효확인서 첨부하는 위법이 있었다고 하여 주민등록을 말소하는 처분을 한 경우 이 처분이 주민등록법 제17조의2에 규정한 최고, 공고의 절차를 거치지 아니하였다 하더라도 그러한 하자는 중대하고 명백한 것이라고 할 수 없어 처분의 당연무효사유에 해당하는 것이라고는 할 수 없다. 대법원 1994. 8. 26. 선고 94누3223 판결
4. 국세기본법 및 국세기본법 시행령이 과세전적부심사를 거치지 않고 곧바로 과세처분을 할 수 있거나 과세전적부심사에 대한 결정이 있기 전이라도 과세처분을 할 수 있는 예외사유로 정하고 있다는 등의 특별한 사정이 없는 한, 과세예고 통지 후 과세전적부심사 청구나 그에 대한 결정이 있기도 전에 과세처분을 하는 것은 원칙적으로 과세전적부심사 이후에 이루어져야 하는 과세처분을 그보다 앞서 함으로써 과세전적부심사 제도 자체를 형해화시킬 뿐만 아니라 과세전적부심사 결정과 과세처분 사이의 관계 및 불복절차를 불분명하게 할 우려가 있으므로, 그와 같은 과세처분은 납세자의 절차적 권리를 침해하는 것으로서 절차상 하자가 중대하고 명백하여 무효이다. 대법원 2016. 12. 27. 선고 2016두49228 판결
5. 행정청이 구 학교보건법 소정의 학교환경위생정화구역 내에서 금지행위 및 시설의 해제 여부에 관한 행정처분을 하면서 절차상 학교환경위생정화위원회의 심의를 누락한 흠이 있다면 그와 같은 흠을 가리켜 위 행정처분의 효력에 아무런 영향을 주지 않는다거나 경미한 정도에 불과하다고 볼 수는 없으므로, 특별한 사정이 없는 한 이는 행정처분을 위법하게 하는 취소사유가 된다. 대법원 2007. 3. 15. 선고 2006두15806 판결
6. 구 환경영향평가법상 환경영향평가를 실시하여야 할 사업에 대하여 환경영향평가를 거치지 아니하였음에도 승인 등 처분을 한 경우, 그 처분의 하자는 행정처분의 당연무효사유에 해당한다. 대법원 2006. 6. 30. 선고 2005두14363 판결

(3) 형식의 하자(문서주의 위배) – 무효

🏠 **판례**

행정절차법 제24조는, 행정청이 처분을 하는 때에는 다른 법령 등에 특별한 규정이 있는 경우를 제외하고는 문서로 하여야 한다고 규정하고 있는데, 이는 행정의 공정성·투명

한눈에 알아보기 쉽게 형광펜 효과와 밑줄로 중요한 내용을 강조하였으며 사례 박스를 구성하여 교재의 완성도를 높였습니다.

가능한 많은 판례를 삽입하였으며 본문에 대한 관련 판례와 법조문을 완벽히 반영하여 효율적인 이론 학습이 가능합니다.

출제 경향

♪ 국가직 9급 경향

*2023~2022 국가직 / 2022~2021 지방직 단원별 평균 출제 문항 수

단원	평균*	2023 국가직		2022 국가직	
행정작용법	6	4	행정입법 부관 취소와 철회 처분의 하자	7	행정입법 처분의 효력 다단계 행정결정 처분의 하자 철회 사례 위헌결정 사례 행정작용 종합
행정쟁송법	4	4	대상적격 소송요건 종합 종합 판례 종합 사례	3	소송요건 종합 종합 쟁점 행정심판
행정법통론	1.75	1	공법 · 사법관계	2	행정법 일반원칙 공법 · 사법관계
실효성 확보수단	3.5	5	재재처분 과태료 행정조사 실효성 확보수단 종합 대집행	3	행정벌 즉시강제 과징금
행정절차법	1.25	2	처분의 신청 절차법 종합	1	불이익처분 절차
정보행정	1	1	정보공개 종합사례	1	정보공개법
손해전보	1.5	2	국가배상 손실보상	2	국가배상 손실보상
종합 쟁점	1	1	종합 사례	1	종합 사례

♪ 지방직 9급 경향

*2023~2022 국가직 / 2022~2021 지방직 단원별 평균 출제 문항 수

단원	평균*		2022 지방직		2021 지방직
행정작용법	6	8	행정입법 기속 · 재량행위 지위승계신고 행정행위 종합 부관 선결문제 처분의 하자 공법상 계약	5	행정입법 부관 처분의 효력 취소와 철회 공법상 계약
행정쟁송법	4	4	취소소송의 판결 행정심판 종합 쟁점 종합 사례	5	소의 이익 집행정지 사정판결 행정심판 재결의 효력
행정법통론	1.75	1	행정법 일반원칙	3	행정법의 법원 신뢰보호원칙 신고
실효성 확보수단	3.5	3	강제집행 행정벌 과징금	3	대집행 이행강제금 행정벌
행정절차법	1.25	1	행정절차 종합	1	행정절차 종합
정보행정	1	1	정보공개법	1	정보공개법
손해전보	1.5	1	국가배상	1	국가배상
종합 쟁점	1	1	재개발 · 재건축 종합	1	종합 판례

CONTENTS
이 책의 차례

Part 02 | 행정소송법

시작!
강성빈
행정법

PART

01

행정작용법

Theme
01

법치행정의 원리

1️⃣ 의의

- 행정작용이 국회에서 제정한 법률에 근거해서 이루어져야 한다는 원칙(행정의 법률적합성의 원칙)
- 행정작용의 자의적 행사 방지, 행정작용에 대한 예측가능성 보장 ➡ 국민의 기본권 보장

> **행정기본법 제8조【법치행정의 원칙】**
> 행정작용은 법률에 위반되어서는 아니 되며, 국민의 권리를 제한하거나 의무를 부과하는 경우와 그 밖에 국민생활에 중요한 영향을 미치는 경우에는 법률에 근거하여야 한다.

2️⃣ 법률우위의 원칙

- 행정작용은 법률에 위반되어서는 안 됨(행정의 법률에의 구속).
- 행정의 모든 영역에 적용(조달행정 등과 같은 사법형식의 행정작용 포함)

 판례

구 국가를 당사자로 하는 계약에 관한 법률상의 요건과 절차를 거치지 않고 체결한 국가와 사인 간의 사법상 계약은 무효이다. 대법원 2015. 1. 15. 선고 2013다215133 판결

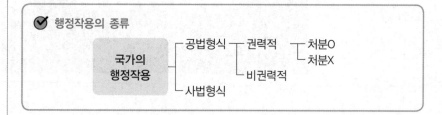

✔️ 행정작용의 종류

국가의 행정작용 ┬ 공법형식 ┬ 권력적 ┬ 처분O
                │   │   └ 처분X
                │   └ 비권력적
                └ 사법형식

3 법률유보의 원칙

• 행정작용이 행해지기 위해서는 법률의 근거가 있어야 한다는 원칙

판례

구 여객자동차운수사업법 제76조 제1항 제15호, 같은 법 시행령 제29조에는 관할관청은 개인택시 운송사업자의 운전면허가 취소된 때에 그의 개인택시운송사업면허를 취소할 수 있도록 규정되어 있을 뿐 그에게 운전면허 취소사유가 있다는 사유만으로 개인택시 운송사업면허를 취소할 수 있도록 하는 규정은 없으므로, 관할관청으로서는 비록 개인택시운송사업자에게 운전면허 취소사유가 있다 하더라도 그로 인하여 운전면허 취소처분이 이루어지지 않은 이상 개인택시운송사업면허를 취소할 수는 없다. 대법원 2008. 5. 15. 선고 2007두26001 판결

• 행정조직의 근거가 되는 조직규범은 당연히 요구됨.
  ∴ 법률유보의 원칙에서 말하는 법률이란 '작용법적' 근거(작용규범)를 의미함.
• 법률의 범위 : 국회 제정의 법률(형식적 의미의 법률) + 위임입법 가능(법률에 '근거한' 규율)

판례

법률유보의 원칙은 '법률에 의한' 규율만을 뜻하는 것이 아니라 '법률에 근거한' 규율을 요청하는 것이므로 기본권 제한의 형식이 반드시 법률의 형식일 필요는 없고 법률에 근거를 두면서 헌법 제75조가 요구하는 위임의 구체성과 명확성을 구비하기만 하면 위임입법에 의하여도 기본권 제한을 할 수 있다 할 것이다. 헌법재판소 2005. 2. 24. 선고 2003헌마289 결정

• 법률유보의 적용 범위 : 중요사항유보설(본질사항유보설)
  ➡ 국민의 기본권에 영향을 미치는 중요한 사항은 법률의 근거 필요
  ➡ 법률의 근거 요부 + '법률의 규율 정도(밀도)'
  ➡ 중요성 판단 기준 : 기본권 관련성

판례

1. 어떠한 사안이 국회가 형식적 법률로 스스로 규정하여야 하는 본질적 사항에 해당되는지는, 구체적 사례에서 관련된 이익 내지 가치의 중요성, 규제 또는 침해의 정도와 방법 등을 고려하여 개별적으로 결정하여야 하지만, 규율대상이 국민의 기본권 및 기본적 의무와 관련한 중요성을 가질수록 그리고 그에 관한 공개적 토론의 필요성 또는 상충하는 이익 사이의 조정 필요성이 클수록, 그것이 국회의 법률에 의해 직접 규율될 필요성은 더 증대된다. 대법원 2015. 8. 20. 선고 2012두23808 판결
2. 오늘날 법률유보원칙은 단순히 행정작용이 법률에 근거를 두기만 하면 충분한 것이 아니라, 국가공동체와 그 구성원에게 기본적이고도 중요한 의미를 갖는 영역, 특히 국민의 기본권실현과 관련된 영역에 있어서는 국민의 대표자인 입법자가 그 본질적 사항에 대해서 스스로 결정하여야 한다는 요구까지 내포하고 있다(의회유보원칙). 헌법재판소 1999. 5. 27. 선고 98헌바70 결정

📑 **행정법의 종류**
1. **행정조직법** : 행정기관의 설치·조직 및 그 권한 등에 관하여 규정한 법
2. **행정작용법** : 행정주체가 국민에 대해 행정작용을 함에 있어서 필요한 근거를 규정한 법
3. **행정구제법** : 행정작용에 따른 국민의 권리침해에 대한 구제절차·방법을 규정한 법

주요 판례

〈중요사항으로 본 사례〉

1. **텔레비전방송수신료**는 대다수 국민의 재산권 보장의 측면이나 한국방송공사에게 보장된 방송자유의 측면에서 **국민의 기본권실현에 관련된 영역에 속하고, 수신료금액의 결정은 납부의무자의 범위 등과 함께 수신료에 관한 본질적인 중요한 사항이므로 국회가 스스로 행하여야 하는 사항**에 속하는 것임에도 불구하고 한국방송공사법 제36조 제1항에서 국회의 결정이나 관여를 배제한 채 한국방송공사로 하여금 수신료금액을 결정해서 문화관광부장관의 승인을 얻도록 한 것은 법률유보원칙에 위반된다. 헌법재판소 1999. 5. 27. 선고 98헌바70 결정

2. **지방의회의원에 대하여 유급보좌인력을 두는 것**은 지방의회의원의 신분·지위 및 그 처우에 관한 현행 법령상의 제도에 중대한 변경을 초래하는 것으로서, 이는 개별 **지방의회의 조례로써 규정할 사항이 아니라 국회의 법률로써 규정하여야 할 입법사항**이다. 대법원 2013. 1. 16. 선고 2012추84 판결

〈중요사항으로 보지 않은 사례〉

1. 전기가 국민의 생존과 직결되어 있어 전기의 사용이 일상생활을 정상적으로 영위하는 데에 필수불가결한 요소라 하더라도, **전기요금은 전기판매사업자가 전기사용자와 체결한 전기공급계약에 따라 전기를 공급하고 그에 대한 대가로 전기사용자에게 부과되는 것으로서, 조세 내지 부담금과는 구분된다.** 즉 한국전력공사가 전기사용자에게 전기요금을 부과하는 것이 국민의 재산권에 제한을 가하는 행정작용에 해당한다고 볼 수 없다.

   전기요금의 결정에는 전기를 공급하기 위하여 실제 소요된 비용과 투입된 자산에 대한 적정 보수, 전기사업의 기업성과 공익성을 조화시킬 수 있는 유인들, 산업구조나 경제상황 등이 종합적으로 고려되어야 하는바, 전기요금의 산정이나 부과에 필요한 세부적인 기준을 정하는 것은 전문적이고 정책적인 판단을 요할 뿐 아니라 기술의 발전이나 환경의 변화에 즉각적으로 대응할 필요가 있다. **전기요금의 결정에 관한 내용을 반드시 입법자가 스스로 규율해야 하는 부분이라고 보기 어려우므로, 심판대상조항은 의회유보원칙에 위반되지 아니한다.** 헌법재판소 2021. 4. 29. 선고 2017헌가25 전원재판부 결정

2. **수신료 징수업무를 한국방송공사가 직접 수행할 것인지 제3자에게 위탁할 것인지, 위탁한다면 누구에게 위탁하도록 할 것인지,** 위탁받은 자가 자신의 고유업무와 결합하여 징수업무를 할 수 있는지는 징수업무 처리의 효율성 등을 감안하여 결정할 수 있는 사항으로서 국민의 기본권제한에 관한 본질적인 사항이 아니라 할 것이다. 헌법재판소 2008. 2. 28. 선고 2006헌바70 결정

기출OX확인

01 법률유보의 원칙은 행정권의 발동에 있어서 조직규범 외에 작용규범이 요구된다는 것을 의미한다. **19 국가** ( )

02 법률우위의 원칙은 행정의 모든 영역에 적용된다. **18 교행** ( )

03 개인택시운송사업자의 운전면허가 아직 취소되지 않았더라도 운전면허 취소사유가 있다면 행정청은 명문 규정이 없더라도 개인택시운송사업면허를 취소할 수 있다. **19 국가** ( )

> 운전면허 취소사유가 있다는 사유만으로 개인택시운송사업면허를 취소할 수 있도록 하는 규정은 없으므로, 관할관청으로서는 비록 개인택시운송사업자에게 운전면허 취소사유가 있다 하더라도 그로 인하여 운전면허 취소처분이 이루어지지 않은 이상 개인택시운송사업면허를 취소할 수는 없다. 대법원 2008. 5. 15. 선고 2007두26001 판결

04 기본권제한의 형식이 반드시 법률의 형식일 필요는 없다. **17 교행** ( )

05 국회가 형식적 법률로 직접 규율하여야 하는 필요성은 규율대상이 기본권 및 기본적 의무와 관련된 중요성을 가질수록, 그에 관한 공개적 토론의 필요성 또는 상충하는 이익 사이의 조정 필요성이 클수록 더 증대된다. **19 국가** ( )

06 법률유보의 원칙은 국민의 기본권실현과 관련된 영역에 있어서는 입법자가 그 본질적 사항에 대해서 스스로 결정하여야 한다는 요구까지 내포하고 있다. **19 국가** ( )

07 한국방송공사의 TV수신료금액 결정은 법률유보(의회유보) 사항이다. **17 교행** ( )

08 지방의회의원에 대하여 유급보좌인력을 두는 것은 지방의회의 조례로 규정할 사항이다. **18 교행** ( )

> 지방의회의원에 대하여 유급보좌인력을 두는 것은 지방의회의원의 신분·지위 및 그 처우에 관한 현행 법령상의 제도에 중대한 변경을 초래하는 것으로서, 이는 개별 지방의회의 조례로써 규정할 사항이 아니라 국회의 법률로써 규정하여야 할 입법사항이다. 대법원 2013. 1. 16. 선고 2012추84 판결

정답
01. ○ 02. ○ 03. X 04. ○
05. ○ 06. ○ 07. ○ 08. X

 대표 기출문제

법률유보의 원칙에 대한 설명으로 옳지 않은 것은? (다툼이 있는 경우 판례에 의함)

2019 국가직

① 법률유보의 원칙에서 요구되는 법적 근거는 작용법적 근거를 의미한다.

② 개인택시운송사업자의 운전면허가 아직 취소되지 않았더라도 운전면허 취소사유가 있다면 행정청은 명문 규정이 없더라도 개인택시운송사업면허를 취소할 수 있다.

③ 법률유보의 원칙은 국민의 기본권실현과 관련된 영역에 있어서는 입법자가 그 본질적 사항에 대해서 스스로 결정하여야 한다는 요구까지 내포하고 있다.

④ 국회가 형식적 법률로 직접 규율하여야 하는 필요성은 규율대상이 기본권 및 기본적 의무와 관련된 중요성을 가질수록, 그에 관한 공개적 토론의 필요성 또는 상충하는 이익 사이의 조정 필요성이 클수록 더 증대된다.

행정입법 – 법규명령

1 행정입법

(1) 개관

- 행정입법 : 행정기관이 제정한 일반적·추상적 규범
  > **cf** 일반적 : 불특정 다수인을 대상 ↔ 개별적 / 추상적 : 불특정 사건을 대상 ↔ 구체적
- 법규명령 : 법규성○(대외적 구속력○), 상위법의 수권 要
- 행정규칙 : 법규성×(대외적 구속력×), 상위법의 수권 不要

(2) 법규명령의 종류

- 대통령령(시행령), 총리령·부령(시행규칙)
- 국회규칙, 대법원규칙, 헌법재판소규칙, 중앙선거관리위원회규칙, 감사원규칙

2 법규명령의 적법요건 – 수권

(1) 상위 법령의 위임

- 위임 없거나 위임 있었더라도 위임의 범위를 초과한 경우 또는 법규명령의 내용이 상위법령에 위반 : 하자 있는 법규명령 ➡ 무효

> **🏛 판례**
>
> 1. 법률의 시행령은 모법인 법률에 의하여 위임받은 사항이나 법률이 규정한 범위 내에서 법률을 현실적으로 집행하는 데 필요한 세부적인 사항만을 규정할 수 있을 뿐, 법률에 의한 위임이 없는 한 법률이 규정한 개인의 권리·의무에 관한 내용을 변경·보충하거나 법률에 규정되지 아니한 새로운 내용을 규정할 수는 없다. 대법원 2020. 9. 3. 선고 2016두32992 전원합의체 판결
> 2. 법령의 위임이 없음에도 법령에 규정된 처분 요건에 해당하는 사항을 부령에서 변경하여 규정한 경우에는 그 부령의 규정은 행정청 내부의 사무처리 기준 등을 정한 것으로서 행정조직 내에서 적용되는 행정명령의 성격을 지닐 뿐 국민에 대한 대외적 구속력은 없다고 보아야 한다. 대법원 2013. 9. 12. 선고 2011두10584 판결

- 위임 있었는지 여부의 판단 기준
  ➡ 모법의 입법 취지 + 관련 조문 전체의 유기적·체계적 해석
  (∵ 모법에 직접적인 수권규정 없다고 하여 당연히 위임 없는 것은 아님)

∴ 대외적 구속력이 있다(없다)는 것의 의미 : 대외적 구속력이 있다는 것은, 법원이 재판 과정에서 그것을 처분이 위법한지 여부에 대한 판단기준으로 삼는다는 것이고, 반대로 대외적 구속이 없다는 것은 법원이 재판 과정에서 그것을 처분이 위법한지 여부에 대한 판단기준으로 삼지 않는다는 것을 의미함.

📋 우리나라의 법체계
헌법 – (국회에서 제정한) 법률 – 명령(행정입법) – 조례(지방의회 제정)와 규칙(지방자치단체장 제정)

 판례

법률의 시행령은 법률에 의한 위임이 없으면 개인의 권리·의무에 관한 내용을 변경·보충하거나 법률에 규정되지 아니한 새로운 내용을 정할 수는 없지만, 시행령의 내용이 모법의 입법 취지와 관련 조항 전체를 유기적·체계적으로 살펴보아 모법의 해석상 가능한 것을 명시한 것에 지나지 아니 하거나 모법 조항의 취지에 근거하여 이를 구체화하기 위한 것인 때에는 모법의 규율 범위를 벗어난 것으로 볼 수 없으므로, 모법에 이에 관하여 직접 위임하는 규정을 두지 않았다고 하더라도 이를 무효라고 볼 수 없다. 대법원 2016. 12. 1. 선고 2014두8650 판결

• 법 개정의 전·후 내용을 모두 심사
  ➡ 사후 위임규정 입법 : 그때부터 유효 / 사후 위임규정 소멸 : 그때부터 무효

 판례

일반적으로 법률의 위임에 의하여 효력을 갖는 법규명령의 경우, 구법에 위임의 근거가 없어 무효였더라도 사후에 법개정으로 위임의 근거가 부여되면 그 때부터는 유효한 법규명령이 되나, 반대로 구법의 위임에 의한 유효한 법규명령이 법개정으로 위임의 근거가 없어지게 되면 그 때부터 무효인 법규명령이 되므로, 어떤 법령의 위임 근거 유무에 따른 유효 여부를 심사하려면 법개정의 전·후에 걸쳐 모두 심사하여야만 그 법규명령의 시기에 따른 유효·무효를 판단할 수 있다. 대법원 1995. 6. 30. 선고 93추83 판결

• 하위법령에서 수권법령의 조항을 구체적으로 명시할 필요×

 판례

법령의 위임관계는 반드시 하위 법령의 개별조항에서 위임의 근거가 되는 상위 법령의 해당 조항을 구체적으로 명시하고 있어야만 하는 것은 아니라고 할 것이다. 대법원 1999. 12. 24. 선고 99두5658 판결

⑵ 위임의 방법 : 포괄적 위임의 금지

• 포괄적 위임× 구체적 위임○
• 구체적 위임인지 여부의 판단 기준 : 예측가능성(유기적·체계적 해석 ➡ 하위 법령에 규정될 내용의 대강을 예측할 수 있으면 됨)

판례

위임명령은 법률이나 상위명령에서 구체적으로 범위를 정한 개별적인 위임이 있을 때에 가능하고, 여기에서 구체적인 위임의 범위는 규제하고자 하는 대상의 종류와 성격에 따라 달라지는 것이어서 일률적 기준을 정할 수는 없지만, 적어도 위임명령에 규정될 내용 및 범위의 기본사항이 구체적으로 규정되어 있어서 누구라도 당해 법률이나 상위법령으로부터 위임명령에 규정될 내용의 대강을 예측할 수 있어야 하나, 이 경우 그 예측가능성의 유무는 당해 위임조항 하나만을 가지고 판단할 것이 아니라 그 위임조항이 속한 법률의 전반적인 체계와 취지 및 목적, 당해 위임조항의 규정형식과 내용 및 관련 법규를 유기적·체계적으로 종합하여 판단하여야 하며, 나아가 각 규제 대상의 성질에 따라 구체적·개별적으로 검토함을 요한다. 대법원 2015. 1. 15. 선고 2013두14238 판결

- 국민의 권리를 제한하거나 의무를 부과하는 법규명령(처벌·조세 등) : 구체성 엄격

판례

1. 처벌법규나 조세법규와 같이 국민의 기본권을 직접적으로 제한하거나 침해할 소지가 있는 영역에서는 구체성·명확성의 요구가 강화되어 그 위임의 요건과 범위가 일반적인 급부행정의 영역에서보다 더 엄격하게 제한되어야 한다. 헌법재판소 1996. 6. 26. 선고 93헌바2 결정
2. 헌법 제38조, 제59조에서 채택하고 있는 조세법률주의의 원칙은 과세요건과 징수절차 등 조세권행사의 요건과 절차는 국민의 대표기관인 국회가 제정한 법률로써 규정하여야 한다는 것이나, 과세요건과 징수절차에 관한 사항을 명령·규칙 등 하위법령에 위임하여 규정하게 할 수 없는 것은 아니고, 이러한 사항을 하위법령에 위임하여 규정하게 하는 경우 구체적·개별적 위임만이 허용되며 포괄적·백지적 위임은 허용되지 아니하고(과세요건법정주의), 이러한 법률 또는 그 위임에 따른 명령·규칙의 규정은 일의적이고 명확하여야 한다(과세요건명확주의)는 것이다. 대법원 1994. 9. 30.자 94부18 결정

- 사실관계의 다양성·가변성 : 구체성 완화

판례

다양한 사실관계를 규율하거나 사실관계가 수시로 변화될 것이 예상될 때에는 위임의 명확성의 요건이 완화되어야 한다. 헌법재판소 1991. 2. 11. 선고 90헌가27 결정

- 예외 : 조례, 공법적 단체(⊲ 재건축조합)의 정관에 위임하는 경우 ➡ 포괄적 위임 허용(∵ 자주성 보장)

판례

1. 법률이 주민의 권리의무에 관한 사항에 관하여 구체적으로 아무런 범위도 정하지 아니한 채 조례로 정하도록 포괄적으로 위임하였다고 하더라도, 행정관청의 명령과는 달라, 조례도 주민의 대표기관인 지방의회의 의결로 제정되는 지방자치단체의 자주법인 만큼, 지방자치단체가 법령에 위반되지 않는 범위 내에서 주민의 권리의무에 관한 사항을 조례로 제정할 수 있는 것이다. 대법원 1991. 8. 27. 선고 90누6613 판결
2. 법률이 공법적 단체 등의 정관에 자치법적 사항을 위임한 경우에는 헌법 제75조가 정하는 포괄적인 위임입법의 금지는 원칙적으로 적용되지 않는다고 봄이 상당하고, 그렇다 하더라도 그 사항이 국민의 권리·의무에 관련되는 것일 경우에는 적어도 국민의 권리·의무에 관한 기본적이고 본질적인 사항은 국회가 정하여야 한다. 대법원 2007. 10. 12. 선고 2006두14476 판결

(3) 위임의 허용 범위

- 법률유보 : 본질적 사항에 대해서는 위임 불가(본질사항유보설)
  ➡ 반드시 국회에서 법률로 규율해야 함.
- 처벌규정의 위임 : 엄격한 요건 요구
  ➡ 특히 긴급한 필요 or 부득이한 사정의 존재, 범죄행위 및 형벌의 종류 예측 가능

형벌법규에 대하여도 특히 긴급한 필요가 있거나 미리 법률로서 자세히 정할 수 없는 부득이한 사정이 있는 경우에 한하여 수권법률이 구성요건의 점에서는 처벌대상인 행위가 어떠한 것일거라고 이를 예측할 수 있을 정도로 구체적으로 정하고, 형벌의 점에서는 형벌의 종류 및 그 상한과 폭을 명확히 규정하는 것을 조건으로 위임입법이 허용되며 이러한 위임입법은 죄형법정주의에 반하지 않는다. 헌법재판소 1996. 2. 29. 선고 94헌마213 결정

• 재위임 : 전면적 재위임×/ 대강을 정하고 특정사항의 범위를 정하여 재위임○(조례에서 규칙 또는 고시 등에 재위임할 경우에도 동일함)

📖 **판례**

법률에서 위임받은 사항을 전혀 규정하지 않고 재위임하는 것은 복위임금지원칙에 반할 뿐 아니라 위임명령의 제정 형식에 관한 수권법의 내용을 변경하는 것이 되므로 허용되지 않으나, 위임받은 사항에 관하여 대강을 정하고 그중의 특정사항을 범위를 정하여 하위법령에 다시 위임하는 경우에는 재위임이 허용된다. 이러한 법리는 조례가 지방자치법 제22조 단서에 따라 주민의 권리제한 또는 의무부과에 관한 사항을 법률로부터 위임받은 후, 이를 다시 지방자치단체장이 정하는 '규칙'이나 '고시' 등에 재위임하는 경우에도 마찬가지이다. 대법원 2015. 1. 15. 선고 2013두14238 판결

(4) 조례에 대한 위임

• 지방자치법 규정

> **제28조 [조례]** ① 지방자치단체는 **법령의 범위**에서 그 사무에 관하여 조례를 제정할 수 있다. 다만, 주민의 권리 제한 또는 의무 부과에 관한 사항이나 벌칙을 정할 때에는 **법률의 위임**이 있어야 한다.

• 자치사무에 대한 조례 제정
  - 원칙 법률의 위임 불요
  - 예외 주민의 권리 제한·의무 부과·벌칙 : 법률의 위임 필요(포괄위임 허용)

📖 **판례**

법률에서 조례에 위임하는 방식에 관해서는 법률상 제한이 없다. 조례의 제정권자인 지방의회는 선거를 통해서 지역적인 민주적 정당성을 지니고 있는 주민의 대표기관이다. 헌법 제117조 제1항은 지방자치단체에 포괄적인 자치권을 보장하고 있다. 따라서 조례에 대한 법률의 위임은 법규명령에 대한 법률의 위임과 같이 반드시 구체적으로 범위를 정하여 할 필요가 없다. 법률이 주민의 권리의무에 관한 사항에 관하여 구체적으로 범위를 정하지 않은 채 조례로 정하도록 포괄적으로 위임한 경우에도 지방자치단체는 법령에 위반되지 않는 범위 내에서 주민의 권리의무에 관한 사항을 조례로 제정할 수 있다. 대법원 2017. 12. 5. 선고 2016추5162 판결

지방자치단체의 사무

1. 자치사무
   ① 좁은 의미의 자치사무 : 주민의 복리증진을 위한 고유사무
   ② 단체위임사무 : 법령으로부터 지방자치단체로 위임된 사무

2. 기관위임사무 : 중앙정부 또는 다른 지방자치단체로부터 지방자치단체장이 위임받은 사무

3 법규명령의 하자

(I) 의의

- 법규명령이 수권 없이 제정되거나 수권의 범위를 벗어나는 등 적법요건을 갖추지 못하는 상태
- 모법합치적 해석 : 하위법령이 수권법령(모법)에 위반되는지 여부가 불명확
➡ 모법에 위반되지 않는 것으로(합치되는 것으로) 해석(∵ 법적 안정성)

판례

> 어느 시행령의 규정이 모법에 저촉되는지의 여부가 명백하지 아니하는 경우에는 모법과 시행령의 다른 규정들과 그 입법 취지, 연혁 등을 종합적으로 살펴 모법에 합치된다는 해석도 가능한 경우라면 그 규정을 모법위반으로 무효라고 선언하여서는 안 된다. 대법원 2001. 8. 24. 선고 2000두2716 판결

(2) 규범통제 방식 - 구체적 규범통제

- 법규명령의 하자를 다투는 방법은 헌법에서 정한 바에 따라 구체적 규범통제의 방식만 허용됨.

판례

> 헌법 제107조 제2항의 규정에 따르면 행정입법의 심사는 일반적인 재판절차에 의하여 구체적 규범통제의 방법에 의하도록 명시하고 있으므로, 당사자는 구체적 사건의 심판을 위한 선결문제로서 행정입법의 위법성을 주장하여 법원에 대하여 당해 사건에 대한 적용 여부의 판단을 구할 수 있을 뿐 행정입법 자체의 합법성의 심사를 목적으로 하는 독립한 신청을 제기할 수는 없다. 대법원 1994. 4. 26.자 93부32 결정

- 구체적 규범통제의 효력 : 당해 사건에 한하여 적용 배제(일반적으로 효력 상실×) ➡ 대법원은 행정안전부장관에게 통보 : 행정안전부장관은 관보에 게재
- 법규명령을 대상으로 하는 항고소송의 허용 여부
  원칙 일반적·추상적 성격을 갖는 법규명령은 처분이 아니므로, 항고소송은 허용되지 않음.

판례

> 행정소송의 대상이 될 수 있는 것은 구체적인 권리의무에 관한 분쟁이어야 하고 일반적 추상적인 법령 그 자체로서 국민의 구체적인 권리의무에 직접적인 변동을 초래하는 것이 아닌 것은 그 대상이 될 수 없으므로 구체적인 권리의무에 관한 분쟁을 떠나서 재무부령 자체의 무효확인을 구하는 청구는 행정소송의 대상이 아닌 사항에 대한 것으로서 부적법하다. 대법원 1987. 3. 24. 선고 86누656 판결

헌법 제107조 제2항
명령·규칙 또는 처분이 헌법이나 법률에 위반되는지 여부가 '재판의 전제'가 된 경우 대법원은 이를 최종적으로 심사할 권한을 가진다.
('재판의 전제'란 쉽게 말해, '법규명령이 적용된 행정작용이 나에 대해서 이루어졌고, 내가 그 행정작용을 행정소송을 통해 다투는 과정에서 행정작용이 위법함을 주장하는 근거로 법규명령의 위법확인을 구하는 방식'을 의미함)
예 A법규명령에 근거하여 A처분이 행해짐.
➡ A처분 취소소송을 제기하면서, A처분의 위법사유로 A법규명령의 위법을 주장하는 방식

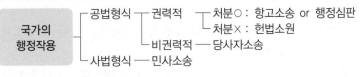

✅ **행정작용을 다투는 방법**

국가의 행정작용
- 공법형식
  - 권력적
    - 처분○ : 항고소송 or 행정심판
    - 처분× : 헌법소원
  - 비권력적 — 당사자소송
- 사법형식 — 민사소송

예외 처분적 법규명령(행정작용의 개입 없이 그 자체로 직접 국민의 권리를 제한하거나 의무를 부과하는 효과를 갖는 법령)의 경우 예외적으로 가능

🏛 **판례**

조례가 집행행위의 개입 없이도 그 자체로서 직접 국민의 구체적인 권리의무나 법적 이익에 영향을 미치는 등의 법률상 효과를 발생하는 경우 그 조례는 항고소송의 대상이 되는 행정처분에 해당한다. 대법원 1996. 9. 20. 선고 95누8003 판결

- 법규명령을 대상으로 하는 헌법소원의 허용 여부
  ➡ 처분적 법규명령의 경우 헌법소원 가능

🏛 **판례**

입법부·행정부·사법부에서 제정한 규칙이 별도의 집행행위를 기다리지 않고 직접 기본권을 침해하는 것일 때에는 모두 헌법소원심판의 대상이 될 수 있는 것이다. 헌법재판소 1990. 10. 15. 선고 89헌마178 결정

(3) 하자 있는 법규명령의 효력

- 하자 있는 법규명령은 무효임.
- 하자 있는 법규명령에 근거한 처분은 원칙적으로 무효가 아닌 취소할 수 있는 처분에 그침(∵ 명백성×).

🏛 **판례**

하자 있는 행정처분이 당연무효로 되려면 그 하자가 법규의 중요한 부분을 위반한 중대한 것이어야 할 뿐 아니라 객관적으로 명백한 것이어야 하고, 행정청이 위헌이거나 위법하여 무효인 시행령을 적용하여 한 행정처분이 당연무효로 되려면 그 규정이 행정처분의 중요한 부분에 관한 것이어서 결과적으로 그에 따른 행정처분의 중요한 부분에 하자가 있는 것으로 귀착되고, 또한 그 규정의 위헌성 또는 위법성이 객관적으로 명백하여 그에 따른 행정처분의 하자가 객관적으로 명백한 것으로 귀착되어야 하는바, 일반적으로 시행령이 헌법이나 법률에 위반된다는 사정은 그 시행령의 규정을 위헌 또는 위법하여 무효라고 선언한 대법원의 판결이 선고되지 아니한 상태에서는 그 시행령 규정의 위헌 내지 위법 여부가 해석상 다툼의 여지가 없을 정도로 명백하였다고 인정되지 아니하는 이상 객관적으로 **명백한 것이라 할 수 없으므로**, 이러한 시행령에 근거한 행정처분의 하자는 **취소사유에 해당할 뿐 무효사유가 되지 아니한다.** 대법원 2007. 6. 14. 선고 2004두619 판결

(4) 행정입법부작위

- 상위법의 수권에 의해 법규명령을 제 · 개정할 의무가 있음에도 행정입법을 하지 아니하는 것
- 행정입법부작위가 되기 위해서는 입법부의 위임에 따른 행정부의 행정입법의무(작위의무)가 필요
  - if 입법의무○, 행정입법부작위○ : 권력분립, 법치행정의 원칙에 위배
  - if 입법의무×, 행정입법부작위× : 행정입법의 제정 없이 상위법령의 규정만으로도 집행이 가능한 경우 ➡ 입법의무×

판례

1. 입법부가 법률로써 행정부에게 특정한 사항을 위임했음에도 불구하고 행정부가 정당한 이유 없이 이를 이행하지 않는다면 권력분립의 원칙과 법치국가 내지 법치행정의 원칙에 위배되는 것으로서 위법함과 동시에 위헌적인 것이 된다. 대법원 2007. 11. 29. 선고 2006다3561 판결
2. 삼권분립의 원칙, 법치행정의 원칙을 당연한 전제로 하고 있는 우리 헌법하에서 행정권의 행정입법 등 법집행의무는 헌법적 의무라고 보아야 할 것이다. 그런데 이는 행정입법의 제정이 법률의 집행에 필수불가결한 경우로서 행정입법을 제정하지 아니하는 것이 곧 행정권에 의한 입법권 침해의 결과를 초래하는 경우를 말하는 것이므로, 만일 하위 행정입법의 제정 없이 상위 법령의 규정만으로도 집행이 이루어질 수 있는 경우라면 하위 행정입법을 하여야 할 헌법적 작위의무는 인정되지 아니한다. 헌법재판소 2005. 12. 22. 선고 2004헌마66 결정

- 항고소송(부작위위법확인소송) : 불가능(∵ 항고소송의 대상 : 처분 / 행정입법부작위 : 처분×)

판례

부작위위법확인소송의 대상이 될 수 있는 것은 구체적 권리의무에 관한 분쟁이어야 하고 추상적인 법령에 관하여 제정의 여부 등은 그 자체로서 국민의 구체적인 권리의무에 직접적 변동을 초래하는 것이 아니어서 그 소송의 대상이 될 수 없다. 대법원 1992. 5. 8. 선고 91누11261 판결

- 헌법소원 : 가능

판례

진정입법부작위(주 : 입법자가 어떤 사항에 관하여 전혀 입법을 하지 아니한 것)는 헌법에서 기본권보장을 위해 명시적인 입법위임을 하였음에도 입법자가 이를 방치하고 있거나 헌법해석상 특정인에게 구체적인 기본권이 생겨 이를 보장하기 위한 국가의 행위의무가 발생한 경우가 명백함에도 입법자가 아무런 입법조치를 취하고 있지 않은 경우에 헌법소원의 대상이 된다. 헌법재판소 2013. 4. 16. 선고 2013헌마159 결정

📑 **항고소송의 종류**

취소소송, 무효확인소송, 부작위위법확인소송
항고소송은 only 처분을 대상으로 하고, 따라서 부작위위법확인소송도 오직 '처분의 부작위'만을 그 대상으로 함.

국가배상법 제2조【배상책임】
① 국가나 지방자치단체는 공무원 또는 공무를 위탁받은 사인(이하 "공무원"이라 한다)이 직무를 집행하면서 고의 또는 과실로 법령을 위반하여 타인에게 손해를 입히거나, 「자동차손해배상 보장법」에 따라 손해배상의 책임이 있을 때에는 이 법에 따라 그 손해를 배상하여야 한다.

• 국가배상 : 가능

 판례

구 군법무관임용법 제5조 제3항과 군법무관임용 등에 관한 법률 제6조가 군법무관의 보수의 구체적 내용을 시행령에 위임했음에도 불구하고 행정부가 정당한 이유 없이 시행령을 제정하지 않은 것은 불법행위에 해당한다(주 : 대통령령을 제정하지 아니한 입법부작위가 국가배상책임을 구성하는 것으로 본 사례). 대법원 2007. 11. 29. 선고 2006다3561 판결

 기출OX확인

01 법령의 위임이 없음에도 법령에 규정된 처분 요건에 해당하는 사항을 부령에서 변경하여 규정한 경우에는 그 부령의 규정은 행정명령의 성격을 지닐 뿐 국민에 대한 대외적 구속력은 없다. 23 국가 ( )

02 법률의 시행령이나 시행규칙의 내용이 모법 조항의 취지에 근거하여 이를 구체화하기 위한 것인 때에는 모법의 규율 범위를 벗어난 것으로 볼 수 없다. 이러한 경우에는 모법에 이에 관하여 직접 위임하는 규정을 두지 않았다고 하여도 이를 무효라고 볼 수 없다. 21 국가 ( )

03 법률의 위임에 의하여 효력을 갖는 법규명령이 법개정으로 위임의 근거가 없어지게 되더라도 효력을 상실하지 않는다. 22 국가 ( )

일반적으로 법률의 위임에 의하여 효력을 갖는 법규명령의 경우, 구법에 위임의 근거가 없어 무효였더라도 사후에 법 개정으로 위임의 근거가 부여되면 그 때부터는 유효한 법규명령이 되나, 반대로 구법의 위임에 의한 유효한 법규명령이 법 개정으로 위임의 근거가 없어지게 되면 그 때부터 무효인 법규명령이 되므로, 어떤 법령의 위임 근거 유무에 따른 유효 여부를 심사하려면 법 개정의 전·후에 걸쳐 모두 심사하여야만 그 법규명령의 시기에 따른 유효·무효를 판단할 수 있다. 대법원 1995. 6. 30. 선고 93추83 판결

04 법령의 위임관계는 반드시 하위 법령의 개별조항에서 위임의 근거가 되는 상위 법령의 해당 조항을 구체적으로 명시하고 있어야 하는 것은 아니다. 16 지방 ( )

05 수권법률의 예측가능성 유무를 판단함에 있어서는 수권규정과 이와 관계된 조항, 수권법률 전체의 취지, 입법목적의 유기적·체계적 해석 등을 통하여 종합 판단하여야 한다. 11 사복 ( )

06 처벌법규나 조세법규는 다른 법규보다 구체성과 명확성의 요구가 강화되어야 한다. 14 국가 ( )

정답
01. ○ 02. ○ 03. × 04. ○
05. ○ 06. ○

07 법률의 시행령이 형사처벌에 관한 사항을 규정하면서 법률의 명시적인 위임 범위를 벗어나 처벌의 대상을 확장하는 것은 죄형법정주의원칙에 어긋나는 것이므로, 그러한 시행령은 위임입법의 한계를 벗어난 것으로서 무효이다. 17 지방 (　　)

08 헌법에서 채택하고 있는 조세법률주의의 원칙상 과세요건과 징수절차에 관한 사항을 명령·규칙 등 하위법령에 구체적·개별적으로 위임하여 규정할 수 없다. 21 국가 (　　)

> 헌법 제38조, 제59조에서 채택하고 있는 <u>조세법률주의의 원칙</u>은 과세요건과 징수절차 등 조세권행사의 요건과 절차는 국민의 대표기관인 국회가 제정한 법률로써 규정하여야 한다는 것이나, <u>과세요건과 징수절차에 관한 사항을 명령·규칙 등 하위법령에 위임하여 규정하게 할 수 없는 것은 아니다.</u> 대법원 1994. 9. 30.자 94부 18 결정

09 다양한 사실관계를 규율하거나 사실관계가 수시로 변화될 것이 예상되는 분야에서는 다른 분야에 비하여 상대적으로 입법위임의 명확성·구체성이 완화된다. 17 지방 (　　)

10 조례에 대한 법률의 위임은 법규명령에 대한 법률의 위임과 같이 반드시 구체적으로 범위를 정하여 하여야 한다. 14 지방 (　　)

> <u>조례에 대한 법률의 위임</u>은 법규명령에 대한 법률의 위임과 같이 반드시 구체적으로 범위를 정하여 할 필요가 없으며 <u>포괄적인 것으로 족하다.</u> 헌법재판소 1995. 4. 20. 선고 92헌마264,279 결정

11 특히 긴급한 필요가 있거나 미리 법률로 자세히 정할 수 없는 부득이한 사정이 있어 법률에 형벌의 종류·상한·폭을 명확히 규정하더라도, 행정형벌에 대한 위임입법은 허용되지 않는다. 19 국가 (　　)

> 형벌법규에 대하여도 <u>특히 긴급한 필요가 있거나 미리 법률로서 자세히 정할 수 없는 부득이한 사정이 있는 경우</u>에 한하여 수권법률이 구성요건의 점에서는 <u>처벌대상인 행위가 어떠한 것일거라고 이를 예측할 수 있을 정도로 구체적으로 정하고, 형벌의 점에서는 형벌의 종류 및 그 상한과 폭을 명확히 규정하는 것을 조건으로 위임입법이 허용되며 이러한 위임입법은 죄형법정주의에 반하지 않는다.</u> 헌법재판소 1996. 2. 29. 선고 94헌마213 결정

12 법률에서 위임받은 사항에 관하여 대강을 정하고 그 중의 특정사항을 범위를 정하여 하위법령에 다시 위임하는 경우에는 재위임이 허용된다. 이러한 법리는 조례가 「지방자치법」에 따라 주민의 권리제한 또는 의무부과에 관한 사항을 법률로부터 위임받은 후, 이를 다시 지방자치단체장이 정하는 '규칙'이나 '고시' 등에 재위임하는 경우에도 마찬가지이다. 21 국가 (　　)

13 법규명령에 대한 사법적 통제로 우리나라는 구체적 규범통제를 원칙으로 한다. 15 지방 (　　)

정답
07. ○ 08. × 09. ○ 10. ×
11. × 12. ○ 13. ○

www.pmg.co.kr

14 명령·규칙의 위헌·위법심사는 그 위헌 또는 위법의 여부가 재판의 전제가 된 경우에 가능하다. **21 국가** ( )

15 행정소송의 대상은 구체적인 권리의무에 관한 분쟁이어야 하므로 구체적인 권리의무에 관한 분쟁을 떠나서 법령 자체의 무효확인을 구하는 청구는 행정소송의 대상이 아닌 사항에 대한 것으로서 부적법하다. **12 지방** ( )

16 행정소송에 대한 대법원 판결에 의하여 명령·규칙이 헌법 또는 법률에 위반된다는 것이 확정된 경우, 대법원은 지체 없이 그 사유를 해당 법령의 소관부처의 장에게 통보하여야 한다. **19 국가** ( )

> **행정소송법 제6조 【명령·규칙의 위헌판결등 공고】** ① 행정소송에 대한 대법원 판결에 의하여 명령·규칙이 헌법 또는 법률에 위반된다는 것이 확정된 경우, 대법원은 지체없이 그 사유를 "행정안전부장관"에게 통보하여야 한다.

17 법규명령이 구체적인 집행행위 없이 직접 개인의 권리의무에 영향을 주는 경우 처분성이 인정된다. **18 국가** ( )

18 명령·규칙 그 자체에 의하여 직접 기본권이 침해되었을 경우에는 그것을 대상으로 하여 헌법소원심판을 청구할 수 있다. **14 국가** ( )

19 입법부가 법률로써 행정부에게 특정한 사항을 위임했음에도 불구하고 행정부가 정당한 이유 없이 이를 이행하지 않는다면 권력분립의 원칙과 법치국가 내지 법치행정의 원칙에 위배된다. **16 지방** ( )

20 행정입법부작위는 부작위위법확인소송의 대상이 된다. **23 국가** ( )

> 부작위위법확인소송의 대상이 될 수 있는 것은 구체적 권리의무에 관한 분쟁이어야 하고 추상적인 법령에 관하여 제정의 여부 등은 그 자체로서 국민의 구체적인 권리의무에 직접적 변동을 초래하는 것이 아니어서 그 소송의 대상이 될 수 없다. 대법원 1992. 5. 8. 선고 91누11261 판결

21 대통령령의 입법부작위에 대한 국가배상책임은 인정되지 않는다. **21 지방** ( )

> 구 군법무관임용법 제5조 제3항과 군법무관임용 등에 관한 법률 제6조가 군법무관의 보수의 구체적 내용을 시행령에 위임했음에도 불구하고 행정부가 정당한 이유 없이 시행령을 제정하지 않은 것은 불법행위에 해당한다(주: 대통령령을 제정하지 아니한 입법부작위가 국가배상책임을 구성하는 것으로 본 사례). 대법원 2007. 11. 29. 선고 2006다3561 판결

정답
14. O **15.** O **16.** X **17.** O
18. O **19.** O **20.** X **21.** X

행정입법 – 행정규칙

1 의의

- 행정부 내부의 사무처리기준을 정한 일반적·추상적 규범
- 법률의 위임 : 불요(직권으로 제정 가능)
- 대외적 구속력 : 없음(행정조직 내부에서만 효력)
  ∴ 행정규칙 위반 : 곧바로 위법× / 행정규칙에 부합 : 곧바로 적법×
  (위법 여부 판단기준 : only 법규성을 갖는 법률 + 법규명령)

📖 **판례**

> 행정처분이 법규성이 없는 내부지침 등의 규정에 위배된다고 하더라도 그 이유만으로
> 처분이 위법 하게 되는 것은 아니고, 또 내부지침 등에서 정한 요건에 부합한다고 하여
> 반드시 그 처분이 적법한 것이라고 할 수도 없다. 처분의 적법 여부는 그러한 내부지침
> 등에서 정한 요건에 합치하는지 여부가 아니라 일반 국민에 대하여 구속력을 가지는 법
> 률 등 법규성이 있는 관계 법령의 규정을 기준으로 판단하여야 한다. 대법원 2018. 6.
> 15. 선고 2015두40248 판결

2 종류

- 조직규칙 / 근무규칙 / 법령해석규칙 / 재량준칙(재량권 행사의 기준을 정하
  는 행정규칙)
- 훈령, 지시, 예규, 고시 등

3 효력

(1) 대내적 구속력○

- 수범기관인 행정기관은 복종의무○ ➡ 위반 시 징계사유○

(2) 대외적 구속력

원칙 대외적 구속력 없음.

📖 **판례**

> 전결과 같은 행정권한의 내부위임은 법령상 처분권자인 행정관청이 내부적인 사무처리
> 의 편의를 도모하기 위하여 그의 보조기관 또는 하급 행정관청으로 하여금 그의 권한을
> 사실상 행사하게 하는 것으로서 법률이 위임을 허용하지 않는 경우에도 인정되는 것이
> 므로, 설사 행정관청 내부의 사무처리규정에 불과한 전결규정에 위반하여 원래의 전결

행정법의 일반원칙
행정법의 모든 분야에 적용되는 보편타당한 법원칙
➡ 헌법적 효력을 갖는 원칙
∴ 행정법의 일반원칙에 위반되는 처분은 위법하게 됨
■ 비례의 원칙, 평등의 원칙, 신뢰보호의 원칙 등

권자 아닌 보조기관 등이 처분권자인 행정관청의 이름으로 행정처분을 하였다고 하더라도 그 처분이 권한 없는 자에 의하여 행하여진 무효의 처분이라고는 할 수 없다. 대법원 1998. 2. 27. 선고 97누1105 판결

예외 대외적 구속력 인정되는 경우
• 행정의 자기구속의 원칙이 인정되는 경우 ➡ 평등의 원칙 or 신뢰보호의 원칙을 근거로 대외적 구속력○

🏛 **판례**

상급행정기관이 하급행정기관에 대하여 업무처리지침이나 법령의 해석적용에 관한 기준을 정하여 발하는 이른바 '행정규칙이나 내부지침'은 일반적으로 행정조직 내부에서만 효력을 가질 뿐 대외적인 구속력을 갖는 것은 아니므로 행정처분이 그에 위반하였다고 하여 그러한 사정만으로 곧바로 위법하게 되는 것은 아니다. 다만, 재량권 행사의 준칙인 행정규칙이 그 정한 바에 따라 되풀이 시행되어 행정관행이 이루어지게 되면 평등의 원칙이나 신뢰보호의 원칙에 따라 행정기관은 그 상대방에 대한 관계에서 그 규칙에 따라야 할 자기구속을 받게 되므로, 이러한 경우에는 특별한 사정이 없는 한 그를 위반하는 처분은 평등의 원칙이나 신뢰보호의 원칙에 위배되어 재량권을 일탈·남용한 위법한 처분이 된다. 대법원 2009. 12. 24. 선고 2009두7967 판결

• 법령보충규칙 ➡ 수권법령과 결합하여 대외적 구속력○

4 행정규칙의 하자

• 하자 있는 행정규칙의 효력 : 무효(내부적 효력도 인정×)

🏛 **판례**

행정규칙의 내용이 상위법령에 반하는 것이라면 법치국가원리에서 파생되는 법질서의 통일성과 모순금지원칙에 따라 그것은 법질서상 당연무효이고, 행정내부적 효력도 인정될 수 없다. 이러한 경우 법원은 해당 행정규칙이 법질서상 부존재하는 것으로 취급하여 행정기관이 한 조치의 당부를 상위법령의 규정과 입법 목적 등에 따라서 판단하여야 한다. 대법원 2019. 10. 31. 선고 2013두20011 판결

• 헌법 제107조 제2항에 따른 명령·규칙 위헌·위법심사의 대상 : 법규명령
  ∴ 행정규칙에 대해서는 구체적 규범통제 인정×
• 항고소송×(∵ 처분성×)
• 행정의 자기구속의 원칙이 인정되는 경우 or 법령보충규칙 : 대외적 구속력○
  ➡ 구체적 규범통제○
  (처분성 인정되는 경우) 항고소송, 헌법소원 가능

판례

1. '청소년유해매체물의 표시방법'에 관한 정보통신부고시는 청소년유해매체물을 제공하려는 자가 하여야 할 전자적 표시의 내용을 정하고 있는데, 이는 정보통신망이용촉진및정보보호등에관한법률 제 42조 및 동법 시행령 제21조 제2항, 제3항의 위임규정에 의하여 제정된 것으로서 국민의 기본권을 제한하는 것인바 상위법령과 결합하여 대외적 구속력을 갖는 법규명령으로 기능하고 있는 것이므로 헌법소원의 대상이 된다. 헌법재판소 2004. 1. 29. 선고 2001헌마894 결정

2. 행정규칙이 법령의 규정에 의하여 행정관청에 법령의 구체적 내용을 보충할 권한을 부여한 경우나 재량권행사의 준칙인 규칙이 그 정한 바에 따라 되풀이 시행되어 행정관행이 이룩되게 되면, 평등의 원칙이나 신뢰보호의 원칙에 따라 행정기관은 그 상대방에 대한 관계에서 그 규칙에 따라야 할 자기구속을 당하게 되는 경우에는 대외적인 구속력을 가지게 되는바, 이러한 경우에는 헌법소원의 대상이 될 수도 있다. 헌법재판소 2001. 5. 31. 선고 99헌마413 결정

 기출OX 확인

01 행정관청 내부의 사무처리규정에 불과한 전결규정에 위반하여 원래의 전결권자 아닌 보조기관 등이 처분권자인 행정관청의 이름으로 행정처분을 한 경우, 그 처분은 권한 없는 자에 의하여 행하여진 것으로 무효이다. 20 국가 ( )

> 설사 행정관청 내부의 사무처리규정에 불과한 전결규정에 위반하여 원래의 전결권자 아닌 보조기관 등이 처분권자인 행정관청의 이름으로 행정처분을 하였다고 하더라도 그 처분이 권한 없는 자에 의하여 행하여진 무효의 처분이라고는 할 수 없다. 대법원 1998. 2. 27. 선고 97누1105 판결

정답
01. X

행정입법 - 형식과 내용의 불일치

1 법규명령 형식의 행정규칙

(I) 시행규칙(총리령·부령) 형식

• 시행규칙의 내용 : 행정제재에 관한 재량준칙(제재적 처분기준) ➡ 행정규칙
(∴ 대외적 구속력×) But 처분기준 최대한 존중

🏛 판례

1. 제재적 행정처분의 기준이 부령 형식으로 규정되어 있더라도 그것은 행정청 내부의 사무처리준칙을 규정한 것에 지나지 않아 대외적으로 국민이나 법원을 기속하는 효력이 없다. 대법원 2019. 9. 26. 선고 2017두48406 판결

2. 구 식품위생법시행규칙 제53조에서 [별표 15]로 식품위생법 제58조에 따른 행정처분의 기준을 정하였다고 하더라도 이는 형식만 부령으로 되어 있을 뿐, 그 성질은 행정기관 내부의 사무처리준칙을 정한 것으로서 행정명령의 성질을 가지는 것이고, 대외적으로 국민이나 법원을 기속하는 힘이 있는 것은 아니므로 같은 법 제58조 제1항에 의한 처분의 적법 여부는 같은 법 시행규칙에 적합한 것인가의 여부에 따라 판단할 것이 아니라 같은 법의 규정 및 그 취지에 적합한 것인가의 여부에 따라 판단하여야 한다. 대법원 1995. 3. 28. 선고 94누6925 판결

3. 제재적 행정처분의 기준이 부령의 형식으로 규정되어 있더라도 그것은 행정청 내부의 사무처리준칙을 정한 것에 지나지 아니하여 대외적으로 국민이나 법원을 기속하는 효력이 없고, 당해 처분의 적법 여부는 위 처분기준만이 아니라 관계 법령의 규정 내용과 취지에 따라 판단되어야 하므로, 위 처분기준에 적합하다 하여 곧바로 당해 처분이 적법한 것이라고 할 수는 없지만, 위 처분기준이 그 자체로 헌법 또는 법률에 합치되지 아니하거나 위 처분기준에 따른 제재적 행정처분이 그 처분사유가 된 위반행위의 내용 및 관계 법령의 규정 내용과 취지에 비추어 현저히 부당하다고 인정할 만한 합리적인 이유가 없는 한 섣불리 그 처분이 재량권의 범위를 일탈하였거나 재량권을 남용한 것이라고 판단해서는 안 된다. 대법원 2007. 9. 20. 선고 2007두6946 판결

• 시행규칙의 내용 : 인·허가의 기준 ➡ 법규명령(∴ 대외적 구속력○)

구 여객자동차 운수사업법 시행규칙 제31조 제2항 제1호, 제2호, 제6호는 구 여객자동차 운수사업법 제11조 제4항의 위임에 따라 시외버스운송사업의 사업계획변경에 관한 절차, 인가기준 등을 구체적으로 규정한 것으로서, 대외적인 구속력이 있는 법규명령이라고 할 것이고, 그것을 행정청 내부의 사무처리준칙을 규정한 행정규칙에 불과하다고 할 수는 없다. 대법원 2006. 6. 27. 선고 2003두4355 판결

(2) 시행령(대통령령) 형식

- 내용 구분 없이 모두 법규명령 ➡ 대외적 구속력○

> **판례**
>
> 구 청소년보호법 제49조 제1항, 제2항에 따른 같은 법 시행령 제40조 [별표 6]의 위반행위의 종별에 따른 과징금 처분기준은 법규명령이기는 하나 모법의 위임규정의 내용과 취지 및 헌법상의 과잉금지의 원칙과 평등의 원칙 등에 비추어 같은 유형의 위반행위라 하더라도 그 규모나 기간·사회적 비난 정도·위반행위로 인하여 다른 법률에 의하여 처벌받은 다른 사정·행위자의 개인적 사정 및 위반행위로 얻은 불법이익의 규모 등 여러 요소를 종합적으로 고려하여 사안에 따라 적정한 과징금의 액수를 정하여야 할 것이므로 그 수액은 정액이 아니라 최고한도액이다. 대법원 2001. 3. 9. 선고 99두5207 판결

2 행정규칙 형식의 법규명령(법령보충규칙)

(1) 의의

- 법령의 위임에 따라 국민의 권리의무에 관한 사항을 법규명령이 아닌 행정규칙으로 제정
- 가능한지? 가능○(∵ 헌법에서 정한 위임입법의 형식은 '예시적' ↔ '열기적')

> **판례**
>
> 헌법 제40조와 헌법 제75조, 제95조의 의미를 살펴보면, 국회입법에 의한 수권이 입법기관이 아닌 행정기관에게 법률 등으로 구체적인 범위를 정하여 위임한 사항에 관하여는 당해 행정기관에게 법정립의 권한을 갖게 되고, 입법자가 규율의 형식도 선택할 수 있다 할 것이므로, 헌법이 인정하고 있는 위임입법의 형식은 예시적인 것으로 보아야 할 것이고, 그것은 법률이 행정규칙에 위임하더라도 그 행정규칙은 위임된 사항만을 규율할 수 있으므로, 국회입법의 원칙과 상치되지도 않는다. 헌법재판소 2006. 12. 28. 선고 2005헌바59 결정

(2) 법령보충규칙의 법적 성질

- 수권법령과 결합하여 대외적 구속력이 있는 법규명령으로서의 효력을 가지게 됨.

> **판례**
>
> 상급행정기관이 하급행정기관에 대하여 업무처리지침이나 법령의 해석적용에 관한 기준을 정하여서 발하는 이른바 행정규칙은 일반적으로 행정조직 내부에서만 효력을 가질 뿐 대외적인 구속력을 갖는 것은 아니지만, 법령의 규정이 특정행정기관에게 그 법령내용의 구체적 사항을 정할 수 있는 권한을 부여하면서 그 권한행사의 절차나 방법을 특정하고 있지 아니한 관계로 수임행정기관이 행정규칙의 형식으로 그 법령의 내용이 될 사항을 구체적으로 정하고 있다면 그와 같은 행정규칙, 규정은 행정규칙이 갖는 일반적 효력으로서가 아니라, 행정기관에 법령의 구체적 내용을 보충할 권한을 부여한 법령규정의 효력에 의하여 그 내용을 보충하는 기능을 갖게 된다 할 것이므로 이와 같은 행정규칙, 규정은 당해 법령의 위임한계를 벗어나지 아니하는 한 그것들과 결합하여 대외적인 구속력이 있는 법규명령으로서의 효력을 갖게 된다. 대법원 1987. 9. 29. 선고 86누484 판결

(3) 법령보충규칙의 한계

- 허용 범위 : 전문적·기술적 사항 or 경미한 사항으로서 위임이 불가피한 경우에만 가능

 판례

> 행정규칙은 법규명령과 같은 엄격한 제정 및 개정절차를 요하지 아니하므로, 재산권 등과 같은 <u>기본권을 제한하는 작용을 하는 법률이 입법위임을 할 때에는 대통령령, 총리령, 부령 등 법규명령에 위임함이 바람직하고, 고시와 같은 형식으로 입법위임을 할 때에는 적어도 행정규제기본법 제4조 제2항 단서에서 정한 바와 같이 법령이 **전문적·기술적 사항이나 경미한 사항으로서 업무의 성질상 위임이 불가피한 사항**에 한정된다</u> 할 것이고, 그러한 사항이라 하더라도 <u>포괄위임금지의 원칙상 법률의 위임은 반드시 구체적·개별적으로 한정된 사항에 대하여 행하여져야 한다.</u> 헌법재판소 2016. 2. 25. 선고 2015헌바191 결정

- 법규명령의 한계(상위법의 위임, 포괄위임금지 등) 그대로 적용
- 모법이 특정한 형식 정하여 위임×

  예 "고용노동부장관이 정하는 바에 의한다." ➡ 법령보충규칙 제정 가능

- 모법이 특정한 형식 정하여 위임○ ➡ 그 형식에 따라야 함.

  ∴ 모법이 법규명령에 위임하였음에도 행정규칙으로 규율 : 대외적 구속력×

  예 "총리령으로 정한다." ➡ 법령보충규칙 제정 불가능

 판례

> 법령의 규정이 특정 행정기관에게 법령 내용의 구체적 사항을 정할 수 있는 권한을 부여하면서 권한행사의 절차나 방법을 특정하지 아니한 경우에는 수임 행정기관은 행정규칙이나 규정 형식으로 법령 내용이 될 사항을 구체적으로 정할 수 있다. 이 경우 행정규칙 등은 당해 법령의 위임한계를 벗어나지 않는 한 대외적 구속력이 있는 법규명령으로서 효력을 가지게 되지만, 이는 행정규칙이 갖는 일반적 효력이 아니라 행정기관에 법령의 구체적 내용을 보충할 권한을 부여한 법령 규정의 효력에 근거하여 예외적으로 인정되는 것이다. 따라서 그 행정규칙이나 규정이 상위법령의 위임범위를 벗어난 경우에는 법규명령으로서 대외적 구속력을 인정할 여지는 없다. 이는 <u>행정규칙이나 규정 '내용'이 위임범위를 벗어난 경우뿐 아니라 상위법령의 위임규정에서 특정하여 정한 권한행사의 '절차'나 '방식'에 위배되는 경우도 마찬가지이므로, 상위법령에서 세부사항 등을 시행규칙으로 정하도록 위임하였음에도 이를 고시 등 행정규칙으로 정하였다면 그 역시 대외적 구속력을 가지는 법규명령으로서 효력이 인정될 수 없다.</u> 대법원 2012. 7. 5. 선고 2010다72076 판결

 기출OX 확인

01 부령의 형식으로 정해진 제재적 행정처분의 기준은 그 규정의 성질과 내용이 행정청 내부의 사무처리준칙을 정한 것에 불과하므로 대외적으로 국민이나 법원을 구속하는 것은 아니다. **22 국가** ( )

02 「식품위생법」이 청소년을 고용한 행위에 대하여 영업허가를 취소하거나 6개월 이내의 기간을 정하여 그 영업의 전부 또는 일부를 정지하거나 영업소 폐쇄를 명할 수 있다고 하면서 행정처분의 세부기준은 총리령으로 위임한다고 정하고 있는 경우에, 총리령에서 정하고 있는 행정처분의 기준은 재판규범이 되지 못한다. **22 국가** ( )

03 대법원은 제재적 처분의 기준이 부령 형식으로 규정되어 있더라도 그것은 행정청 내부의 사무처리준칙을 정한 것에 지나지 아니하여 대외적으로 국민이나 법원을 기속하는 효력이 없고, 당해 처분의 적법여부는 위 처분기준뿐만 아니라 관계 법령의 규정내용과 취지에 따라야 한다고 판단하였다. **14 국가** ( )

04 대법원은 제재적 처분의 기준이 대통령령의 형식으로 정해진 경우 당해 기준을 법규명령으로 보고 있다. **10 지방** ( )

05 위임입법의 형태로 대통령령, 총리령 또는 부령 등을 열거하고 있는 헌법규정은 예시규정이다. **18 교행** ( )

06 법령보충적 행정규칙은 상위법령과 결합하여 그 위임한계를 벗어나지 아니하는 범위 내에서 상위법령의 일부가 됨으로써 대외적 구속력을 발생한다. **21 국가** ( )

07 헌법재판소는 법률이 일정한 사항을 행정규칙에 위임하더라도 그 위임은 전문적·기술적 사항이나 경미한 사항으로서 업무의 성질상 위임이 불가피한 사항에 한정된다고 한다. **17 국가** ( )

08 상위법령에서 세부사항 등을 시행규칙으로 정하도록 위임하였으나, 이를 고시 등 행정규칙으로 정하였더라도 이는 대외적 구속력을 가지는 법규명령으로서 효력이 인정된다. **19 지방** ( )

> 상위법령에서 세부사항 등을 시행규칙으로 정하도록 위임하였음에도 이를 고시 등 행정규칙으로 정하였다면 그 역시 대외적 구속력을 가지는 법규명령으로서 효력이 인정될 수 없다. 대법원 2012. 7. 5. 선고 2010다72076 판결

09 법령보충적 행정규칙은 물론이고 재량권 행사의 준칙이 되는 행정규칙이 행정의 자기구속원리에 따라 대외적 구속력을 가지는 경우에는 헌법소원의 대상이 될 수 있다. **23 국가** ( )

정답
01. ○ **02.** ○ **03.** ○ **04.** ○
05. ○ **06.** ○ **07.** ○ **08.** X
09. ○

대표 기출문제 | 테마 2-4 종합

01 행정규칙에 대한 설명으로 옳지 않은 것은? (다툼이 있는 경우 판례에 의함)
2020 국가직

① 법령의 위임이 없음에도 법령에 규정된 처분 요건에 해당하는 사항을 부령에서 변경하여 규정한 경우에는 그 부령의 규정은 행정명령의 성격을 지닐 뿐 국민에 대한 대외적 구속력은 없다.

② 행정관청 내부의 사무처리규정에 불과한 전결규정에 위반하여 원래의 전결권자 아닌 보조기관 등이 처분권자인 행정관청의 이름으로 행정처분을 한 경우, 그 처분은 권한 없는 자에 의하여 행하여진 것으로 무효이다.

③ 법령의 규정이 특정 행정기관에게 법령 내용의 구체적 사항을 정할 수 있는 권한을 부여하면서 권한행사의 절차나 방법을 특정하지 아니한 경우에는 수임 행정기관은 행정규칙으로 법령 내용이 될 사항을 구체적으로 정할 수 있다.

④ 재량권행사의 준칙인 행정규칙이 그 정한 바에 따라 되풀이 시행되어 행정관행이 형성되어 행정기관이 그 상대방에 대한 관계에서 그 행정규칙에 따라야 할 자기구속을 당하게 되는 경우에는 그 행정규칙은 헌법소원의 심판대상이 될 수도 있다.

02 위임명령의 한계에 대한 설명으로 옳지 않은 것은? (다툼이 있는 경우 판례에 의함)
2021 국가직

① 법률이 공법적 단체 등의 정관에 자치법적 사항을 위임한 경우에는 헌법 제75조가 정하는 포괄적인 위임입법의 금지는 원칙적으로 적용되지 않지만, 그 사항이 국민의 권리·의무에 관련되는 것일 경우에는 적어도 국민의 권리·의무에 관한 기본적이고 본질적인 사항은 국회가 정하여야 한다.

② 헌법에서 채택하고 있는 조세법률주의의 원칙상 과세요건과 징수절차에 관한 사항을 명령·규칙 등 하위법령에 구체적·개별적으로 위임하여 규정할 수 없다.

③ 법률에서 위임받은 사항에 관하여 대강을 정하고 그 중의 특정사항을 범위를 정하여 하위법령에 다시 위임하는 경우에는 재위임이 허용된다. 이러한 법리는 조례가 「지방자치법」에 따라 주민의 권리제한 또는 의무부과에 관한 사항을 법률로부터 위임받은 후, 이를 다시 지방자치단체장이 정하는 '규칙'이나 '고시' 등에 재위임하는 경우에도 마찬가지이다.

④ 법률의 시행령이나 시행규칙의 내용이 모법 조항의 취지에 근거하여 이를 구체화하기 위한 것인 때에는 모법의 규율 범위를 벗어난 것으로 볼 수 없다. 이러한 경우에는 모법에 이에 관하여 직접 위임하는 규정을 두지 않았다고 하여도 이를 무효라고 볼 수 없다.

01
② 전결과 같은 행정권한의 내부위임은 법령상 처분권자인 행정관청이 내부적인 사무처리의 편의를 도모하기 위하여 그의 보조기관 또는 하급 행정관청으로 하여금 그의 권한을 사실상 행사하게 하는 것으로서 법률이 위임을 허용하지 않는 경우에도 인정되는 것이므로, 설사 행정관청 내부의 사무처리규정에 불과한 전결규정에 위반하여 원래의 전결권자 아닌 보조기관 등이 처분권자인 행정관청의 이름으로 행정처분을 하였다고 하더라도 그 처분이 권한 없는 자에 의하여 행하여진 무효의 처분이라고는 할 수 없다. 대법원 1998. 2. 27. 선고 97누1105 판결

02
② 헌법 제38조, 제59조에서 채택하고 있는 조세법률주의의 원칙은 과세요건과 징수절차 등 조세권행사의 요건과 절차는 국민의 대표기관인 국회가 제정한 법률로써 규정하여야 한다는 것이나, 과세요건과 징수절차에 관한 사항을 명령·규칙 등 하위법령에 위임하여 규정하게 할 수 없는 것은 아니다. 대법원 1994. 9. 30.자 94부18 결정

정답 01. ② 02. ②

03 행정입법에 대한 설명으로 옳지 않은 것은? (다툼이 있는 경우 판례에 의함)

2022 국가직

① 부령의 형식으로 정해진 제재적 행정처분의 기준은 그 규정의 성질과 내용이 행정청 내부의 사무처리준칙을 정한 것에 불과하므로 대외적으로 국민이나 법원을 구속하는 것은 아니다.

② 항정신병 치료제의 요양급여 인정기준에 관한 보건복지부 고시가 다른 집행행위의 매개 없이 그 자체로서 직접 국민의 구체적인 권리의무와 법률관계를 규율하는 성격을 가질 때에는 항고소송의 대상이 되는 행정처분에 해당한다.

③ 법률의 위임에 의하여 효력을 갖는 법규명령이 법개정으로 위임의 근거가 없어지게 되더라도 효력을 상실하지 않는다.

④ 한국수력원자력 주식회사가 조달하는 기자재, 용역 및 정비공사, 기기수리의 공급자에 대한 관리업무 절차를 규정함을 목적으로 제정·운용하고 있는 '공급자관리지침' 중 등록취소 및 그에 따른 일정 기간의 거래제한조치에 관한 규정들은 상위 법령의 구체적 위임 없이 정한 것이어서 대외적 구속력이 없는 행정규칙이다.

04 행정입법에 대한 설명으로 옳은 것은? (다툼이 있는 경우 판례에 의함)

2021 지방직

① 법규명령이 위임의 근거가 없어 무효였더라도 나중에 법 개정으로 위임의 근거가 부여되면, 법규명령 제정 당시로 소급하여 유효한 법규명령이 된다.

② 법률의 시행령 내용이 모법 조항의 취지에 근거하여 이를 구체화하기 위한 것인 때에는 모법에 직접 위임하는 규정을 두지 않았더라도 이를 무효라고 볼 수 없다.

③ 대통령령의 입법부작위에 대한 국가배상책임은 인정되지 않는다.

④ 법규명령의 위임근거가 되는 법률에 대하여 위헌결정이 선고되더라도 그 위임에 근거하여 제정된 법규명령은 별도의 폐지행위가 있어야 효력을 상실한다.

03

③ 일반적으로 법률의 위임에 의하여 효력을 갖는 법규명령의 경우, 구법에 위임의 근거가 없어 무효였더라도 사후에 법개정으로 위임의 근거가 부여되면 그 때부터는 유효한 법규명령이 되나, 반대로 <u>구법의 위임에 의한 유효한 법규명령이 법개정으로 위임의 근거가 없어지게 되면 그 때부터 무효인 법규명령이 되므</u>로, 어떤 법령의 위임 근거 유무에 따른 유효 여부를 심사하려면 법개정의 전·후에 걸쳐 모두 심사하여야만 그 법규명령의 시기에 따른 유효·무효를 판단할 수 있다. 대법원 1995. 6. 30. 선고 93추83 판결

04

② (○) 대법원 2016. 12. 1. 선고 2014두8650 판결

① (×) 법규명령의 경우 구법에 위임의 근거가 없어 무효였더라도 사후에 법개정으로 위임의 근거가 부여되면 <u>그때부터는 유효한 법규명령이 된</u>다. 대법원 1995. 6. 30. 선고 93추83 판결

③ (×) 구 군법무관임용법 제5조 제3항과 군법무관임용 등에 관한 법률 제6조가 <u>군법무관의 보수의 구체적 내용을 시행령에 위임했음에도 불구하고 행정부가 정당한 이유 없이 시행령을 제정하지 않은 것은 불법행위에 해당한다</u>(주 : 대통령령을 제정하지 아니한 입법부작위가 국가배상책임을 구성하는 것으로 본 사례). 대법원 2007. 11. 29. 선고 2006다3561 판결

④ (×) 법규명령의 위임근거가 되는 <u>법률에 대하여 위헌결정이 선고되면 그 위임에 근거하여 제정된 법규명령도 원칙적으로 효력을 상실한다.</u> 대법원 2001. 6. 12. 선고 2000다18547 판결

정답 03. ③ 04. ②

Theme 05 행정행위(처분) 의의

1 행정행위의 의의

- 학문상(강학상) 개념 / 실무(실정법)상 표현 : 처분, 행정처분, 허가, 인가, 등록, 면허 등

> **행정기본법 제2조【정의】** 이 법에서 사용하는 용어의 뜻은 다음과 같다.
> 4. "처분"이란 행정청이 구체적 사실에 관하여 행하는 법 집행으로서 공권력의 행사 또는 그 거부와 그 밖에 이에 준하는 행정작용을 말한다.

2 행정행위의 개념

① 행정청이 ② 구체적 사실에 대한 ③ 법집행으로서 행하는 ④ 권력적 단독행위인 ⑤ 공법행위

(1) 행정청의 행위

- 조직법상 의미× 기능적 의미○
  - ∴ 행정권한을 위임·위탁받은 행정기관, 공공단체, 사인 등 포함

(2) 구체적 사실에 대한 행위

- 일반적·추상적 행위(입법작용) : 처분×
- 개별적·구체적 행위 : 처분○
- 일반적·구체적 성격 : 처분○(일반처분)
  - 대인적 일반처분 : 집합금지명령 등
  - 대물적 일반처분 : 횡단보도 설치, 개별공시지가결정, 개발제한구역지정, 공물의 지정 등

판례

1. 구 청소년보호법에 따른 청소년유해매체물 결정 및 고시처분은 당해 유해매체물의 소유자 등 특정인만을 대상으로 한 행정처분이 아니라 일반 불특정 다수인을 상대방으로 하여 일률적으로 표시의무, 포장의무, 청소년에 대한 판매·대여 등의 금지의무 등 각종 의무를 발생시키는 행정처분이다. 대법원 2007. 6. 14. 선고 2004두619 판결
2. 도로교통법 제10조 제1항의 취지에 비추어 볼 때, 지방경찰청장이 횡단보도를 설치하여 보행자의 통행방법 등을 규제하는 것은 행정청이 특정사항에 대하여 의무의 부담을 명하는 행위이고 이는 국민의 권리의무에 직접 관계가 있는 행위로서 행정처분이라고 보아야 할 것이다. 대법원 2000. 10. 27. 선고 98두8964 판결

행정주체와 행정청의 구분

1. **행정주체** : 권리의무의 귀속주체
   - **예** 대한민국, 서울시, 경기도 등
2. **행정청** : 행정주체의 업무 집행기관
   - **예** 대통령, 총리, 장관, 검찰총장, 서울시장, 경기도지사 등

(3) 법적 행위

- 국민의 권리의무에 직접적으로 영향을 미치는 행위
- 행정조직의 내부행위 : 처분×
- 사실행위(도로 보수, 경계 측량, 표지판 설치 등) : 법적효과× ➡ 처분×

🏛 **판례**

> 건설부장관이 행한 국립공원지정처분은 그 결정 및 첨부된 도면의 공고로써 그 경계가 확정되는 것이고, 시장이 행한 경계측량 및 표지의 설치 등은 공원관리청이 공원구역의 효율적인 보호, 관리를 위하여 이미 확정된 경계를 인식, 파악하는 사실상의 행위로 봄이 상당하며, 위와 같은 사실상의 행위를 가리켜 공권력행사로서의 행정처분의 일부라고 볼 수 없고, 이로 인하여 건설부장관이 행한 공원지정처분이나 그 경계에 변동을 가져온다고 할 수 없다. 대법원 1992. 10. 13. 선고 92누2325 판결

(4) 권력적 단독행위

- 행정청이 우월한 지위에서 일방적으로 국민의 권리의무에 영향을 미치는 행위
- 비권력적 작용(공법상 계약, 행정지도 등) : 처분×

(5) 공법행위

- 공법형식의 행위
- 사법형식의 행위(국유 일반재산의 매각 등) : 처분×

3 행정행위의 종류

- 법률행위적 행정행위 / 준법률행위적 행정행위
- 기속행위 / 재량행위
- 침익적 / 수익적 / 복효적 행정행위
- 대인적(예 운전면허 / 승계 불가) / 대물적 행정행위(예 건축허가 / 승계 가능)

🏛 **판례**

> 1. 건축허가는 대물적 허가의 성질을 가지는 것으로 그 허가의 효과는 허가대상 건축물에 대한 권리변동에 수반하여 이전되고, 별도의 승인처분에 의하여 이전되는 것이 아니며, 건축주 명의변경은 당초의 허가대상상 건축주 명의를 바꾸어 등재하는 것에 불과하므로 행정소송의 대상이 될 수 없다. 대법원 1979. 10. 30. 선고 79누190 판결
> 2. 건축허가는 대물적 성질을 갖는 것이어서 행정청으로서는 허가를 할 때에 건축주 또는 토지 소유자가 누구인지 등 인적 요소에 관하여는 형식적 심사만 한다. 대법원 2017. 3. 15. 선고 2014두41190 판결

기출OX 확인

01 지방경찰청장이 횡단보도를 설치하여 보행자의 통행방법을 규제하는 것은 행정처분이 아니다. **14 국가** ( )

> 도로교통법 제10조 제1항의 취지에 비추어 볼 때, 지방경찰청장이 횡단보도를 설치하여 보행자의 통행방법 등을 규제하는 것은 행정청이 특정사항에 대하여 의무의 부담을 명하는 행위이고 이는 국민의 권리의무에 직접 관계가 있는 행위로서 행정처분이라고 보아야 할 것이다. 대법원 2000. 10. 27. 선고 98두8964 판결

02 권한 있는 장관이 행한 국립공원지정처분에 따라 공원관리청이 행한 경계측량 및 표지의 설치는 행정처분이다. **14 국가** ( )

> 건설부장관이 행한 국립공원지정처분은 그 결정 및 첨부된 도면의 공고로써 그 경계가 확정되는 것이고, 시장이 행한 경계측량 및 표지의 설치 등은 공원관리청이 공원구역의 효율적인 보호, 관리를 위하여 이미 확정된 경계를 인식, 파악하는 사실상의 행위로 봄이 상당하며, 위와 같은 사실상의 행위를 가리켜 공권력행사로서의 행정처분의 일부라고 볼 수 없고, 이로 인하여 건설부장관이 행한 공원지정처분이나 그 경계에 변동을 가져온다고 할 수 없다. 대법원 1992. 10. 13. 선고 92누2325 판결

03 행정행위는 법적행위이므로, 행정청이 도로를 보수하는 행위는 행정행위가 아니다. **15 교행** ( )

04 건축허가는 대물적 허가에 해당하므로, 허가의 효과는 허가대상 건축물에 대한 권리변동에 수반하여 이전되고 별도의 승인처분에 의하여 이전되는 것은 아니다. **19 국가** ( )

05 건축허가는 대물적 성질을 갖는 것이어서 행정청으로서는 그 허가를 할 때에 건축주 또는 토지소유자가 누구인지 등 인적 요소에 관하여는 형식적 심사만 한다. **22 국가** ( )

정답

01. X 02. X 03. O 04. O
05. O

Theme 06 기속행위와 재량행위

1 의의

- **기속행위** : 법에서 정한 요건이 충족되면 반드시 일정한 행위를 하거나 하지 말아야 하는 행정행위
- **재량행위** : 요건이 충족되었더라도 행정청에게 행위를 할 것인지, 어떠한 행위를 할 것인지 재량이 인정되는 행정행위
- **기속재량행위** : 학설× / 판례○
  - **원칙** 기속행위
  - **예외** 중대한 공익상 필요○ ➡ 재량행위(즉 중대한 공익상 필요를 이유로 신청을 거부할 수 있음)

🏛 판례

1. 건축허가권자는 건축허가신청이 건축법 등 관계 법규에서 정하는 어떠한 제한에 배치되지 않는 이상 당연히 같은 법조에서 정하는 **건축허가를 하여야 하고, 중대한 공익상의 필요가 없는데도 관계 법령에서 정하는 제한사유 이외의 사유를 들어 요건을 갖춘 자에 대한 허가를 거부할 수는 없다.** 대법원 2009. 9. 24. 선고 2009두8946 판결
2. **사설납골시설의 설치신고는** 같은 법 제15조 각 호에 정한 사설납골시설설치 금지지역에 해당하지 않고 같은 법 제14조 제3항 및 같은 법 시행령 제13조 제1항의 [별표 3]에 정한 설치기준에 부합하는 한 수리하여야 하나, 보건위생상의 위해를 방지하거나 국토의 효율적 이용 및 공공복리의 증진 등 **중대한 공익상 필요가 있는 경우에는 그 수리를 거부할 수 있다고 보는 것이 타당하다.** 대법원 2010. 9. 9. 선고 2008두22631 판결
3. 산림법 부칙 제9조 제1항, 제2항에 의한 **산림형질변경허가처분은 기속재량행위**이다. 대법원 1998. 9. 25. 선고 97누19564 판결

2 기속행위와 재량행위의 구분

(I) 구별기준

- **법문언기준설(통설, 판례)**
  - 1차적 : 법규정의 문언을 기준으로 판단 ➡ "-해야 한다.": 기속행위 / "-할 수 있다.": 재량행위
  - 2차적(문언이 명확하지 않은 경우) : 관련된 일체의 사정을 종합적으로 고려하여 판단
- **수익적 행정행위** : 재량행위

 판례

1. 행정행위가 그 재량성의 유무 및 범위와 관련하여 이른바 기속행위 내지 기속재량행위와 재량행위 내지 자유재량행위로 구분된다고 할 때, 그 구분은 당해 행위의 근거가 된 법규의 체재·형식과 그 문언, 당해 행위가 속하는 행정 분야의 주된 목적과 특성, 당해 행위 자체의 개별적 성질과 유형 등을 모두 고려하여 판단하여야 한다. 대판 2001. 2. 9. 선고 98두17593 판결

2. 개발제한구역 내에서는 구역지정의 목적상 건축물의 건축 및 공작물의 설치 등 개발행위가 원칙적으로 금지되고, 다만 구체적인 경우에 이러한 구역지정의 목적에 위배되지 아니할 경우 예외적으로 허가에 의하여 그러한 행위를 할 수 있게 되어 있음이 그 규정의 체제와 문언상 분명하고, 이러한 예외적인 개발행위의 허가는 상대방에게 수익적인 것이 틀림이 없으므로 그 법률적 성질은 재량행위 내지 자유재량행위에 속하는 것이다. 대판 2004. 3. 25. 선고 2003두12837 판결

(2) 기속행위로 본 사례

 판례

1. 병역법 제26조 제2항은 보충역을 같은 조 제1항 소정의 업무나 분야에서 복무하여야 할 공익근무요원으로 소집한다고 규정하고 있는바, 위 법리와 병역법 제26조 제2항의 규정의 취지에 비추어 보면 병역의무자가 보충역에 해당하는 이상 지방병무청장으로서는 관련 법령에 따라 병역의무자를 공익근무요원으로 소집하여야 하는 것이고, 이와 같이 보충역을 공익근무요원으로 소집함에 있어 지방병무청장에게 재량이 있다고 볼 여지는 없다. 대법원 2002. 8. 23. 선고 2002두820 판결

2. 자녀양육을 위한 육아휴직 기간 중 다른 자녀를 출산하거나 또는 출산이 예정되어 있어 구 국가공무원 복무규정 제20조 제2항에 따른 출산휴가 요건을 갖춘 경우에는 더 이상 기존 자녀의 양육을 위하여 휴직할 필요가 없는 사유가 발생한 때에 해당한다. 육아휴직 중인 여성 교육공무원이 출산휴가 요건을 갖추어 복직신청을 하는 경우는 물론 그 이전에 미리 출산을 이유로 복직신청을 하는 경우에도 임용권자는 출산휴가 개시 시점에 휴직사유가 없어졌다고 보아 복직명령과 동시에 출산휴가를 허가하여야 한다. 대법원 2014. 6. 12. 선고 2012두4852 판결

3. 식품위생법상 일반음식점영업허가는 성질상 일반적 금지의 해제에 불과하므로 허가권자는 허가신청이 법에서 정한 요건을 구비한 때에는 허가하여야 하고 관계 법령에서 정하는 제한사유 외에 공공복리 등의 사유를 들어 허가신청을 거부할 수는 없고, 이러한 법리는 일반음식점 허가사항의 변경허가에 관하여도 마찬가지이다. 대법원 2000. 3.24. 선고 97누12532 판결

(3) 재량행위로 본 사례

 판례

1. 귀화허가는 외국인에게 대한민국 국적을 부여함으로써 국민으로서의 법적 지위를 포괄적으로 설정하는 행위에 해당한다. 한편, 국적법 등 관계 법령 어디에도 외국인에게 대한민국의 국적을 취득할 권리를 부여하였다고 볼 만한 규정이 없다. 이와 같은 귀화허가의 근거 규정의 형식과 문언, 귀화허가의 내용과 특성 등을 고려해 보면, 법무부장관은 귀화신청인이 귀화 요건을 갖추었다 하더라도 귀화를 허가할 것인지 여부에 관하여 재량권을 가진다고 보는 것이 타당하다. 대법원 2010. 10. 28. 선고 2010두6496 판결

2. **출입국관리법상 체류자격 변경허가**는 신청인에게 당초의 체류자격과 다른 체류자격에 해당하는 활동을 할 수 있는 권한을 부여하는 일종의 설권적 처분의 성격을 가지므로, 허가권자는 신청인이 관계 법령에서 정한 요건을 충족하였더라도, 신청인의 적격성, 체류 목적, 공익상의 영향 등을 참작하여 허가 여부를 결정할 수 있는 재량을 가진다. 대법원 2016. 7. 14. 선고 2015두48846 판결

3. **재외동포에 대한 사증발급**은 행정청의 재량행위에 속하는 것으로서, 재외동포가 사증발급을 신청한 경우에 출입국관리법 시행령 [별표 1의2]에서 정한 재외동포체류자격의 요건을 갖추었다고 해서 무조건 사증을 발급해야 하는 것은 아니다. 재외동포에게 출입국관리법 제11조 제1항 각호에서 정한 입국금지사유 또는 재외동포법 제5조 제2항에서 정한 재외동포체류자격 부여 제외사유(예컨대 '대한민국 남자가 병역을 기피할 목적으로 외국국적을 취득하고 대한민국 국적을 상실하여 외국인이 된 경우')가 있어 그의 국내 체류를 허용하지 않음으로써 달성하고자 하는 공익이 그로 말미암아 발생하는 불이익보다 큰 경우에는 행정청이 재외동포체류자격의 사증을 발급하지 않을 재량을 가진다. 대법원 2019. 7. 11. 선고 2017두38874 판결

4. 도시계획법 규정의 형식이나 문언 등에 비추어 볼 때, **토지형질변경의 허가**가 신청된 당해 토지의 합리적인 이용이나 도시계획사업에 지장이 될 우려가 있는지 여부와 공익상 또는 이해관계인의 보호를 위하여 부관을 붙일 필요의 유무나 그 내용 등을 판단함에 있어서 행정청에 재량의 여지가 있으므로 그에 관한 판단 기준을 정하는 것 역시 행정청의 재량에 속하고, 그 설정된 기준이 객관적으로 합리적이 아니라거나 타당하지 않다고 볼 만한 특별한 사정이 없는 이상 행정청의 의사는 가능한 한 존중되어야 할 것이다. 대법원 1999. 2. 23. 선고 98두17845 판결

5. 구 전염병예방법 제54조의2 제2항에 따른 **예방접종으로 인한 질병**, 장애 또는 사망의 인정 여부 결정은 보건복지가족부장관의 재량에 속한다. 대법원 2014. 5. 16. 선고 2014두274 판결

6. 구 문화재보호법 제44조 제1항 단서 제3호의 규정에 의한 '건설공사를 계속하기 위한 **고분발굴허가**'는 재량행위이다. 대법원 2000. 10. 27. 선고 99두264 판결

7. **대학 총장 임용**에 관해서는 임용권자에게 일반 국민에 대한 행정처분이나 공무원에 대한 징계처분에 비하여 광범위한 재량이 주어져 있다고 볼 수 있다. 따라서 대학에서 추천한 후보자를 총장 임용제청이나 총장 임용에서 제외하는 결정이 대학의 장에 관한 자격을 정한 관련 법령 규정에 어긋나지 않고 사회통념에 비추어 불합리하다고 볼 수 없다면 쉽사리 위법하다고 판단해서는 안 된다.

③ 구별실익

(1) 사법심사의 방식

- 기속행위 : 법원이 사실인정과 법규의 해석·적용을 통해 일정한 결론 도출 후 그 결론에 비추어 처분의 위법 여부를 독자의 입장에서 판단
- 재량행위 : 일정한 결론 도출 없이, 재량의 한계 일탈 여부만 판단

🏛 **판례**

행정행위를 기속행위와 재량행위로 구분하는 경우 양자에 대한 사법심사는, **기속행위**의 경우 그 법규에 대한 원칙적인 기속성으로 인하여 법원이 사실인정과 관련 법규의 해석·적용을 통하여 일정한 결론을 도출한 후 그 결론에 비추어 행정청이 한 판단의 적법 여부를 독자의 입장에서 판정하는 방식에 의하게 되나, **재량행위**의 경우 행정청의 재량에 기한 공익판단의 여지를 감안하여 법원은 독자의 결론을 도출함이 없이 당해 행위에

재량권의 일탈·남용이 있는지 여부만을 심사하게 되고, 이러한 재량권의 일탈·남용 여부에 대한 심사는 사실오인, 비례·평등의 원칙 위배 등을 그 판단 대상으로 한다. 대법원 2005. 7. 14. 선고 2004두6181 판결

(2) 부관의 부가 가능성

- 기속(재량)행위 : 법률에 근거 없는 한 부관 부가 불가능 ➡ 부관을 부가하더라도 무효
- 재량행위 : 법률에 근거 없더라도 부관 부가 가능

4 재량의 한계

- 처분이 법에서 부여한 재량의 한계를 넘는 경우, 재량행위는 위법하게 됨.

> **행정소송법 제27조 【재량처분의 취소】**
> 행정청의 재량에 속하는 처분이라도 재량권의 한계를 넘거나 그 남용이 있는 때에는 법원은 이를 취소할 수 있다.

- 재량의 일탈·남용이 인정되는 경우 : 비례의 원칙 등 행정법의 일반원칙 위반, 사실오인, 재량의 불행사(고려해야 할 사항을 고려×), 재량의 해태(불충분한 심사) 등

판례

1. 재량행위에 대한 법원의 사법심사는 당해 행위가 사실오인, 비례·평등의 원칙 위배, 당해 행위의 목적 위반이나 부정한 동기 등에 근거하여 이루어짐으로써 재량권을 일탈·남용한 위법이 있는지 여부만을 심사하게 되는 것이나, 법원의 심사결과 행정청의 재량행위가 사실오인 등에 근거한 것이라고 인정된다면 이는 재량권을 일탈·남용한 것으로서 위법하여 그 취소를 면치 못한다. 대법원 2001. 7. 27. 선고 99두2970 판결

2. 처분의 근거 법령이 행정청에 처분의 요건과 효과 판단에 일정한 재량을 부여하였는데도, 행정청이 자신에게 재량권이 없다고 오인한 나머지 처분으로 달성하려는 공익과 그로써 처분상대방이 입게 되는 불이익의 내용과 정도를 전혀 비교형량 하지 않은 채 처분을 하였다면, 이는 재량권 불행사로서 그 자체로 재량권 일탈·남용으로 해당 처분을 취소하여야 할 위법사유가 된다. 병무청장이 법무부장관에게 '가수 갑이 공연을 위하여 국외여행허가를 받고 출국한 후 미국 시민권을 취득함으로써 사실상 병역의무를 면탈하였다'는 이유로 입국 금지를 요청함에 따라 법무부장관이 갑의 입국금지결정을 하였는데, 갑이 재외공관의 장에게 재외동포(F-4) 체류자격의 사증발급을 신청하자 재외공관장이 처분이유를 기재한 사증발급 거부처분서를 작성해 주지 않은 채 갑의 아버지에게 전화로 사증발급이 불허되었다고 통보한 사안에서, 재외공관장이 자신에게 주어진 재량권을 전혀 행사하지 않고 오로지 13년 7개월 전에 입국금지결정이 있었다는 이유만으로 그에 구속되어 사증발급 거부처분을 한 것이 비례의 원칙에 반하는 것인지 판단했어야 함에도, 입국금지결정에 따라 사증발급 거부처분을 한 것이 적법하다고 본 원심판단에 법리를 오해한 잘못이 있다고 한 사례 대법원 2019. 7. 11. 선고 2017두38874 판결

 기출OX 확인

01 기속행위와 재량행위의 구분은 당해 행위의 근거가 된 법규의 체재·형식과 그 문언, 당해 행위가 속하는 행정 분야의 주된 목적과 특성, 당해 행위 자체의 개별적 성질과 유형 등을 모두 고려하여 판단하여야 한다. **20 지방** ( )

02 「국토의 계획 및 이용에 관한 법률」상 개발행위허가는 허가기준 및 금지요건이 불확정개념으로 규정된 부분이 많아 그 요건에 해당하는지 여부는 행정청의 재량판단의 영역에 속한다. **20 지방** ( )

03 법률에서 정한 귀화 요건을 갖춘 귀화신청인에 대한 법무부장관의 귀화 허가는 기속행위로 본다. **12 지방** ( )

> 귀화허가는 외국인에게 대한민국 국적을 부여함으로써 국민으로서의 법적 지위를 포괄적으로 설정하는 행위에 해당한다. 한편, 국적법 등 관계 법령 어디에도 외국인에게 대한민국의 국적을 취득할 권리를 부여하였다고 볼 만한 규정이 없다. 이와 같은 귀화허가의 근거 규정의 형식과 문언, 귀화허가의 내용과 특성 등을 고려해 보면, 법무부장관은 귀화신청인이 귀화 요건을 갖추었다 하더라도 귀화를 허가할 것인지 여부에 관하여 재량권을 가진다고 보는 것이 타당하다. 대법원 2010. 10. 28. 선고 2010두6496 판결

04 대법원은 재량행위에 대한 사법심사를 하는 경우에 법원은 행정청의 재량에 기한 공익판단의 여지를 감안하여 독자적인 판단을 하여 결론을 도출하지 않고, 당해 처분이 재량권의 일탈·남용에 해당하는지의 여부만을 심사하여야 한다고 한다. **17 국가** ( )

05 행정청의 재량에 속하는 처분이라도 재량권의 한계를 넘거나 그 남용이 있는 때에는 법원은 이를 취소할 수 있다. **12 지방** ( )

06 사실의 존부에 대한 판단에는 재량권이 인정될 수 없으므로 사실을 오인하여 재량권을 행사한 경우에 그 처분은 위법하다. **16 교행** ( )

07 재량권의 불행사에는 재량권을 충분히 행사하지 아니한 경우는 포함되지 않는다. **15 국가** ( )

정답
01. O **02.** O **03.** X **04.** O **05.** O **06.** O
07. X (재량의 불행사에는 재량행사 시 고려해야 할 사정을 전혀 고려하지 않거나 또는 고려했더라도 충분한 고려가 이루어지지 않은 경우(재량권을 충분히 행사하지 아니한 경우)를 모두 포함한다.)

 대표 기출문제

기속행위와 재량행위에 대한 설명으로 옳지 않은 것은? (다툼이 있는 경우 판례에 의함)

2020 지방직

① 「국토의 계획 및 이용에 관한 법률」상 개발행위허가는 허가기준 및 금지요건이 불확정개념으로 규정된 부분이 많아 그 요건에 해당하는지 여부는 행정청의 재량판단의 영역에 속한다.

② 기속행위와 재량행위의 구분은 당해 행위의 근거가 된 법규의 체재·형식과 그 문언, 당해 행위가 속하는 행정 분야의 주된 목적과 특성, 당해 행위 자체의 개별적 성질과 유형 등을 모두 고려하여 판단하여야 한다.

③ 처분을 할 것인지 여부와 처분의 정도에 관하여 재량이 인정되는 과징금 납부명령에 대하여 그 명령이 재량권을 일탈하였을 경우, 법원은 재량권의 범위 내에서 어느 정도가 적정한 것인지에 관하여 판단할 수 있고 그 일부를 취소할 수 있다.

④ 마을버스운송사업면허의 허용 여부는 운수행정을 통한 공익실현과 아울러 합목적성을 추구하기 위하여 보다 구체적 타당성에 적합한 기준에 의하여야 할 것이므로 행정청의 재량에 속하는 것이라고 보아야 한다.

③ 처분을 할 것인지 여부와 처분의 정도에 관하여 재량이 인정되는 과징금 납부명령에 대하여 그 명령이 재량권을 일탈하였을 경우, 법원으로서는 재량권의 일탈 여부만 판단할 수 있을 뿐이지 재량권의 범위 내에서 어느 정도가 적정한 것인지에 관하여는 판단할 수 없어 그 전부를 취소할 수밖에 없고, 법원이 적정하다고 인정하는 부분을 초과한 부분만 취소할 수는 없다. 대법원 2009. 6. 23. 선고 2007두18062 판결

정답 ③

Theme 07 허가

1 의의

- 질서유지를 위해 잠정적으로 제한되거나 금지된 국민의 자유를 회복시켜주는 것
- 허가의 예 건축허가, 일반음식점 영업허가, 운전면허 등

2 법적성질

- 원칙 : 기속행위

판례

1. **식품위생법상 대중음식점영업허가**는 성질상 일반적 금지에 대한 해제에 불과하므로 허가권자는 허가신청이 법에서 정한 요건을 구비한 때에는 허가하여야 하고 관계법규에서 정하는 제한사유 이외의 사유를 들어 허가신청을 거부할 수 없다. 대법원 1993. 5. 27. 선고 93누2216 판결
2. **주류판매업 면허**는 설권적 행위가 아니라 주류판매의 질서유지, 주세 보전의 행정목적 등을 달성하기 위하여 개인의 자연적 자유에 속하는 영업행위를 일반적으로 제한하였다가 특정한 경우에 이를 회복하도록 그 제한을 해제하는 강학상의 허가로 해석되므로 주세법에 열거된 면허제한사유에 해당하지 아니하는 한 면허관청으로서는 임의로 그 면허를 거부할 수 없다. 대법원 1995. 11. 10. 선고 95누5714 판결

- 예외 : (기속)재량행위
  ➡ 명문의 규정 없더라도 중대한 공익상 필요 있는 경우 허가신청에 대한 거부처분 가능

판례

1. 건축허가권자는 건축허가신청이 건축법 등 관계 법규에서 정하는 어떠한 제한에 배치되지 않는 이상 당연히 같은 법조에서 정하는 **건축허가**를 하여야 하고, 중대한 공익상의 필요가 없음에도 불구하고, 요건을 갖춘 자에 대한 허가를 관계 법령에서 정하는 제한사유 이외의 사유를 들어 거부할 수는 없다. 대법원 2006. 11. 9. 선고 2006두1227 판결
2. 법령상 토사채취가 제한되지 않는 산림 내에서의 **토사채취**에 대하여 국토와 자연의 유지, 환경보전 등 중대한 공익상 필요를 이유로 그 허가를 거부할 수 있다. 대법원 2007. 6. 15. 선고 2005두9736 판결
3. 국토 및 자연의 유지와 환경의 보전 등 중대한 공익상 필요가 있는 경우, **입목굴채 허가**를 거부할 수 있다. 대법원 2001. 11. 30. 선고 2001두5866 판결

∴ 인·허가 의제란, 하나의
허가를 받으면 법률에서 정
한 다른 허가도 받은 것으
로 처리하게 되는 제도를
말한다. 예를 들어 A법률에
서 A허가를 받으면 B법률
의 B허가도 받은 것으로 의
제하는 것으로 정하고 있는
경우, A법률의 A허가를 받
으면 B법률의 B허가도 받
은 것으로 처리된다.

• 주된 허가가 기속행위더라도 의제되는 인·허가가 재량행위인 경우, 주된
허가도 그 범위에서는 재량행위○

🏛 **판례**

국토의 계획 및 이용에 관한 법률에 따른 <u>토지의 형질변경허가</u>는 그 금지요건이 불확정
개념으로 규정되어 있어 그 금지요건에 해당하는지 여부를 판단함에 있어서 <u>행정청에
재량권이 부여되어 있다</u>고 할 것이므로, 국토계획법에 따른 <u>토지의 형질변경행위를 수
반하는 건축허가는 재량행위</u>에 속한다. 대법원 2013. 10. 31. 선고 2013두9625 판결

3 허가 신청에 따른 허가처분 판단의 기준 시

행정기본법 제14조 【법 적용의 기준】 ② 당사자의 신청에 따른 처분은 법령등에 특별한
규정이 있거나 처분 당시의 법령등을 적용하기 곤란한 특별한 사정이 있는 경우를 제외
하고는 <u>처분 당시의 법령등에 따른다.</u>

• 허가의 신청 시와 그에 대한 처분 시 사이에 법령의 변경이 있는 경우, 원칙
적으로 처분 시의 개정된 법령을 기준으로 하여 허가 여부를 결정
• 허가관청이 허가신청을 수리하고도 정당한 이유 없이 그 처리를 늦추어 그
사이에 허가기준이 변경된 경우에는 예외적으로 신청 시를 기준으로 판단

🏛 **판례**

허가 등의 행정처분은 <u>원칙적으로 처분시의 법령과 허가기준에 의하여</u> 처리되어야 하고
허가신청 당시의 기준에 따라야 하는 것은 아니며, 비록 허가신청 후 허가기준이 변경되
었다 하더라도 그 <u>허가관청이 허가신청을 수리하고도 정당한 이유 없이 그 처리를 늦추
어 그 사이에 허가기준이 변경된 것이 아닌 이상</u> 변경된 허가기준에 따라서 처분을 하여
야 한다. 대법원 2006. 8. 25. 선고 2004두2974 판결

4 허가의 효과

(I) 허가권자의 이익

• 금지의 해제(자유의 회복)
  원칙 반사적 이익 ➡ 원고적격× (∵ 법률상 이익×)
  공익 목적을 위해 금지한 자유를 회복시켜 반사적으로 얻게 된 이익에 불과(허가 ⇒
  독점적 지위 부여×)
  예외 허가처분의 근거 또는 관련 법규의 해석상 법률상 이익 인정 ➡ 원고적격○
  예 근거 법규가 거리제한 규정을 두는 등 해당 업자들 사이의 과당경쟁으로 인한 경영의 불합
  리 방지도 목적으로 하는 경우(허가 = 일정한 영업이익 보호)

판례

1. 공중목욕장업 경영 허가는 경찰금지의 해제로 인한 영업자유의 회복이라고 볼 것이므로 이 영업의 자유는 법률이 직접 공중목욕장업 피허가자의 이익을 보호함을 목적으로 한 경우에 해당되는 것이 아니고 법률이 공중위생이라는 공공의 복리를 보호하는 결과로서 영업의 자유가 제한되므로 인하여 간접적으로 관계자인 영업자유의 제한이 해제된 피허가자에게 이익을 부여하게 되는 경우에 해당되는 것이므로 이 사건 허가처분에 의하여 목욕장업에 의한 이익이 사실상 감소된다하여도 이 불이익은 본건 허가처분의 단순한 사실상의 반사적 결과에 불과하다. 대법원 1963. 8. 31. 선고 63누101 판결

2. 일반적으로 면허나 인·허가 등의 수익적 행정처분의 근거가 되는 법률이 해당 업자들 사이의 과당경쟁으로 인한 경영의 불합리를 방지하는 것도 그 목적으로 하고 있는 경우, 다른 업자에 대한 면허나 인·허가 등의 수익적 행정처분에 대하여 이미 같은 종류의 면허나 인·허가 등의 수익적 행정처분을 받아 영업을 하고 있는 기존의 업자는 경업자에 대하여 이루어진 면허나 인·허가 등 행정처분의 상대방이 아니라 하더라도 당해 행정처분의 취소를 구할 원고적격이 있다. 대법원 2006. 7. 28. 선고 2004두6716 판결

☑ 취소소송의 기초 개념

1. 취소소송의 소송요건

(1) 의의
• 법원의 판결(본안판단)을 받기 위해 필요한 전제 조건 ➡ 불필요한 재판이 진행되는 것을 막기 위해 소송요건을 갖춘 소에 대해서만 본안심리가 이루어 짐.
• '소송을 제기할 수 있는지 없는지'의 문제임.

(2) 종류
• 대상적격 : 어떤 행정작용이 취소소송의 대상이 되는지?
• 원고적격 : 누가 취소소송을 제기할 수 있는지?
• 소의이익 : 취소소송에서 승소했을 때 얻을 수 있는 이익이 있는지?
• 제소기간 : 언제까지 취소소송을 제기할 수 있는지?

(3) 판단
• if 소송요건× ➡ 본안 판단을 할 것도 없이 법원은 부적법 '소 각하' 판결을 하게 됨.
• if 소송요건○ ➡ 본안심사를 진행하여 본안판단을 하게 됨.

2. 본안판단

(1) 의의
• 문제되는 처분의 위법 여부에 대한 판단
• '소송에서 이길 수 있는지 없는지'의 문제임.

(2) 판단 기준
• 주체 : 처분을 한 행정기관이 처분의 권한이 있는지 여부
• 절차 : 행정절차법에 따른 처분의 절차 기준을 준수하였는지 여부
• 형식 : 행정절차법에 따른 서면(문서)주의를 준수하였는지 여부
• 내용 : 법치주의(법률우위, 법률유보) 위반 여부, 행정법의 일반원칙 위반 여부 등

(3) 판단
• if 처분 위법○ ➡ 청구 '인용' 판결(원고 승소 = 처분 취소)
• if 처분 위법× ➡ 청구 '기각' 판결(원고 패소 = 처분 그대로 유지)

(2) 다른 법률상 제한

- 허가○ ➡ 허가 대상 행위에 대한 금지만 해제 / 다른 법률에 의한 금지는 해제✕
- **예** 공무원이 식품위생법상 영업허가○
  - ➡ 식품위생법상 금지 해제○
  - ➡ 국가공무원법상 영리업무금지 해제✕

(3) 무허가행위의 효과

- 위법○ ➡ 행정상 강제집행, 행정벌 등
- 사법상 효력 : 무효✕(**예** 건축허가 없이 건물을 건축하여도 사법상 건물의 소유권은 취득함)

5 허가의 기간 및 갱신

(1) 의의

- 허가 자체의 존속기간 : 기간 경과 ➡ 허가 실효
- 허가조건의 존속기간(갱신기간) : 갱신기간 도래 ➡ 허가 실효✕ 조건의 개정 (갱신) 고려○
- 구별기준 : 허가의 대상이 되는 사업의 성질 고려
  - ➡ 허가기간이 사업의 성질상 부당하게 짧은 경우 : 허가조건의 존속기간 But 허가조건의 존속기간인 경우에도 허가기간 연장 위해서는 종기 도래 전 갱신 신청을 하여야 함. **cf** 갱신 신청✕ 기간 도과 ➡ 허가 실효

> **판례**
>
> 일반적으로 행정처분에 효력기간이 정하여져 있는 경우에는 그 기간의 경과로 그 행정처분의 효력은 상실되고, 다만 허가에 붙은 기한이 그 허가된 사업의 성질상 부당하게 짧은 경우에는 이를 그 허가 자체의 존속기간이 아니라 그 허가조건의 존속기간으로 보아 그 기한이 도래함으로써 그 조건의 개정을 고려한다는 뜻으로 해석할 수는 있지만, 그와 같은 경우라 하더라도 그 허가기간이 연장되기 위하여는 그 종기가 도래하기 전에 그 허가기간의 연장에 관한 신청이 있어야 하며, 만일 그러한 연장신청이 없는 상태에서 허가기간이 만료하였다면 그 허가의 효력은 상실된다. 대법원 2007. 10. 11. 선고 2005두12404 판결

(2) 허가조건의 존속기간(갱신기간)

- 유효기간(갱신기간) 내 갱신 신청○ ➡ 특별한 사정이 없는 한 갱신 거부 불가능 if 갱신○ ➡ 종전 허가는 동일성 유지한 채 계속 존속
  - ∴ 갱신 전 사유를 이유로 갱신 후 제재처분 가능

> **판례**
>
> 유료직업 소개사업의 허가갱신은 허가취득자에게 종전의 지위를 계속 유지시키는 효과를 갖는 것에 불과하고 갱신 후에는 갱신 전의 법위반사항을 불문에 붙이는 효과를 발생하는 것이 아니므로 일단 갱신이 있은 후에도 갱신 전의 법위반사실을 근거로 허가를 취소할 수 있다. 대법원 1982. 7. 27. 선고 81누174 판결

- 갱신으로 인해 허가기간이 사업의 성질상 부당하게 짧은 경우에 해당하지 않게 된 경우 ➡ 갱신 거부 가능

> **판례**
>
> 당초에 붙은 기한을 허가 자체의 존속기간이 아니라 허가조건의 존속기간으로 보더라도 그 후 당초의 기한이 상당 기간 연장되어 연장된 기간을 포함한 존속기간 전체를 기준으로 볼 경우 더 이상 허가된 사업의 성질상 부당하게 짧은 경우에 해당하지 않게 된 때에는 관계 법령의 규정에 따라 허가 여부의 재량권을 가진 행정청으로서는 그때에도 허가조건의 개정만을 고려하여야 하는 것은 아니고 재량권의 행사로서 더 이상의 기간연장을 불허가할 수도 있는 것이며, 이로써 허가의 효력은 상실된다. 대법원 2004. 3. 25. 선고 2003두12837 판결

- if 갱신 신청하였으나 행정청이 갱신 가부 결정× ➡ 유효기간 지나도 허가 실효×
- 유효기간 내 갱신 신청×
  - 허가는 실효됨.
  - 유효기간 이후의 갱신 신청 : 갱신 신청× / 새로운 허가의 신청○
    ∴ 허가요건의 충족 여부 새로이 판단하여 허가/불허가 가능

> **판례**
>
> 종전의 허가가 기한의 도래로 실효한 이상 원고가 종전 허가의 유효기간이 지나서 신청한 이 사건 기간연장신청은 그에 대한 종전의 허가처분을 전제로 하여 단순히 그 유효기간을 연장하여 주는 행정처분을 구하는 것이라기보다는 종전의 허가처분과는 별도의 새로운 허가를 내용으로 하는 행정처분을 구하는 것이라고 보아야 할 것이어서, 이러한 경우 허가권자는 이를 새로운 허가신청으로 보아 법의 관계 규정에 의하여 허가요건의 적합 여부를 새로이 판단하여 그 허가 여부를 결정하여야 할 것이다. 대법원 1995. 11. 10. 선고 94누11866 판결

(3) 허가자체의 존속기간

- 기간 경과 : 허가는 당연히 실효
- 기간 연장 신청 : 갱신 신청× / 새로운 허가의 신청○

> **판례**
>
> 어업에 관한 허가 또는 신고의 경우에는 어업면허와 달리 유효기간연장제도가 마련되어 있지 아니하므로 그 유효기간이 경과하면 그 허가나 신고의 효력이 당연히 소멸하며, 재차 허가를 받거나 신고를 하더라도 허가나 신고의 기간만 갱신되어 종전의 어업허가나 신고의 효력 또는 성질이 계속된다고 볼 수 없고 새로운 허가 내지 신고로서의 효력이 발생한다고 할 것이다. 대법원 2011. 7. 28. 선고 2011두5728 판결

6 영업허가의 양도

(1) 의의

- 영업허가의 양도 : 허가받은 영업 일체를 양도인과 양수인 간의 합의로 양수인에게 이전하는 것
- 대물적 허가 : 별도의 규정 없어도 양도 가능
- 대인적 허가 : 원칙적으로 양도 불가

(2) 영업허가 양도의 성질

- 영업허가 양도 시 영업양도양수 사실에 대한 '신고' 필요(지위승계신고)
- 신고 : 수리를 요하는 신고(수리 있어야 효과 발생)
  ➡ 신고 수리 : 양도인에 대한 허가 철회 + 양수인에 대한 신규 허가
    ∴ 양도인에 대해서 불이익한 처분 ➡ 행정절차법상 사전통지 및 의견청취절차 거칠 필요○

 판례

> 1. 영업양도에 따른 지위승계신고를 수리하는 허가관청의 행위는, 단순히 양도·양수인 사이에 이미 발생한 사법상의 사업양도의 법률효과에 의하여 양수인이 그 영업을 승계하였다는 사실의 신고를 접수하는 행위에 그치는 것이 아니라, 실질에 있어서 양도자의 사업허가를 취소함과 아울러 양수자에게 적법히 사업을 할 수 있는 권리를 설정하여 주는 행위로서 사업허가자의 변경이라는 법률효과를 발생시키는 행위이다. 대법원 2001. 2. 9. 선고 2000도2050 판결
> 2. 행정청이 구 식품위생법 규정에 의하여 영업자지위승계신고를 수리하는 처분은 종전의 영업자의 권익을 제한하는 처분이라 할 것이고 따라서 종전의 영업자는 그 처분에 대하여 직접 그 상대가 되는 자에 해당한다고 봄이 상당하므로, 행정청으로서는 위 신고를 수리하는 처분을 함에 있어서 행정절차법 규정 소정의 당사자에 해당하는 종전의 영업자에 대하여 위 규정 소정의 행정절차를 실시하고 처분을 하여야 한다. 대법원 2003. 2. 14. 선고 2001두7015 판결

- 신고 수리 전, 양도인에 대한 영업허가 취소 ➡ 양수인은 영업허가취소를 다툴 원고적격(법률상 이익)○

 판례

> 주택건설촉진법, 구 같은 법 시행규칙의 각 규정에 의하면 주택건설 사업주체의 변경승인신청은 양수인이 단독으로 할 수 있고 위 변경승인은 실질적으로 양수인에 대하여 종전에 승인된 사업계획과 동일한 사업계획을 새로이 승인해 주는 행위라 할 것이므로, 사업주체의 변경승인신청이 된 이후에 행정청이 양도인에 대하여 그 사업계획변경승인의 전제로 되는 사업계획승인을 취소하는 처분을 하였다면 양수인은 그 처분 이전에 양도인으로부터 토지와 사업승인권을 사실상 양수받아 사업주체의 변경승인신청을 한 자로서 그 취소를 구할 법률상의 이익을 가진다. 대법원 2000. 9. 26. 선고 99두646 판결

- 신고 수리 전, 양수인의 법 위반행위 ➡ 수리 전에는 지위승계 효과 발생×
  ∴ 여전히 양도인이 허가(명의)자 ➡ 양도인에 대한 제재처분 가능

판례

사실상 영업이 양도·양수되었지만 아직 승계신고 및 그 수리처분이 있기 이전에는 여전히 종전의 영업자인 양도인이 영업허가자이고, 양수인은 영업허가자가 되지 못한다 할 것이어서 행정제재처분의 사유가 있는지 여부 및 그 사유가 있다고 하여 행하는 행정제재처분은 영업허가자인 양도인을 기준으로 판단하여 그 양도인에 대하여 행하여야 할 것이고, 한편 양도인이 그의 의사에 따라 양수인에게 영업을 양도하면서 양수인으로 하여금 영업을 하도록 허락하였다면 그 양수인의 영업 중 발생한 위반행위에 대한 행정적인 책임은 영업허가자인 양도인에게 귀속된다고 보아야 할 것이다. 대법원 1995. 2. 24. 선고 94누9146 판결

7 제재처분의 효과 및 제재사유의 승계

(1) 제재처분의 효과의 승계(예 영업정지처분)

- 원칙적으로 양수인에게 승계○
- 예외적으로 양수인이 선의인 경우, 승계×(일반적으로 법 규정 존재함)

판례

석유 및 석유대체연료 사업법 제10조 제5항에 의하여 석유판매업자의 지위 승계 및 처분 효과의 승계에 관하여 준용되는 법 제8조는 "제7조에 따라 석유정제업자의 지위가 승계되면 종전의 석유정제업자에 대한 제13조 제1항에 따른 사업정지처분(제14조에 따라 사업정지를 갈음하여 부과하는 과징금부과처분을 포함한다)의 효과는 새로운 석유정제업자에게 승계되며, 처분의 절차가 진행 중일 때에는 새로운 석유정제업자에 대하여 그 절차를 계속 진행할 수 있다. 다만, 새로운 석유정제업자(상속으로 승계 받은 자는 제외한다)가 석유정제업을 승계할 때에 그 처분이나 위반의 사실을 알지 못하였음을 증명하는 경우에는 그러하지 아니하다."라고 규정하고 있다. 이러한 제재사유 및 처분절차의 승계조항을 둔 취지는 제재적 처분 면탈을 위하여 석유정제업자 지위승계가 악용되는 것을 방지하기 위한 것이고, 승계인에게 위와 같은 선의에 대한 증명책임을 지운 취지 역시 마찬가지로 볼 수 있다. 즉 법 제8조 본문 규정에 의해 사업정지처분의 효과는 새로운 석유정제업자에게 승계되는 것이 원칙이고 단서 규정은 새로운 석유정제업자가 그 선의를 증명한 경우에만 예외적으로 적용될 수 있을 뿐이다. 따라서 승계인의 종전 처분 또는 위반 사실에 관한 선의를 인정함에 있어서는 신중하여야 한다. 대법원 2017. 9. 7. 선고 2017두41085 판결

(2) 제재사유의 승계(영업정지처분의 사유)

• 법 규정○ : 규정에 따라 승계○

판례

> 한편 화물자동차법 제16조 제4항은 화물자동차 운송사업을 양수하고 신고를 마치면 양수인이 양도인의 '운송사업자로서의 지위'를 승계한다고 규정하고 있다. 이러한 지위 승계 규정은 양도인이 해당 사업과 관련하여 관계법령상 의무를 위반하여 제재사유가 발생한 후 사업을 양도하는 방법으로 제재처분을 면탈하는 것을 방지하려는 데에도 그 입법목적이 있다.
> 화물자동차법에서 '운송사업자'란 화물자동차법 제3조 제1항에 따라 화물자동차 운송사업 허가를 받은 자를 말하므로(제3조 제3항), '운송사업자로서의 지위'란 운송사업 허가에 기인한 공법상 권리와 의무를 의미하고, 그 '지위의 승계'란 양도인의 공법상 권리와 의무를 승계하고 이에 따라 양도인의 의무위반행위에 따른 위법상태의 승계도 포함하는 것이라고 보아야 한다. 불법증차를 실행한 운송사업자로부터 운송사업을 양수하고 화물자동차법 제16조 제1항에 따른 신고를 하여 화물자동차법 제16조 제4항에 따라 운송사업자의 지위를 승계한 경우에는 설령 양수인이 영업양도·양수 대상에 불법증차 차량이 포함되어 있는지를 구체적으로 알지 못하였다 할지라도, 양수인은 불법증차 차량이라는 물적 자산과 그에 대한 운송사업자로서의 책임까지 포괄적으로 승계한다.
> 따라서 관할 행정청은 양수인의 선의·악의를 불문하고 양수인에 대하여 불법증차 차량에 관하여 지급된 유가보조금의 반환을 명할 수 있다. 다만 그에 따른 양수인의 책임범위는 지위승계 후 발생한 유가보조금 부정수급액에 한정되고, 지위승계 전에 발생한 유가보조금 부정수급액에 대해서까지 양수인을 상대로 반환명령을 할 수는 없다. 유가보조금 반환명령은 '운송사업자등'이 유가보조금을 지급받을 요건을 충족하지 못함에도 유가보조금을 청구하여 부정수급하는 행위를 처분사유로 하는 '대인적 처분'으로서, '운송사업자'가 불법증차 차량이라는 물적 자산을 보유하고 있음을 이유로 한 운송사업 허가 취소 등의 '대물적 제재처분'과는 구별되고, 양수인은 영업양도·양수 전에 벌어진 양도인의 불법증차 차량의 제공 및 유가보조금 부정수급이라는 결과 발생에 어떠한 책임이 있다고 볼 수 없기 때문이다. 대법원 2021. 7. 29. 선고 2018두55968 판결

• 법 규정× : 원칙적으로 양수인에게 승계○(∵ 대물적 처분)

판례

> 1. 만일 어떠한 공중위생영업에 대하여 그 영업을 정지할 위법사유가 있다면, 관할 행정청은 그 영업이 양도·양수되었다 하더라도 그 업소의 양수인에 대하여 영업정지 처분을 할 수 있다고 봄이 상당하다. **21국가** 대법원 2001. 6. 29. 선고 2001두1611 판결
> 2. 개인택시 운송사업을 양수한 사람은 양도인의 운송사업자로서의 지위를 승계하는 것이므로, 관할관청은 개인택시 운송사업의 양도·양수에 대한 인가를 한 후에도 그 양도·양수 이전에 있었던 양도인에 대한 운송사업면허 취소사유를 들어 양수인의 사업면허를 취소할 수 있는 것이고, 가사 양도·양수 당시에는 양도인에 대한 운송사업면허 취소사유가 현실적으로 발생하지 않은 경우라도 그 원인되는 사실이 이미 존재하였다면, 관할관청으로서는 그 후 발생한 운송사업면허 취소사유에 기하여 양수인의 사업면허를 취소할 수 있는 것이다. 대법원 2010. 4. 8. 선고 2009두17018 판결

3. 구 국민건강보험법 등의 내용을 종합하면, <u>요양기관이 속임수나 그 밖의 부당한 방법으로 보험자에게 요양급여비용을 부담하게 한 때에 구 국민건강보험법 제85조 제1항 제1호에 의해 받게 되는 요양기관 업무정지처분은 의료인 개인의 자격에 대한 제재가 아니라 요양기관의 업무 자체에 대한 것으로서 대물적 처분의 성격을 갖는다.</u> 따라서 속임수나 그 밖의 부당한 방법으로 보험자에게 요양급여비용을 부담하게 한 <u>요양기관이 폐업한 때에는 그 요양기관은 업무를 할 수 없는 상태일 뿐만 아니라 그 처분대상도 없어졌으므로 그 요양기관 및 폐업 후 그 요양기관의 개설자가 새로 개설한 요양기관에 대하여 업무정지처분을 할 수는 없다.</u> 이러한 해석은 <u>침익적 행정행위의 근거가 되는 행정법규는 엄격하게 해석·적용하</u>여야 하고, 입법 취지와 목적 등을 고려한 목적론적 해석이 전적으로 배제되는 것이 아니라고 하더라도 그 해석이 문언의 통상적인 의미를 벗어나서는 아니 된다는 법리에도 부합한다. 더군다나 구 의료법 제66조 제1항 제7호에 의하면 보건복지부장관은 의료인이 속임수 등 부정한 방법으로 진료비를 거짓 청구한 때에는 1년의 범위에서 면허자격을 정지시킬 수 있고 이와 같이 <u>요양기관 개설자인 의료인 개인에 대한 제재수단이 별도로 존재하는 이상</u>, 위와 같은 사안에서 제재의 실효성 확보를 이유로 구 국민건강보험법 제85조 제1항 제1호의 '<u>요양기관</u>'을 확장해석할 필요도 없다. 대법원 2022. 1. 27. 선고 2020두39365 판결

8 허가와 구별개념 : 예외적 승인

- 사회적으로 유해한 행위를 원칙적으로 금지하고 예외적인 경우에만 허용
- 억제적 금지의 해제
- 법적성질 : 재량행위
- 예외적 승인의 예

> **예** 개발제한구역 내 건축허가, 학교환경위생정화구역 내 금지해제, 마약류사용허가, 사행행위 영업허가, 토지보상법상 타인 토지 출입허가 등

🏛 **판례**

1. **개발제한구역** 내에서는 구역지정의 목적상 건축물의 건축 및 공작물의 설치 등 <u>개발행위가 원칙적으로 금지</u>되고, 다만 구체적인 경우에 이러한 구역지정의 목적에 위배되지 아니할 경우 <u>예외적으로 허가에 의하여</u> 그러한 행위를 할 수 있게 되어 있음이 그 규정의 체제와 문언상 분명하고, 이러한 예외적인 개발행위의 허가는 상대방에게 수익적인 것이 틀림이 없으므로 그 법률적 성질은 <u>재량행위 내지 자유재량행위</u>에 속하는 것이다. 대법원 2004. 3. 25. 선고 2003두12837 판결
2. 시·도교육위원회교육감 또는 교육감이 지정하는 자가 **학교환경위생정화구역 안에서의 금지행위 및 시설의 해제신청**에 대하여 그 행위 및 시설이 학습과 학교보건에 나쁜 영향을 주지 않는 것인지의 여부를 결정하여 그 금지행위 및 시설을 해제하거나 계속하여 금지(해제거부)하는 조치는 시·도교육위원회교육감 또는 교육감이 지정하는 자의 <u>재량행위</u>에 속한다. 대법원 1996. 10. 29. 선고 96누8253 판결

기출OX확인

01 건축허가권자는 중대한 공익상의 필요가 없음에도 관계 법령에서 정하는 제한사유 이외의 사유를 들어 건축허가 요건을 갖춘 자에 대한 허가를 거부할 수 있다. 19 국가　　　(　)

> 건축허가권자는 건축허가신청이 건축법 등 관계 법규에서 정하는 어떠한 제한에 배치되지 않는 이상 당연히 같은 법조에서 정하는 건축허가를 하여야 하고, <u>중대한 공익상의 필요가 없음에도 불구하고, 요건을 갖춘 자에 대한 허가를 관계 법령에서 정하는 제한사유 이외의 사유를 들어 거부할 수는 없다.</u> 대법원 2006. 11. 9. 선고 2006두1227 판결

02 「국토의 계획 및 이용에 관한 법률」에 의해 지정된 도시지역 안에서 토지의 형질 변경행위를 수반하는 건축허가는 재량행위에 속한다. 19 국가　　(　)

03 甲이 허가를 신청한 이후 관계법령이 개정되어 허가요건을 충족하지 못하게 된 경우, 행정청이 허가신청을 수리하고도 정당한 이유 없이 그 처리를 늦추어 그 사이에 허가기준이 변경된 것이 아닌 이상 甲에게는 불허가처분을 하여야 한다. 19 지방
(　)

04 이미 허가한 영업시설과 동종의 영업허가를 함으로써 기존 업자의 영업이익에 피해가 발생한 경우 기존 업자는 동종의 신규 영업허가의 취소소송을 제기할 수 있는 원고적격이 인정된다. 11 국가　　(　)

05 甲이 공무원인 경우 허가를 받으면 이는 「식품위생법」상의 금지를 해제할 뿐만 아니라 「국가공무원법」상의 영리업무금지까지 해제하여 주는 효과가 있다. 19 지방
(　)

06 허가를 받지 않고 행한 영업행위는 행정상 강제집행이나 처벌의 대상은 되지만, 행위 자체의 법률적 효력은 영향을 받지 않는 것이 원칙이다. 11 국가　(　)

07 행정행위가 그 내용상 장기간에 걸쳐 계속될 것이 예상되는데, 유효기간이 허가 또는 특허된 사업의 성질상 부당하게 단기로 정해진 경우에는 그 유효기간을 허가조건의 존속기간으로 보아야 한다. 11 지방　　　(　)

08 허가에 붙은 기한이 그 허가된 사업의 성질상 부당하게 짧아 그 기한을 허가조건의 존속기간으로 볼 수 있는 경우에 허가기간이 연장되기 위하여는 그 종기가 도래하기 전에 그 허가기간의 연장에 관한 신청이 있어야 한다. 20 국가　(　)

정답

01. X　02. O　03. O
04. X (허가를 통해 얻게 되는 기존업자의 영업상 이익은 원칙적으로 반사적 이익에 불과하므로, 기존 업자는 원칙적으로 동종의 신규 영업허가의 취소소송을 제기할 수 있는 원고적격이 인정되지 않는다.)
05. X　06. O　07. O　08. O

09 허가에 붙은 기한이 그 허가된 사업의 성질상 부당하게 짧아서 이 기한이 허가 자체의 존속기간이 아니라 허가조건의 존속기간으로 해석되는 경우에는 허가 여부의 재량권을 가진 행정청은 허가조건의 개정만을 고려할 수 있고, 그 후 당초의 기한이 상당 기간 연장되어 그 기한이 부당하게 짧은 경우에 해당하지 않게 된 때라도 더 이상의 기간연장을 불허가할 수는 없다. **21 국가** ( )

> 당초에 붙은 기한을 허가 자체의 존속기간이 아니라 <u>허가조건의 존속기간으로 보더라도</u> 그 후 당초의 기한이 상당 기간 연장되어 연장된 기간을 포함한 존속기간 전체를 기준으로 볼 경우 더 이상 허가된 사업의 성질상 부당하게 짧은 경우에 해당하지 않게 된 때에는 관계 법령의 규정에 따라 허가 여부의 재량권을 가진 행정청으로서는 그 때에도 허가조건의 개정만을 고려하여야 하는 것은 아니고 <u>재량권의 행사로서 더 이상의 기간연장을 불허가할 수도 있는 것이며, 이로써 허가의 효력은 상실된다.</u> 대법원 2004. 3. 25. 선고 2003두12837 판결

10 유료직업소개사업의 허가갱신 후에도 갱신 전 법위반사실을 근거로 허가를 취소할 수 있다. **17 교행** ( )

11 허가조건의 존속기간 내에 적법한 갱신신청이 있었음에도 갱신가부의 결정이 없으면 주된 행정행위는 효력이 상실된다. **11 지방** ( )

12 종전의 허가의 유효기간이 지난 후의 기간연장신청은 새로운 허가신청으로 보아 법의 관계규정에 의하여 허가요건의 적합여부를 새로이 판단하여 허가여부를 결정해야 한다. **10 국가** ( )

13 「식품위생법」에 의한 영업양도에 따른 지위승계신고를 수리하는 허가관청의 행위는 단순히 양도·양수인 사이에 이미 발생한 사법상의 사업양도의 법률효과에 의하여 양수인이 그 영업을 승계하였다는 사실의 신고를 접수하는 행위에 그치는 것이 아니라, 영업허가자의 변경이라는 법률효과를 발생시키는 행위이다. **19 지방** ( )

14 「식품위생법」상 허가영업자의 지위승계신고수리처분을 하는 경우 「행정절차법」 규정 소정의 당사자에 해당하는 종전의 영업자에게 행정절차를 실시하여야 한다. **22 지방** ( )

15 사실상 영업이 양도·양수되었지만 승계신고 및 수리처분이 있기 전에 양도인이 허락한 양수인의 영업 중 발생한 위반행위에 대한 행정적 책임은 양수인에게 귀속된다. **22 지방** ( )

> 사실상 영업이 양도·양수되었지만 아직 승계신고 및 그 <u>수리처분이 있기 이전에는</u> 여전히 종전의 영업자인 양도인이 영업허가자이고, 양수인은 영업허가자가 되지 못한다 할 것이어서 행정제재처분의 사유가 있는지 여부 및 그 사유가 있다고 하여 행하는 <u>행정제재처분은 영업허가자인 양도인을 기준으로 하여 그 양도인에 대하여 행하여야 할 것이고,</u> 한편 양도인이 그의 의사에 따라 양수인에게 영업을 양도하면서 양수인으로 하여금 영업을 하도록 허락하였다면 그 양수인의 영업 중 발생한 위반행위에 대한 행정적인 책임은 영업허가자인 양도인에게 귀속된다고 보아야 할 것이다. 대법원 1995. 2. 24. 선고 94누9146 판결

정답

09. X (허가가 있으면 당해 허가의 대상이 된 행위에 대한 금지가 해제될 뿐 <u>다른 법률에 의한 금지까지 해제되는 것은 아니다.</u>)
10. O
11. X (유효기간 내에 적법한 갱신신청이 있었음에도 갱신가부의 결정이 없는 경우에는 유효기간이 지나도 행정행위의 효력은 상실되지 않는다.)
12. O **13.** O **14.** O **15.** X

16 구 「공중위생관리법」상 공중위생영업에 대하여 영업을 정지할 위법사유가 있다면, 관할 행정청은 그 영업이 양도·양수되었다 하더라도 양수인에 대하여 영업정지처분을 할 수 있다. 21 국가 ( )

17 관할 행정청은 여객자동차운송사업의 양도·양수에 대한 인가를 한 후에도 그 양도·양수 이전에 있었던 양도인에 대한 운송사업면허 취소사유를 들어 양수인의 사업면허를 취소할 수 있다. 22 지방 ( )

18 甲이 개인택시운송사업면허를 받았다가 이를 乙에게 양도하였고 운송사업의 양도·양수에 대한 인가를 받은 이후에는 양도·양수 이전에 있었던 갑의 운송사업면허 취소사유를 이유로 을의 운송사업면허를 취소할 수 없다. 17 지방 ( )

> 개인택시 운송사업을 양수한 사람은 양도인의 운송사업자로서의 지위를 승계하는 것이므로, 관할관청은 개인택시 운송사업의 양도·양수에 대한 인가를 한 후에도 그 양도·양수 이전에 있었던 양도인에 대한 <u>운송사업면허 취소사유를 들어 양수인의 사업면허를 취소할 수 있다.</u> 대법원 2010. 4. 8. 선고 2009두17018 판결

19 개발제한구역 내의 용도변경허가는 강학상 허가에 해당한다. 15 국가 ( )

② (○) 대법원 2006. 8. 25. 선고 2004두2974 판결
① (X) 허가가 있으면 당해 허가의 대상이 된 행위에 대한 금지가 해제될 뿐 <u>다른 법률에 의한 금지까지 해제되는 것은 아니다.</u>
③ (X) 허가를 통해 얻게 되는 <u>기존업자의 영업상 이익은 원칙적으로 반사적 이익에 불과하므로, 기존 업자는 원칙적으로 동종의 신규 영업허가의 취소소송을 제기할 수 있는 원고적격이 인정되지 않는다.</u>
④ (X) <u>무허가행위는 위법한 행위가 되어 행정상 강제집행이나 행정벌의 대상이 될 수 있으나, 무허가행위라 하여 그 사법상 효력까지 당연히 부인되는 것은 아니다.</u>

정답 ②

대표 기출문제

甲은 강학상 허가에 해당하는 「식품위생법」상 영업허가를 신청하였다. 이에 대한 설명으로 옳은 것은? (다툼이 있는 경우 판례에 의함) 2019 지방직

① 甲이 공무원인 경우 허가를 받으면 이는 「식품위생법」상의 금지를 해제할 뿐만 아니라 「국가공무원법」상의 영리업무금지까지 해제하여 주는 효과가 있다.
② 甲이 허가를 신청한 이후 관계법령이 개정되어 허가요건을 충족하지 못하게 된 경우, 행정청이 허가신청을 수리하고도 정당한 이유 없이 그 처리를 늦추어 그 사이에 허가기준이 변경된 것이 아닌 이상 甲에게는 불허가처분을 하여야 한다.
③ 甲에게 허가가 부여된 이후 乙에게 또 다른 신규허가가 행해진 경우, 甲에게는 특별한 규정이 없더라도 乙에 대한 신규허가를 다툴 수 있는 원고적격이 인정되는 것이 원칙이다.
④ 甲에 대해 허가가 거부되었음에도 불구하고 甲이 영업을 한 경우, 당해 영업행위는 사법(私法)상 효력이 없는 것이 원칙이다.

Theme 08 특허

1 의의

- 특정인에 대하여 새로운 **권리·능력 등을 부여**(설정)하는 행위 : 설권행위
- 특허의 예 버스운송사업면허, 폐기물처리업허가, 도로점용허가, 공유수면점용허가, 재건축 정비조합설립인가, 공무원임명, 귀화허가 등

2 법적 성질

- 형성적 행위 : 본래 가지고 있지 않았던 권리 등을 새롭게 발생(형성)
- 협력을 요하는 행정행위 : 반드시 신청 필요
- 재량행위

3 효과

- 새로운 권리의 형성
- 반사적 이익× 법률상 이익○ ➡ 원고적격○(∵ 배타적·독점적 지위 부여)
- 허가 : 명령적 행위 / 신청 필수× / 기속행위 / 반사적 이익
- 특허 : 형성적 행위 / 신청 필수○ / 재량행위 / 법률상 이익

4 판례가 특허로 본 사례

🏛️ **판례**

1. 여객자동차운수사업법에 따른 **개인택시운송사업 면허**는 특정인에게 권리나 이익을 부여하는 재량행위이고, 행정청이 면허 발급 여부를 심사함에 있어 이미 설정된 면허기준의 해석상 당해 신청이 면허발급의 우선순위에 해당함이 명백함에도 불구하고 이를 제외시켜 면허거부처분을 하였다면 특별한 사정이 없는 한 그 거부처분은 재량권을 남용한 위법한 처분이다. 대법원 2002. 1. 22. 선고 2001두8414 판결
2. **마을버스운송사업면허**의 허용 여부는 사업구역의 교통수요, 노선결정, 운송업체의 수송능력, 공급능력 등에 관하여 기술적·전문적인 판단을 요하는 분야로서 이에 관한 행정처분은 운수행정을 통한 공익실현과 아울러 합목적성을 추구하기 위하여 보다 구체적 타당성에 적합한 기준에 의하여야 할 것이므로 그 범위 내에서는 법령이 특별히 규정한 바가 없으면 행정청의 재량에 속하는 것이라고 보아야 할 것이고, 마을버스 한정면허시 확정되는 마을버스 노선을 정함에 있어서도 기존 일반노선버스의 노선과의 중복 허용 정도에 대한 판단도 행정청의 재량에 속한다고 할 것이며, 노선의 중복 정도는 마을버스 노선과 각 일반버스노선을 개별적으로 대비하여 판단하여야 한다. 대법원 2002. 6. 28. 선고 2001두10028 판결

3. 도로법 제40조 제1항에 의한 **도로점용**은 일반공중의 교통에 사용되는 도로에 대하여 이러한 일반사용과는 별도로 도로의 특정부분을 유형적·고정적으로 특정한 목적을 위하여 사용하는 이른바 특별사용을 뜻하는 것이고, 이러한 **도로점용의 허가**는 특정인에게 일정한 내용의 공물사용권을 설정하는 설권행위로서, 공물관리자가 신청인의 적격성, 사용목적 및 공익상의 영향 등을 참작하여 허가를 할 것인지의 여부를 결정하는 재량행위이다. 대법원 2002. 10. 25. 선고 2002두5795 판결

4. 구 공유수면관리법에 따른 **공유수면의 점·사용허가**는 특정인에게 공유수면 이용권이라는 독점적 권리를 설정하여 주는 처분으로서 그 처분의 여부 및 내용의 결정은 원칙적으로 행정청의 재량에 속한다고 할 것이고, 이와 같은 재량처분에 있어서는 그 재량권 행사의 기초가 되는 사실인정에 오류가 있거나 그에 대한 법령적용에 잘못이 없는 한 그 처분이 위법하다고 할 수 없다. 대법원 2004. 5. 28. 선고 2002두5016 판결

5. 하천유수를 본래의 공용목적에 따라 타인의 공동이용을 방해하지 않는 한도에서 자유로이 사용하는 것을 넘어서 일반인에게는 허용되지 않는 특별한 공물사용권을 설정받아 일정기간 배타적으로 사용하기 위해서는 하천법에 의해 **하천점용허가**를 받아야 한다. 2011. 1. 13. 선고 2009다21058 판결

6. **공유수면매립면허**는 설권행위인 특허의 성질을 갖는 것이므로 원칙적으로 행정청의 자유재량에 속하며, 일단 실효된 공유수면매립면허의 효력을 회복시키는 행위도 특단의 사정이 없는 한 새로운 면허부여와 같이 면허관청의 자유재량에 속한다고 할 것이다. 대법원 1989. 9. 12. 선고 88누9206 판결

 **기출OX확인**

01 하천점용허가는 성질상 일반적 금지의 해제에 불과하여 허가의 일정한 요건을 갖춘 경우 기속적으로 판단하여야 한다. **18 지방** ( )

02 개인택시운송사업면허의 법적 성질은 강학상 허가에 해당한다. **17 지방** ( )

Theme 09 인가

1 의의

- 타인의 법률행위를 보충하여 그 행위의 법적 효과를 완성시켜주는 행정행위 : 보충행위

> [사례] 토지거래허가구역 내 토지매매계약체결
> ➡ 행정청의 인가 있기 전까지 계약은 무효(유동적 무효)
> ➡ 인가 있으면 계약체결 시로 소급하여 유효

- 기속행위 / 재량행위 : 일반원칙에 따라 해결(법문언기준설)

2 판례가 인가로 본 사례

🏛 판례

1. **국토이용관리법상 토지거래허가**가 규제지역 내의 모든 국민에게 전반적으로 토지거래의 자유를 금지하고 일정한 요건을 갖춘 경우에만 금지를 해제하여 계약체결의 자유를 회복시켜 주는 성질의 것이라고 보는 것은 위 법의 입법취지를 넘어선 지나친 해석이라고 할 것이고, 규제지역 내에서도 토지거래의 자유가 인정되나 다만 위 허가를 허가 전의 유동적 무효 상태에 있는 법률행위의 효력을 완성시켜 주는 인가적 성질을 띤 것이라고 보는 것이 타당하다. 대법원 1991. 12. 24. 선고 90다12243 전원합의체 판결
2. 구 사립학교법 제20조 제1항, 제2항은 학교법인의 이사장·이사·감사 등의 임원은 이사회의 선임을 거쳐 관할청의 승인을 받아 취임하도록 규정하고 있는바, **관할청의 임원취임승인행위는** 학교법인의 임원선임행위의 법률상 효력을 완성케 하는 보충적 법률행위이다. 따라서 관할청이 학교법인의 임원취임승인신청에 대하여 이를 반려하거나 거부하는 경우 학교법인에 의하여 임원으로 선임된 사람은 학교법인의 임원으로 취임할 수 없게 되는 불이익을 입게 되는바, 이와 같은 불이익은 간접적이거나 사실상의 불이익이 아니라 직접적이고도 구체적인 법률상의 불이익이라 할 것이므로 학교법인에 의하여 임원으로 선임된 사람에게는 관할청의 임원취임승인신청 반려처분을 다툴 수 있는 원고적격이 있다. 대법원 2007. 12. 27. 선고 2005두9651 판결
3. 민법 제45조와 제46조에서 말하는 **재단법인의 정관변경 "허가"는** 법률상의 표현이 허가로 되어 있기는 하나, 그 성질에 있어 법률행위의 효력을 보충해 주는 것이지 일반적 금지를 해제하는 것이 아니므로, 그 법적 성격은 인가라고 보아야 한다. 대법원 1996. 5. 16. 선고 95누4810 판결
4. **공익법인의 기본재산에 대한 감독관청의 처분허가는** 그 성질상 특정 상대에 대한 처분행위의 허가가 아니고 처분의 상대가 누구이든 이에 대한 처분행위를 보충하여 유효하게 하는 행위라 할 것이므로 그 처분행위에 따른 권리의 양도가 있는 경우에도 처분이 완전히 끝날 때까지는 허가의 효력이 유효하게 존속한다. 대법원 2005. 9. 28. 선고 2004다50044 판결

5. 공유수면매립법 제20조 제1항 및 같은 법 시행령 제29조 제1항 등 관계법령의 규정 내용과 공유수면매립의 성질 등에 비추어 볼 때, **공유수면매립의 면허로 인한 권리의무의 양도·양수에 있어서의 면허관청의 인가는 효력요건으로서**, 위 각 규정은 강행규정이라고 할 것인바, 위 면허의 공동명의자 사이의 면허로 인한 권리의무양도약정은 면허관청의 인가를 받지 않은 이상 법률상 아무런 효력도 발생할 수 없다. 대법원 1991. 6. 25. 선고 90누5184 판결

3 인가의 효과(허가와 비교)

- 기본행위의 법적 효력 발생
- **무인가행위 : 사법상 무효 / 처벌 대상×**
- **무허가행위 : 사법상 유효 / 처벌 대상○**

4 기본행위와 인가의 하자

- if 기본행위 불성립 or 무효 ➡ 인가 : 무효(∴ 기본행위 여전히 무효)

[사례]
토지거래허가구역 내 매매계약체결 후 행정청의 인가 받음. 그런데 계약 자체가 무효로 된 경우
➡ 인가 있었다 하여도 매매계약의 효력이 발생하는 것 아님.

판례

사립학교법 제20조 제2항에 의한 학교법인의 임원에 대한 감독청의 취임승인은 학교법인의 임원선임행위를 보충하여 그 법률상의 효력을 완성케 하는 보충적 행정행위로서 성질상 기본행위를 떠나 승인처분 그 자체만으로는 법률상 아무런 효력도 발생할 수 없으므로 기본행위인 학교법인의 임원 선임행위가 불성립 또는 무효인 경우에는 비록 그에 대한 감독청의 취임승인이 있었다 하여도 이로써 무효인 그 선임행위가 유효한 것으로 될 수는 없다. 대법원 1987. 8. 18. 선고 86누152 판결

- if 기본행위 취소사유 존재 ➡ 인가 : 취소되지 않는 한 유효 / 취소되면 무효

[사례]
토지거래허가구역 내 매매계약체결 후 행정청의 인가 받음. 그런데 계약에 취소사유가 존재하는 경우
➡ 계약이 취소되지 않는 한 계약은 유효(인가도 유효) / 계약이 취소되면 인가도 무효(실효)

판례

외자도입법 제19조에 따른 기술도입계약에 대한 인가는 기본행위인 기술도입계약을 보충하여 그 법률상 효력을 완성시키는 보충적 행정행위에 지나지 아니하므로 기본행위인 기술도입계약이 해지로 인하여 소멸되었다면 위 인가처분은 무효선언이나 그 취소처분이 없어도 당연히 실효된다. 대법원 1983. 12. 27. 선고 82누491 판결

- if 기본행위 하자 존재 ➡ 기본행위에 대한 소송○ 인가에 대한 소송✕ (∵ 인가 자체에는 하자✕)

[사례]
토지거래허가구역 내 매매계약체결 후 행정청의 인가 받음. 그런데 계약에 하자가 존재하는 경우
➡ 민사소송으로 매매계약을 다툼○ / 항고소송으로 인가처분 취소✕(∵ 소의 이익✕)

🏛 판례

강학상의 '인가'에 속하는 행정처분에 있어서 인가처분 자체에 하자가 있다고 다투는 것이 아니라 <u>기본행위에 하자가 있다 하여 그 기본행위의 효력에 관하여 다투는 경우에는 민사쟁송으로서 따로 그 기본행위의 취소 또는 무효확인 등을 구하는 것은 별론으로 하고 기본행위의 불성립 또는 무효를 내세워 바로 그에 대한 감독청의 인가처분의 취소를 구하는 것은 특단의 사정이 없는 한 소구할 법률상의 이익이 있다고 할 수 없다.</u> 대법원 1995. 12. 12. 선고 95누7338 판결

- if 기본행위 하자✕ 인가 처분 자체에만 하자○ ➡ 항고소송으로 인가처분 취소○

🏛 판례

<u>도시재개발법 제34조에 의한 행정청의 인가는 주택개량재개발조합의 관리처분계획에 대한 법률상의 효력을 완성시키는 보충행위로서</u> 그 기본 되는 관리처분계획에 하자가 있을 때에는 그에 대한 인가가 있었다 하여도 기본행위인 관리처분계획이 유효한 것으로 될 수 없으며, 다만 그 <u>기본행위가 적법·유효하고 보충행위인 인가처분 자체에만 하자가 있다면 그 인가처분의 무효나 취소를 주장할 수 있다</u>고 할 것이지만, <u>인가처분에 하자가 없다면 기본행위에 하자가 있다 하더라도 따로 그 기본행위의 하자를 다투는 것은 별론으로 하고 기본행위의 무효를 내세워 바로 그에 대한 행정청의 인가처분의 취소 또는 무효확인을 소구할 법률상의 이익이 있다고 할 수 없다.</u> 대법원 2001. 12. 11. 선고 2001두7541 판결

기출OX 확인

01 토지거래계약허가는 규제지역 내 토지거래의 자유를 일반적으로 금지하고 일정한 요건을 갖춘 경우에만 그 금지를 해제하여 계약체결의 자유를 회복시켜 주는 성질의 것이다. 18 교행   (   )

> 국토이용관리법상 토지거래허가가 규제지역 내의 모든 국민에게 전반적으로 토지거래의 자유를 금지하고 일정한 요건을 갖춘 경우에만 금지를 해제하여 계약체결의 자유를 회복시켜 주는 성질의 것이라고 보는 것은 위 법의 입법취지를 넘어선 지나친 해석이라고 할 것이고, 규제지역 내에서도 토지거래의 자유가 인정되나 다만 위 허가를 허가 전의 유동적 무효 상태에 있는 법률행위의 효력을 완성시켜 주는 인가적 성질을 띤 것이라고 보는 것이 타당하다. 대법원 1991. 12. 24. 선고 90다12243 전원합의체 판결

02 「민법」상 재단법인의 정관변경에 대한 주무관청의 허가는 법률상 표현이 허가로 되어 있기는 하나, 그 성질은 법률행위의 효력을 보충해 주는 것이지 일반적 금지를 해제하는 것은 아니다. 20 지방   (   )

03 공유수면매립면허의 공동명의자 사이의 면허로 인한 권리의무양도약정은 면허관청의 인가를 받지 않은 이상 법률상 아무런 효력도 발생할 수 없다. 20 국가
                                                                   (   )

04 기본행위가 성립하지 않거나 무효인 경우에 인가가 있어도 당해 인가는 무효가 된다. 15 국가   (   )

05 유효한 기본행위를 대상으로 인가가 행해진 후에 기본행위가 취소되거나 실효된 경우에는 인가도 실효된다. 15 국가   (   )

06 기본행위에 하자가 있는 경우에 그 기본행위의 하자를 다툴 수 있고, 기본행위의 하자를 이유로 인가처분의 취소 또는 무효확인도 소구할 수 있다. 15 국가
                                                                   (   )

> 강학상의 '인가'에 속하는 행정처분에 있어서 인가처분 자체에 하자가 있다고 다투는 것이 아니라 기본행위에 하자가 있다 하여 그 기본행위의 효력에 관하여 다투는 경우에는 민사쟁송으로서 따로 그 기본행위의 취소 또는 무효확인 등을 구하는 것은 별론으로 하고 기본행위의 불성립 또는 무효를 내세워 바로 그에 대한 감독청의 인가처분의 취소를 구하는 것은 특단의 사정이 없는 한 소구할 법률상의 이익이 있다고 할 수 없다. 대법원 1995. 12. 12. 선고 95누7338 판결

정답
01. X 02. O 03. O 04. O
05. O 06. X

대표 기출문제

인가에 대한 설명으로 옳지 않은 것은? (다툼이 있는 경우 판례에 의함)

2020 국가직

① 공유수면매립면허의 공동명의자 사이의 면허로 인한 권리의무양도약정은 면허관청의 인가를 받지 않은 이상 법률상 아무런 효력도 발생할 수 없다.

② 재단법인의 임원취임을 인가 또는 거부할 것인지 여부는 주무관청의 권한에 속하는 사항이라고 할 것이고, 재단법인의 임원취임승인 신청에 대하여 주무관청이 이에 기속되어 이를 당연히 승인(인가)하여야 하는 것은 아니다.

③ 인가처분에 하자가 없다면 기본행위에 하자가 있다 하더라도 따로 그 기본행위의 하자를 다투는 것은 별론으로 하고 기본행위의 무효를 내세워 바로 그에 대한 행정청의 인가처분의 취소 또는 무효확인을 소구할 법률상의 이익이 없다.

④ 공익법인의 기본재산 처분에 대한 허가의 법률적 성질이 형성적 행정행위로서의 인가에 해당하므로, 그 허가에 조건으로서의 부관의 부과가 허용되지 아니한다.

④ 공익법인의 기본재산에 대한 감독관청의 처분허가는 그 성질상 특정 상대에 대한 처분행위의 허가가 아니고 처분의 상대가 누구이든 이에 대한 처분행위를 보충하여 유효하게 하는 행위라 할 것이므로 그 처분행위에 따른 권리의 양도가 있는 경우에도 처분이 완전히 끝날 때까지는 허가의 효력이 유효하게 존속한다. 또한 위 처분허가에 부관을 붙인 경우 그 처분허가의 법률적 성질이 형성적 행정행위로서의 인가에 해당한다고 하여 조건으로서의 부관의 부과가 허용되지 아니한다고 볼 수는 없고, 다만 구체적인 경우에 그것이 조건, 기한, 부담, 철회권의 유보 중 어느 종류의 부관에 해당하는지는 당해 부관의 내용, 경위 기타 제반 사정을 종합하여 판단하여야 할 것이다. 대법원 2005. 9. 28. 선고 2004다50044 판결

정답 ④

Theme 10 그 밖의 행정행위

1 하명

• 행정청이 국민에게 의무를 명하는 행위
• 하명의 예 철거명령, 영업정지처분, 과세처분, 강제집행 수인 등

2 확인

• 특정한 사실 또는 법률관계의 존부나 정부를 공적으로 확인하는 행위
• 확인의 예 당선인결정, 장애등급결정, 국가시험 합격자 결정, 발명특허 등

🏛 **판례**

1. <u>친일반민족행위자 재산의 국가귀속에 관한 특별법 제3조 제1항 본문, 제9조 규정들의 취지와 내용에 비추어 보면, 같은 법 제2조 제2호에 정한 친일재산은 친일반민족행위자 재산조사위원회가 국가귀속결정을 하여야 비로소 국가의 소유로 되는 것이 아니라 특별법의 시행에 따라 그 취득·증여 등 원인행위시에 소급하여 당연히 국가의 소유로 되고, 위 위원회의 국가귀속결정은 당해 재산이 친일재산에 해당한다는 사실을 확인하는 이른바 준법률행위적 행정행위의 성격을 가진다.</u> 17 교행, 18 교행 대법원 2008. 11. 13. 선고 2008두13491 판결

2. **준공검사처분은** 건축허가를 받아 건축한 건물이 건축허가사항대로 건축행정목적에 적합한가의 여부를 확인하고, 준공검사필증을 교부하여 줌으로써 <u>허가받은 자로 하여금 건축한 건물을 사용, 수익할 수 있게 하는 법률효과를 발생시키는 것이다.</u>
허가관청은 특단의 사정이 없는 한 건축허가내용대로 완공된 건축물의 준공을 거부할 수 없다고 하겠으나, 만약 건축허가 자체가 건축관계 법령에 위반되는 하자가 있는 경우에는 비록 건축허가내용대로 완공된 건축물이라 하더라도 위법한 건축물이 되는 것으로서 그 하자의 정도에 따라 건축허가를 취소할 수 있음은 물론 그 준공도 거부할 수 있다고 하여야 할 것이다.
<u>건축주가 건축허가내용대로 완공하였으나 건축허가 자체에 하자가 있어서 위법한 건축물이라는 이유로 허가관청이 준공을 거부하려면 건축허가의 취소에 있어서와 같은 조리상의 제약이 따른다고 할 것이고, 만약 당해 건축허가를 취소할 수 없는 특별한 사정이 있는 경우라면 그 준공도 거부할 수 없다고 할 것이다.</u> 대법원 1992. 4. 10. 선고 91누5358 판결

3 공증

(I) 의의

• 특정한 사실 또는 법률관계의 존부를 공적으로 증명하는 행위
• 종류
  – 공적 장부의 등기·등록·등재 예 부동산 등기, 특허 등록, 토지대장 등재

- 증명서 발급
   합격증 발급, 의료유사업자의 자격증 갱신발급, 건설업면허증 및 면허수첩 재교부
- 영수증 교부, 여권 발급 등

(2) 처분성을 인정한 사례

 판례

1. 지목은 토지에 대한 공법상의 규제, 개발부담금의 부과대상, 지방세의 과세대상, 공시지가의 산정, 손실보상가액의 산정 등 토지행정의 기초로서 공법상의 법률관계에 영향을 미치고, 토지소유자는 지목을 토대로 토지의 사용·수익·처분에 일정한 제한을 받게 되는 점 등을 고려하면, <u>지목은 토지소유권을 제대로 행사하기 위한 전제요건으로서 토지소유자의 실체적 권리관계에 밀접하게 관련되어 있으므로 지적공부 소관청의 **지목변경신청 반려행위**는 국민의 권리관계에 영향을 미치는 것으로서 항고소송의 대상이 되는 행정처분에 해당한다.</u> 대법원 2004. 4. 22. 선고 2003두9015 전원합의체 판결

2. 건축물대장은 건축물에 대한 공법상의 규제, 지방세의 과세대상, 손실보상가액의 산정 등 건축행정의 기초자료로서 공법상의 법률관계에 영향을 미칠 뿐만 아니라, 건축물에 관한 소유권보존등기 또는 소유권이전등기를 신청하려면 이를 등기소에 제출하여야 하는 점 등을 종합해 보면, <u>건축물대장은 건축물의 소유권을 제대로 행사하기 위한 전제요건으로서 건축물 소유자의 실체적 권리관계에 밀접하게 관련되어 있으므로, 이러한 **건축물대장을 직권말소한 행위**는 국민의 권리관계에 영향을 미치는 것으로서 항고소송의 대상이 되는 행정처분에 해당한다.</u> 대법원 2010. 5. 27. 선고 2008두22655 판결

(3) 처분성을 부정한 사례

 판례

1. 토지대장에 기재된 일정한 사항을 변경하는 행위는, 그것이 <u>지목의 변경이나 정정 등과 같이 토지소유권 행사의 전제요건으로서 토지소유자의 실체적 권리관계에 영향을 미치는 사항에 관한 것이 아닌 한 행정사무집행의 편의와 사실증명의 자료로 삼기 위한 것일 뿐이어서, 그 소유자 명의가 변경된다고 하여도 이로 인하여 당해 토지에 대한 실체상의 권리관계에 변동을 가져올 수 없고 토지 소유권이 지적공부의 기재만에 의하여 증명되는 것도 아니다. 따라서 소관청이 **토지대장상의 소유자명의 변경신청을 거부한 행위**는 이를 항고소송의 대상이 되는 행정처분이라고 할 수 없다.</u> 대법원 2012. 1. 12. 선고 2010두12354 판결

2. <u>무허가건물을 무허가건물관리대장에 등재하거나 등재된 내용을 변경 또는 삭제하는 행위로 인하여 당해 무허가 건물에 대한 실체상의 권리관계에 변동을 가져오는 것이 아니고, 무허가건물의 건축시기, 용도, 면적 등이 무허가건물관리대장의 기재에 의해서만 증명되는 것도 아니므로, 관할관청이 무허가건물의 무허가건물관리대장 등재 요건에 관한 오류를 바로잡으면서 당해 **무허가건물을 무허가건물관리대장에서 삭제하는 행위**는 다른 특별한 사정이 없는 한 항고소송의 대상이 되는 행정처분이 아니다.</u> 대법원 2009. 3. 12. 선고 2008두11525 판결

4 통지

(1) 의의

- 특정인 또는 불특정 다수인에게 일정한 사실을 알림으로써 법적 효과를 발생시키는 행위
- 통지의 [예] 특허출원의 공고, 귀화의 고시, 대집행의 계고, 납세의 독촉 등
- 비교) 단순한 사실의 통지(관념의 통지) : 법적 효과 발생× ∴ 처분성×

(2) 처분성을 인정한 사례

판례

1. 임용권자가 임용기간이 만료된 조교수에 대하여 **재임용을 거부하는 취지로 한 임용기간만료의 통지**는 위와 같은 대학교원의 법률관계에 영향을 주는 것으로서 행정소송의 대상이 되는 처분에 해당한다. 대법원 2004. 4. 22. 선고 2000두7735 전원합의체 판결

2. 부당한 공동행위 자진신고자 등의 시정조치 또는 **과징금 감면신청에 대한 감면불인정 통지**는 항고소송의 대상이 되는 행정처분에 해당한다고 보아야 한다. 대법원 2012. 9. 27. 선고 2010두3541 판결

(3) 처분성을 부정한 사례

판례

1. 국가공무원법 제69조에 의하면 공무원이 제33조 각 호의 1에 해당할 때에는 당연히 퇴직한다고 규정하고 있으므로, **국가공무원법상 당연퇴직**은 결격사유가 있을 때 법률상 당연히 퇴직하는 것이지 공무원관계를 소멸시키기 위한 별도의 행정처분을 요하는 것이 아니며, 당연퇴직의 인사발령은 법률상 당연히 발생하는 퇴직사유를 공적으로 확인하여 알려주는 이른바 관념의 통지에 불과하고 공무원의 신분을 상실시키는 새로운 형성적 행위가 아니므로 행정소송의 대상이 되는 독립한 행정처분이라고 할 수 없다. 대법원 1995. 11. 14. 선고 95누2036 판결

2. 국가공무원법 제74조에 의하면 공무원이 소정의 정년에 달하면 그 사실에 대한 효과로서 공무담임권이 소멸되어 당연히 퇴직되고 따로 그에 대한 행정처분이 행하여져야 비로소 퇴직되는 것은 아니라 할 것이며 피고의 원고에 대한 **정년퇴직 발령**은 정년퇴직 사실을 알리는 이른바 관념의 통지에 불과하므로 행정소송의 대상이 되지 아니한다. 대법원 1983. 2. 8. 선고 81누263 판결

3. **국민건강보험 직장가입자 또는 지역가입자 자격 변동**은 법령이 정하는 사유가 생기면 별도 처분 등의 개입 없이 사유가 발생한 날부터 변동의 효력이 당연히 발생하므로, 국민건강보험공단이 갑 등에 대하여 가입자 자격이 변동되었다는 취지의 '직장가입자 자격상실 및 자격변동 안내' 통보를 하였거나, 그로 인하여 사업장이 국민건강보험법상의 적용대상사업장에서 제외되었다는 취지의 '사업장 직권탈퇴에 따른 가입자 자격상실 안내' 통보를 하였더라도, 이는 갑 등의 가입자 자격의 변동 여부 및 시기를 확인하는 의미에서 한 사실상 통지행위에 불과할 뿐, 위 각 통보에 의하여 가입자 자격이 변동되는 효력이 발생한다고 볼 수 없고, 또한 위 각 통보로 갑 등에게 지역가입자로서의 건강보험료를 납부하여야 하는 의무가 발생함으로써 갑 등의 권리의무에 직접적 변동을 초래하는 것도 아니라는 이유로, 위 각 통보의 처분성이 인정되지 않는다. 대법원 2019. 2. 14. 선고 2016두41729 판결

5 수리

- 수리를 요하는 신고에 있어서의 수리(처분)
- 수리의 예 영업양도양수신고에 대한 행정청의 수리(지위승계신고의 수리), 주민등록신고의 수리 등
- 지위승계신고의 수리에 있어서 기본행위의 하자

> [사례]
> 영업양도양수신고에 대한 수리가 있은 후, 기본행위인 영업양도계약이 무효로 된 경우
> ➡ 수리도 무효(∵ 수리는 영업양도양수계약이 적법함을 전제)
> ➡ 민사소송 구할 필요 없이 곧바로 항고소송 제기할 수 있음(소의 이익○).

🏛 판례

사업양도·양수에 따른 허가관청의 지위승계신고의 수리는 <u>적법한 사업의 양도·양수가 있었음을 전제로 하는 것이므로 그 수리대상인 사업양도·양수가 존재하지 아니하거나 무효인 때에는 수리를 하였다 하더라도 그 수리는 유효한 대상이 없는 것으로서 당연히 무효라 할 것이고, 사업의 양도행위가 무효라고 주장하는 양도자는 민사쟁송으로 양도·양수행위의 무효를 구함이 없이 막바로 허가관청을 상대로 하여 행정소송으로 위 신고수리처분의 무효확인을 구할 법률상 이익이 있다.</u> 대법원 2005. 12. 23. 선고 2005두3554 판결

- 비교) 수리를 요하지 않는 신고의 수리 : 단순한 접수행위(사실행위)에 불과 ➡ 법적 효과 발생×

01 국립대교수 재임용탈락통지는 항고소송의 대상이 되는 행정처분에 해당한다. 11 사복 ( )

02 「국가공무원법」상 당연퇴직의 인사발령은 법률상 당연히 발생하는 퇴직사유를 공적으로 확인하여 알려주는 이른바 관념의 통지에 불과하므로 행정소송의 대상이 되는 독립한 행정처분이라고 할 수 없다. 16 국가 ( )

03 정년에 달한 공무원에 대한 정년퇴직 발령은 정년퇴직 사실을 알리는 이른바 관념의 통지에 불과하여 행정소송의 대상이 될 수 없다. 18 교행 ( )

04 국민건강보험공단이 행한 '직장가입자 자격상실 및 자격변동 안내' 통보는 가입자 자격의 변동 여부 및 시기를 확인하는 의미에서 한 사실상 통지행위에 불과할 뿐, 항고소송의 대상이 되는 행정처분에 해당하지 않는다. 23 국가 ( )

05 지적공부 소관청의 지목변경신청 반려행위는 행정사무의 편의와 사실증명의 자료로 삼기 위한 것이지 그 대장에 등재여부는 어떠한 권리의 변동이나 상실효력이 생기지 않으므로 이를 항고소송의 대상으로 할 수 없다. 17 국가 ( )

> 지목은 토지소유권을 제대로 행사하기 위한 전제요건으로서 토지소유자의 실체적 권리관계에 밀접하게 관련되어 있으므로 지적공부 소관청의 지목변경신청 반려행위는 국민의 권리관계에 영향을 미치는 것으로서 항고소송의 대상이 되는 행정처분에 해당한다. 대법원 2004. 4. 22. 선고 2003두9015 판결

06 토지대장의 기재는 토지소유권을 제대로 행사하기 위한 전제요건으로서 토지소유자의 실체적 권리관계에 밀접하게 관련되어 있으므로 토지대장상의 소유자명의변경신청을 거부한 행위는 국민의 권리관계에 영향을 미치는 것이어서 항고소송의 대상이 되는 행정처분에 해당한다. 16 국가 ( )

> 소관청이 토지대장상의 소유자명의변경신청을 거부한 행위는 이를 항고소송의 대상이 되는 행정처분이라고 할 수 없다. 대법원 2012. 1. 12. 선고 2010두12354 판결

07 영업양도행위가 무효임에도 행정청이 승계신고를 수리하였다면 양도자는 민사쟁송이 아닌 행정소송으로 신고수리처분의 무효확인을 구할 수 있다. 22 지방 ( )

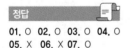

정답
01. ○ **02.** ○ **03.** ○ **04.** ○
05. X **06.** X **07.** ○

대표 기출문제

영업의 양도와 영업자지위승계에 대한 설명으로 옳지 않은 것은? (다툼이 있는 경우 판례에 의함)   2022 지방직

① 「식품위생법」상 허가영업자의 지위승계신고수리처분을 하는 경우 「행정절차법」 규정 소정의 당사자에 해당하는 종전의 영업자에게 행정절차를 실시하여야 한다.

② 관할 행정청은 여객자동차운송사업의 양도·양수에 대한 인가를 한 후에도 그 양도·양수 이전에 있었던 양도인에 대한 운송사업면허 취소사유를 들어 양수인의 사업면허를 취소할 수 있다.

③ 영업양도행위가 무효임에도 행정청이 승계신고를 수리하였다면 양도자는 민사쟁송이 아닌 행정소송으로 신고수리처분의 무효확인을 구할 수 있다.

④ 사실상 영업이 양도·양수되었지만 승계신고 및 수리처분이 있기 전에 양도인이 허락한 양수인의 영업 중 발생한 위반행위에 대한 행정적 책임은 양수인에게 귀속된다.

④ 사실상 영업이 양도·양수되었지만 아직 승계신고 및 그 수리처분이 있기 이전에는 여전히 종전의 영업자인 양도인이 영업허가자이고, 양수인은 영업허가자가 되지 못한다 할 것이어서 행정제재처분의 사유가 있는지 여부 및 그 사유가 있다고 하여 행하는 행정제재처분은 영업허가자인 양도인을 기준으로 판단하여 그 양도인에 대하여 행하여야 할 것이고, 한편 양도인이 그의 의사에 따라 양수인에게 영업을 양도하면서 양수인으로 하여금 영업을 하도록 허락하였다면 그 양수인의 영업 중 발생한 위반행위에 대한 행정적인 책임은 영업허가자인 양도인에게 귀속된다고 보아야 할 것이다. 대법원 1995. 2. 24. 선고 94누9146 판결

정답 ④

Theme 11 행정행위의 부관

1 부관의 의의

- 처분의 효과를 제한하기 위해 처분의 주된 의사표시에 부가된 종된 의사표시
- 부관의 예 허가에 부가한 허가기간, 주택사업계획승인에 부가한 기부채납의 부담

2 부관의 종류①

(1) 조건

- 처분 효과의 발생·소멸을 장래 발생할 것이 불확실한 사실에 의존
- 정지조건 : 효과의 발생을 장래 발생할 것이 불확실한 사실에 의존 / 조건 성취 전까지는 효력×

    예 일정한 시설을 갖출 것을 조건으로 한 영업허가

- 해제조건 : 효과의 소멸을 조건에 의존 / 처음부터 효력○ ➡ 조건 성취 시 곧바로 효력 상실

    예 일정 기간 내 공사 착수할 것을 조건으로 하는 공유수면매립면허

(2) 기한

- 처분 효과의 발생·소멸을 장래 발생할 것이 확실한 사실에 의존
- 시기 : 효과의 발생 / 종기 : 효과의 소멸
- 확정기한 : 도래시점이 확정된 기한 / 불확정기한 : 도래시점이 확정되지 않은 기한

(3) 철회권의 유보

- 일정한 사유 발생 시 처분을 철회하여 그 효력을 소멸시킬 수 있는 권한을 행정청에 유보하는 부관

    예 목적 외 사용사실 발견 시 보조금지급결정 철회할 수 있는 권한을 유보하면서 한 보조금지급결정

> **판례**
>
> 행정청이 종교단체에 대하여 기본재산전환인가를 함에 있어 인가조건을 부가하고 그 불이행 시 인가를 취소할 수 있도록 한 경우, 인가조건의 의미는 철회권을 유보한 것이다.
> 대법원 2003. 5. 30. 선고 2003다6422 판결

- 이익형량원칙(달성하려는 공익 〉 침해되는 사익) 적용○ / 신뢰보호의 원칙 적용×(∵ 예측 가능)
- 손실보상 인정×

(4) 법률효과의 일부 배제

- 법령이 행정행위에 부여한 법률효과의 일부를 행정청의 의사로 배제하는 부관
- 반드시 법령의 근거가 있어야 함.

  > **예** 공유수면매립준공인가처분을 하면서 매립지 일부에 대하여 한 국가귀속처분

> **판례**
>
> 행정행위의 부관은 부담의 경우를 제외하고는 독립하여 행정소송의 대상이 될 수 없는 것인바, 행정청이 한 공유수면매립준공인가 중 매립지 일부에 대하여 한 국가귀속처분은 매립준공인가를 함에 있어서 매립의 면허를 받은 자의 매립지에 대한 소유권취득을 규정한 공유수면매립법 제14조의 효과 일부를 배제하는 부관을 붙인 것이므로 이러한 행정행위의 부관에 대하여는 독립하여 행정소송의 대상으로 삼을 수 없다. 대법원 1991. 12. 13. 선고 90누8503 판결

3 부관의 종류② : 부담

(1) 의의

- 처분의 주된 내용에 부가하여 그 처분의 상대방에게 일정한 의무를 부과하는 부관

  > **예** 도로점용허가를 하면서 한 점용료납부처분, 주택사업계획승인을 하면서 한 기부채납처분

- 다른 부관과 달리 부담은 그 자체로 처분성○ ➡ 주된 처분과 독립하여 항고소송의 대상○

(2) 조건과의 구별

- 정지조건 : 조건은 조건 성취되어야 효력○ / 부담은 처음부터 효력○
- 해제조건 : 조건은 조건 성취되면 당연히 효력× / 부담은 불이행하여도 바로 효력 상실×(철회사유○)

> **판례**
>
> 부담부 행정처분에 있어서 처분의 상대방이 부담(의무)을 이행하지 아니한 경우에 처분 행정청으로서는 이를 들어 당해 처분을 취소(철회)할 수 있다. 대법원 1989. 10. 24. 선고 89누2431 판결

- 구별기준 : 처분 효력의 발생·소멸을 부관에 의존○ ➡ 조건

  의존× ➡ 부담

  – 명확하지 않은 경우 ➡ 부담(∵ 상대방인 국민에게 보다 유리)

(3) 부가 방법 및 적법성 판단의 기준 시

- 수익적 처분 : 법령에 규정 없이도 부가 가능(∵ 재량행위)
- 일방적으로 부가○ / 상대방과 협의하여 협약의 방식으로 부가○

🏛 **판례**

수익적 행정처분에 있어서는 법령에 특별한 근거규정이 없다고 하더라도 그 부관으로서 부담을 붙일 수 있고, 그와 같은 부담은 행정청이 행정처분을 하면서 일방적으로 부가할 수도 있지만 부담을 부가하기 이전에 상대방과 협의하여 부담의 내용을 협약의 형식으로 미리 정한 다음 행정처분을 하면서 이를 부가할 수도 있다. 대법원 2009. 2. 12. 선고 2005다65500 판결

• 부담 부가의 적법성 판단의 기준 시 : 처분 시
  ∴ 처분 시 적법 ➡ 이후 법령 개정으로 부담 부가× : 여전히 적법

🏛 **판례**

행정청이 수익적 행정처분을 하면서 부가한 부담의 위법 여부는 처분 당시 법령을 기준으로 판단하여야 하고, 부담이 처분 당시 법령을 기준으로 적법하다면 처분 후 부담의 전제가 된 주된 행정처분의 근거 법령이 개정됨으로써 행정청이 더 이상 부관을 붙일 수 없게 되었다 하더라도 곧바로 위법하게 되거나 그 효력이 소멸하게 되는 것은 아니다. 따라서 행정처분의 상대방이 수익적 행정처분을 얻기 위하여 행정청과 사이에 행정처분에 부가할 부담에 관한 협약을 체결하고 행정청이 수익적 행정처분을 하면서 협약상의 의무를 부담으로 부가하였으나 부담의 전제가 된 주된 행정처분의 근거 법령이 개정됨으로써 행정청이 더 이상 부관을 붙일 수 없게 된 경우에도 곧바로 협약의 효력이 소멸하는 것은 아니다. 대법원 2009. 2. 12. 선고 2005다65500 판결

⑷ 부담의 하자와 부담의 이행행위의 관계

> [사례]
> 주택사업계획승인을 하면서 통행로를 시에 증여할 것으로 내용으로 하는 기부채납처분
> 이에 따라 사업시행자는 도로를 정비하여 시에 증여.
> 그런데 기부채납처분에 하자(위법사유)가 있었던 경우, 증여의 효력은?

• 부담(기부채납처분)과 부담의 이행행위인 사법상 법률행위(증여계약) : 별개의 독립된 행위
  ∴ if 부담 무효 ➡ 사법상 법률행위 무효× 취소사유○
    if 부담 무효× ➡ 사법상 법률행위 영향×(취소×)
  ∴ even if 부담인 처분에 불가쟁력 발생 ➡ 사법상 법률행위 다툴 수 있음.

🏛 **판례**

1. 토지소유자가 토지형질변경행위허가에 붙은 기부채납의 부관에 따라 토지를 국가나 지방자치단체에 기부채납(증여)한 경우, 기부채납의 부관이 당연무효이거나 취소되지 아니한 이상 토지소유자는 위 부관으로 인하여 증여계약의 중요부분에 착오가 있음을 이유로 증여계약을 취소할 수 없다. 대법원 1999. 5. 25. 선고 98다53134 판결
2. 행정처분에 부담인 부관을 붙인 경우 부관의 무효화에 의하여 본체인 행정처분 자체의 효력에도 영향이 있게 될 수는 있지만, 그 처분을 받은 사람이 부담의 이행으로 사법상 매매 등의 법률행위를 한 경우에는 그 부관은 특별한 사정이 없는 한 법률행위를 하게 된 동기 내지 연유로 작용하였을 뿐이므로 이는 법률행위의 취소사유가 될 수 있음은 별론으로 하고 그 법률행위 자체를 당연히 무효화하는 것은 아니다.

행정처분에 붙은 부담인 부관이 제소기간의 도과로 확정되어 이미 불가쟁력이 생겼다면 그 하자가 중대하고 명백하여 당연 무효로 보아야 할 경우 외에는 누구나 그 효력을 부인할 수 없을 것이지만, 부담의 이행으로서 하게 된 사법상 매매 등의 법률행위는 부담을 붙인 행정처분과는 어디까지나 별개의 법률행위이므로 그 부담의 불가쟁력의 문제와는 별도로 법률행위가 사회질서 위반이나 강행규정에 위반되는지 여부 등을 따져보아 그 법률행위의 유효 여부를 판단하여야 한다. 대법원 2009. 6. 25. 선고 2006다18174 판결

4 부관의 한계

(1) 부관의 부가 가능성

> **행정기본법 제17조 【부관】** ① 행정청은 처분에 재량이 있는 경우에는 부관(조건, 기한, 부담, 철회권의 유보 등을 말한다.)을 붙일 수 있다.
> ② 행정청은 처분에 재량이 없는 경우에는 법률에 근거가 있는 경우에 부관을 붙일 수 있다.

• 기속행위 : 법령에 근거 없는 한 불가(부가하더라도 무효)

 판례

일반적으로 기속행위나 기속적 재량행위에는 부관을 붙일 수 없고 가사 부관을 붙였다 하더라도 무효이다. 대법원 1995. 6. 13. 선고 94다56883 판결

• 재량행위 : 법령에 근거 없어도 가능

 판례

1. 공유수면매립면허와 같은 재량적 행정행위에는 법률상의 근거가 없다고 하더라도 부관을 붙일 수 있다. 대법원 1982. 12. 28. 선고 80다731, 80다732 판결
2. 일반적으로 보조금 교부결정에 관해서는 행정청에게 광범위한 재량이 부여되어 있고, 행정청은 보조금 교부결정을 할 때 법령과 예산에서 정하는 보조금의 교부 목적을 달성하는 데에 필요한 조건을 붙일 수 있다. 대법원 2021. 2. 4. 선고 2020두48772 판결

• 신분설정행위(귀화허가, 공무원임명) : 불가(∵ 당사자 지위 불안정)

(2) 부관의 한계

• 내용 : 법령, 주된 처분의 목적, 행정법의 일반원칙 등에 위반×, 이행가능성 있어야 함.

> **행정기본법 제17조 【부관】** ④ 부관은 다음 각 호의 요건에 적합하여야 한다.
> 1. 해당 처분의 목적에 위배되지 아니할 것
> 2. 해당 처분과 실질적인 관련이 있을 것
> 3. 해당 처분의 목적을 달성하기 위하여 필요한 최소한의 범위일 것

1. 재량행위에 있어서는 법령상의 근거가 없다고 하더라도 부관을 붙일 수 있는데, 그 <u>부관의 내용은 적법하고 이행가능하여야 하며 비례의 원칙 및 평등의 원칙에 적합하고 행정처분의 본질적 효력을 해하지 아니하는 한도의 것이어야 한다.</u> 대법원 1997. 3. 14. 선고 96누16698 판결

2. 공무원이 인·허가 등 수익적 행정처분을 하면서 상대방에게 그 처분과 관련하여 이른바 부관으로서 부담을 붙일 수 있다 하더라도, 그러한 <u>부담은 법치주의와 사유재산 존중, 조세법률주의 등 헌법의 기본원리에 비추어 비례의 원칙이나 부당결부의 원칙에 위반되지 않아야만 적법한 것인바,</u> 행정처분과 부관 사이에 실제적 관련성이 있다고 볼 수 없는 경우 공무원이 위와 같은 공법상의 제한을 회피할 목적으로 행정처분의 상대방과 사이에 사법상 계약을 체결하는 형식을 취하였다면 이는 법치행정의 원리에 반하는 것으로서 위법하다(지방자치단체가 골프장사업계획승인과 관련하여 사업자로부터 기부금을 지급받기로 한 증여계약은 공무수행과 결부된 금전적 대가로서 그 조건이나 동기가 사회질서에 반하므로 민법 제103조에 의해 무효라고 본 사례). 대법원 2009. 12. 10. 선고 2007다63966 판결

(3) 부관의 사후 부가·변경

• <u>법률에 규정, 변경권 유보, 상대방 동의, 사정변경 있는 경우에 가능</u>

행정처분에 이미 부담이 부가되어 있는 상태에서 그 의무의 범위 또는 내용 등을 변경하는 부관의 사후변경은, <u>법률에 명문의 규정이 있거나 그 변경이 미리 유보되어 있는 경우 또는 상대방의 동의가 있는 경우에 한하여 허용되는 것이 원칙이지만, 사정변경으로 인하여 당초에 부담을 부가한 목적을 달성할 수 없게 된 경우에도</u> 그 목적달성에 필요한 범위 내에서 예외적으로 허용된다. 대법원 1997. 5. 30. 선고 97누2627 판결

5 부관의 하자

(1) 부관 자체의 하자

• 일반원칙(중대·명백설)에 따라 무효·취소

(2) 위법한 부관이 부가된 처분의 효력

• 부관이 주된 처분의 본질적 부분 : 부관 무효 ➡ 처분 무효

1. <u>기부채납 받은 공원시설의 사용·수익허가에서 그 허가기간은 행정행위의 본질적 요소에 해당한다고 볼 것이어서,</u> 부관인 허가기간에 위법사유가 있다면 이로써 이 사건 허가 전부가 위법하게 된다. 대법원 2001. 6. 15. 선고 99두509 판결

2. <u>도로점용허가의 점용기간은 행정행위의 본질적인 요소에 해당한다고 볼 것이어서,</u> 부관인 점용기간을 정함에 있어서 위법사유가 있다면 이로써 도로점용허가처분 전부가 위법하게 된다. 대법원 1985. 7. 9. 선고 84누604 판결

• 부관이 주된 처분의 비본질적 부분 : 부관 무효 ➡ 처분에 영향×

6 하자 있는 부관에 대한 행정소송

• 부관에만 하자가 존재하는 경우, 부관만을 대상으로 해서 항고소송을 제기할 수 있는지?

• 부담 : 독립하여 처분성○ ➡ 부관으로부터 독립하여 항고소송의 대상○

🏛 **판례**

> 현행 행정쟁송제도 아래서는 부관 그 자체만을 독립된 쟁송의 대상으로 할 수 없는 것이 원칙이나 행정행위의 부관 중에서도 행정행위에 부수하여 그 행정행위의 상대방에게 일정한 의무를 부과하는 행정청의 의사표시인 부담의 경우에는 다른 부관과는 달리 행정행위의 불가분적인 요소가 아니고 그 존속이 본체인 행정행위의 존재를 전제로 하는 것일 뿐이므로 부담 그 자체로서 행정쟁송의 대상이 될 수 있다. 대법원 1992. 1. 21. 선고 91누1264 판결

• 부담 이외의 부관 : 독립하여 처분성× ➡ 부관으로부터 독립하여 항고소송의 대상×

∴ 부관부 행정행위 전체를 소송의 대상으로 해야 함(if 부관만을 대상으로 소제기 ➡ 소 각하).

🏛 **판례**

> 1. 지방국토관리청장이 일부 공유수면매립지에 대하여 한 국가 또는 직할시 귀속처분은 매립준공인가를 함에 있어서 매립의 면허를 받은 자의 매립지에 대한 소유권취득을 규정한 공유수면매립법 제14조의 효과 일부를 배제하는 부관(주 : 법률효과의 일부배제)을 붙인 것이고, 이러한 행정행위의 부관은 위 법리와 같이 독립하여 행정소송 대상이 될 수 없다. 대법원 1993. 10. 8. 선고 93누2032 판결
> 2. 행정행위의 부관은 부담인 경우를 제외하고는 독립하여 행정소송의 대상이 될 수 없는바, 기부채납받은 행정재산에 대한 사용·수익허가에서 공유재산의 관리청이 정한 사용·수익허가의 기간은 그 허가의 효력을 제한하기 위한 행정행위의 부관으로서 이러한 사용·수익허가의 기간에 대해서는 독립하여 행정소송을 제기할 수 없으며, 결국 이 사건 청구는 부적법하여 각하를 면할 수 없다. 대법원 2001. 6. 15. 선고 99두509 판결

• 부관부 행정행위 변경 청구 ➡ 거부처분 ➡ 거부처분 취소소송 가능

기출OX확인

01 행정행위의 부관으로 철회권의 유보가 되어 있는 경우라 하더라도 그 철회권의 행사에 대해서는 행정행위의 철회의 제한에 관한 일반원리가 적용된다. 13 국가 (　　)

02 부담부 행정행위의 경우 부담에서 부과하고 있는 의무의 이행이 있어야 비로소 주된 행정행위의 효력이 발생한다. 17 지방 (　　)

03 부담에 의해 부과된 의무의 불이행으로 부담부 행정행위가 당연히 효력을 상실하는 것은 아니며, 당해 의무불이행은 부담부 행정행위의 취소(철회)사유가 될 뿐이다. 15 지방 (　　)

04 부담과 조건의 구별이 애매한 경우 조건으로 보는 것보다 부담으로 해석하는 것이 상대방에게 유리하다. 10 국가 (　　)

05 행정청이 부담을 부가하기 전에 상대방과 협의하여 부담의 내용을 협약의 형식으로 미리 정하는 것은 부담 또한 단독행위로서 행정행위로서의 본질을 갖는다는 점에서 허용되지 않는다. 13 국가 (　　)

> 부담은 행정청이 행정처분을 하면서 <u>일방적으로 부가할 수도 있지만 부담을 부가하기 이전에 상대방과 협의하여 부담의 내용을 협약의 형식으로 미리 정한 다음 행정처분을 하면서 이를 부가할 수도 있다.</u> 대법원 2009. 2. 12. 선고 2005다65500 판결

06 부담이 처분 당시 법령을 기준으로 적법하다면 처분 후 부담의 전제가 된 주된 행정처분의 근거 법령이 개정됨으로써 행정청이 더 이상 부관을 붙일 수 없게 되었다 하더라도 곧바로 위법하게 되거나 그 효력이 소멸하게 되는 것은 아니다. 19 지방 (　　)

07 행정처분에 부담인 부관을 붙인 경우, 부관이 무효라면 부담의 이행으로 이루어진 사법상 매매행위도 당연히 무효가 된다. 19 국가 (　　)

> 행정처분에 <u>부담인 부관을 붙인 경우 부관의 무효화에 의하여 본체인 행정처분 자체의 효력에도 영향이 있게 될 수는 있지만, 그 처분을 받은 사람이 부담의 이행으로 사법상 매매 등의 법률행위를 한 경우에는 그 부관은 특별한 사정이 없는 한 법률행위를 하게 된 동기 내지 연유로 작용하였을 뿐이므로 이는 법률행위의 취소사유가 될 수 있음은 별론으로 하고 그 법률행위 자체를 당연히 무효화하는 것은 아니다.</u> 대법원 2009. 6. 25. 선고 2006다18174 판결

08 지소유자가 토지형질변경행위허가에 붙은 기부채납의 부관에 따라 토지를 기부채납(증여)한 경우, 기부채납의 부관이 당연무효이거나 취소되지 않은 상태에서 그 부관으로 인하여 증여계약의 중요 부분에 착오가 있음을 이유로 증여계약을 취소할 수 없다. 23 국가 (　　)

정답
01. O
02. X (부담부 행정행위는 부담의 이행 여부와 무관하게 처음부터 즉시 효력을 발생한다.)
03. O **04.** O **05.** X **06.** O
07. X **08.** O

09 부담의 이행으로서 하게 된 사법상 매매 등의 법률행위는 부담을 붙인 행정처분과는 별개의 법률행위이므로, 그 부담의 불가쟁력의 문제와는 별도로 법률행위가 사회질서 위반이나 강행규정에 위반되는지 여부 등을 따져보아 그 법률행위의 유효 여부를 판단하여야 한다. 21 국가 ( )

10 기속행위에 대해서는 법령상 특별한 근거가 없는 한 부관을 붙일 수 없고, 가사 부관을 붙였다고 하더라도 이는 무효이다. 19 국가 ( )

11 재량행위에 있어서는 법령상의 근거가 없다고 하더라도 부관을 붙일 수 있다. 14 국가 ( )

12 공무원이 인·허가 등 수익적 행정처분을 하면서 그 처분과 부관 사이에 실제적 관련성이 있다고 볼 수 없는 경우 공법상의 제한을 회피할 목적으로 행정처분의 상대방과 사법상 계약을 체결하는 형식을 취하였다면 이는 법치행정의 원리에 반하는 것으로서 위법하다. 14 국가 ( )

13 부관은 면허 발급 당시에 붙이는 것뿐만 아니라 면허 발급 이후에 붙이는 것도 법률에 명문의 규정이 있거나 변경이 미리 유보되어 있는 경우 또는 상대방의 동의가 있는 경우 등에는 특별한 사정이 없는 한 허용된다. 23 국가 ( )

14 도로점용허가의 점용기간은 행정행위의 본질적인 요소에 해당한다고 볼 것이어서 부관인 점용기간을 정함에 있어서 위법사유가 있다면 이로써 도로점용허가처분 전부가 위법하게 된다. 19 지방 ( )

15 공유재산의 관리청이 기부채납된 행정재산에 대하여 행하는 사용·수익 허가의 경우, 부관인 사용·수익 허가의 기간에 위법사유가 있다면 허가 전부가 위법하게 된다. 17 지방 ( )

16 행정행위의 부관은 부담의 경우를 제외하고는 독립하여 행정소송의 대상이 될 수 없다. 13 국가 ( )

17 부관 중에서 부담은 주된 행정행위로부터 분리될 수 있다 할지라도 부담 그 자체는 독립된 행정행위가 아니므로 주된 행정행위로부터 분리하여 쟁송의 대상이 될 수 없다. 20 지방 ( )

> 부담의 경우에는 다른 부관과는 달리 행정행위의 불가분적인 요소가 아니고 그 존속이 본체인 행정행위의 존재를 전제로 하는 것일 뿐이므로 부담 그 자체로서 행정쟁송의 대상이 될 수 있다. 대법원 1992. 1. 21. 선고 91누1264 판결

정답

09. ○ **10.** ○ **11.** ○ **12.** ○
13. ○ **14.** ○ **15.** ○ **16.** ○
17. X

18 공유수면매립준공인가처분을 하면서 매립지 일부에 대하여 한 국가 및 지방자치단체에의 귀속처분은 부관 중 부담에 해당하므로 독립하여 행정소송 대상이 될 수 있다. 20 지방 ( )

> 행정행위의 부관은 부담의 경우를 제외하고는 독립하여 행정소송의 대상이 될 수 없는 것인바, 행정청이 한 공유수면매립준공인가 중 매립지 일부에 대하여 한 국가 귀속처분은 매립준공인가를 함에 있어서 매립의 면허를 받은 자의 매립지에 대한 소유권취득을 규정한 공유수면매립법 제14조의 효과 일부를 배제하는 부관을 붙인 것이므로 이러한 행정행위의 부관에 대하여는 독립하여 행정소송의 대상으로 삼을 수 없다. 대법원 1991. 12. 13. 선고 90누8503 판결

19 기부채납받은 행정재산에 대한 사용 · 수익허가에서 공유재산의 관리청이 정한 사용 · 수익허가의 기간은 그 허가의 효력을 제한하기 위한 행정행위의 부관으로서, 이러한 사용 · 수익허가의 기간에 대해서는 독립하여 행정소송을 제기할 수 있다. 20 지방 ( )

> 행정행위의 부관은 부담인 경우를 제외하고는 독립하여 행정소송의 대상이 될 수 없는바, 기부채납받은 행정재산에 대한 사용 · 수익허가에서 공유재산의 관리청이 정한 사용 · 수익허가의 기간은 그 허가의 효력을 제한하기 위한 행정행위의 부관으로서 이러한 사용 · 수익허가의 기간에 대해서는 독립하여 행정소송을 제기할 수 없으며, 결국 이 사건 청구는 부적법하여 각하를 면할 수 없다. 대법원 2001. 6. 15. 선고 99두509 판결

20 위법한 부담 이외의 부관으로 인해 권리를 침해받은 자는 부관부행정행위 전체를 취소청구하든지, 아니면 행정청에 부관이 없는 처분으로의 변경을 청구한 다음 그것이 거부된 경우에 거부처분취소소송을 제기하여야 한다. 12 지방 ( )

정답

18. X **19.** X **20.** O

대표 기출문제

01 행정행위의 부관에 대한 설명으로 옳은 것은? (다툼이 있는 경우 판례에 의함)
2021 국가직

① 행정처분과 부관 사이에 실제적 관련성이 있다고 볼 수 없는 경우, 공무원이 공법상의 제한을 회피할 목적으로 행정처분의 상대방과 사이에 사법상 계약을 체결하는 형식을 취하였더라도 법치행정의 원리에 반하는 것으로서 위법하다고 볼 수 없다.

② 처분 당시 법령을 기준으로 처분에 부가된 부담이 적법하였더라도, 처분 후 부담의 전제가 된 주된 행정처분의 근거 법령이 개정됨으로써 행정청이 더이상 부관을 붙일 수 없게 되었다면 그때부터 부담의 효력은 소멸한다.

③ 부담의 이행으로서 하게 된 사법상 매매 등의 법률행위는 부담을 붙인 행정처분과는 별개의 법률행위이므로, 그 부담의 불가쟁력의 문제와는 별도로 법률행위가 사회질서 위반이나 강행규정에 위반되는지 여부 등을 따져보아 그 법률행위의 유효 여부를 판단하여야 한다.

④ 허가에 붙은 기한이 그 허가된 사업의 성질상 부당하게 짧아서 이 기한이 허가 자체의 존속기간이 아니라 허가조건의 존속기간으로 해석되는 경우에는 허가 여부의 재량권을 가진 행정청은 허가조건의 개정만을 고려할 수 있고, 그 후 당초의 기한이 상당 기간 연장되어 그 기한이 부당하게 짧은 경우에 해당하지 않게 된 때라도 더 이상의 기간연장을 불허가할 수는 없다.

02 행정행위의 부관에 대한 설명으로 옳지 않은 것은? 2023 국가직

① 수익적 행정처분에 있어서는 법령에 특별한 근거규정이 있는 경우에만 그 부관으로서 부담을 붙일 수 있다.

② 기선선망어업의 허가를 하면서 운반선, 등선 등 부속선을 사용할 수 없도록 제한한 부관은 그 어업허가의 목적달성을 사실상 어렵게 하여 그 본질적 효력을 해하는 것이므로 위법한 것이다.

③ 부관은 면허 발급 당시에 붙이는 것뿐만 아니라 면허 발급 이후에 붙이는 것도 법률에 명문의 규정이 있거나 변경이 미리 유보되어 있는 경우 또는 상대방의 동의가 있는 경우 등에는 특별한 사정이 없는 한 허용된다.

④ 토지소유자가 토지형질변경행위허가에 붙은 기부채납의 부관에 따라 토지를 국가나 지방자치단체에 기부채납한 경우, 기부채납의 부관이 당연무효이거나 취소되지 아니한 이상 토지소유자는 위 부관으로 인하여 기부채납계약의 중요부분에 착오가 있음을 이유로 기부채납계약을 취소할 수 없다.

01
③ (○) 대법원 2009. 6. 25. 선고 2006다18174 판결
① (×) 행정처분과 부관 사이에 실제적 관련성이 있다고 볼 수 없는 경우 공무원이 위와 같은 공법상의 제한을 회피할 목적으로 행정처분의 상대방과 사이에 사법상 계약을 체결하는 형식을 취하였다면 이는 법치행정의 원리에 반하는 것으로서 위법하다. 대법원 2009. 12. 10. 선고 2007다63966 판결
② (×) 행정처분의 상대방이 수익적 행정처분을 얻기 위하여 행정청과 사이에 행정처분에 부가할 부담에 관한 협약을 체결하고 행정청이 수익적 행정처분을 하면서 협약상의 의무를 부담으로 부가하였으나 부담의 전제가 된 주된 행정처분의 근거 법령이 개정됨으로써 행정청이 더 이상 부관을 붙일 수 없게 된 경우에도 곧바로 협약의 효력이 소멸하는 것은 아니다. 대법원 2009. 2. 12. 선고 2005다65500 판결
④ (×) 당초에 붙은 기한을 허가 자체의 존속기간이 아니라 허가조건의 존속기간으로 보더라도 그 후 당초의 기한이 상당 기간 연장되어 연장된 기간을 포함한 존속기간 전체를 기준으로 볼 경우 더 이상 허가된 사업의 성질상 부당하게 짧은 경우에 해당하지 않게 된 때에는 관계 법령의 규정에 따라 허가 여부의 재량권을 가진 행정청으로서는 그 때에도 허가조건의 개정만을 고려하여야 하는 것은 아니고 재량권의 행사로서 더 이상의 기간연장을 불허가할 수도 있는 것이며, 이로써 허가의 효력은 상실된다. 대법원 2004. 3. 25. 선고 2003두12837 판결

02
① 예외적인 개발행위의 허가는 상대방에게 수익적인 것이 틀림이 없으므로 그 법률적 성질은 재량행위 내지 자유재량행위에 속하는 것이고, 이러한 재량행위에 있어서는 관계 법령에 명시적인 금지규정이 없는 한 행정목적을 달성하기 위하여 조건이나 기한, 부담 등의 부관을 붙일 수 있고, 그 부관의 내용이 이행 가능하고 비례의 원칙 및 평등의 원칙에 적합하며 행정처분의 본질적 효력을 저해하지 아니하는 이상 위법하다고 할 수 없다. 대법원 2004. 3. 25. 선고 2003두12837 판결

정답 01. ③ 02. ①

03

③ (○) 대법원 1993. 10. 8.
선고 93누2032 판결
① (×) 현행 행정쟁송제도 아래
서는 부관 그 자체만을 독립된
쟁송의 대상으로 할 수 없는 것
이 원칙이나 행정행위의 부관
중에서도 행정행위에 부수하여
그 행정행위의 상대방에게 일
정한 의무를 부과하는 행정청
의 의사표시인 **부담의 경우**에
는 다른 부관과는 달리 행정행
위의 불가분적인 요소가 아니
고 그 존속이 본체인 행정행위
의 존재를 전제로 하는 것일 뿐
이므로 부담 그 자체로서 행정
쟁송의 대상이 될 수 있다. 대법
원 1992. 1. 21. 선고 91누1264
판결
② (×) 행정행위의 부관은 부담
인 경우를 제외하고는 독립하
여 행정소송의 대상이 될 수 없
는바, 기부채납받은 행정재산
에 대한 사용·수익허가에서
공유재산의 관리청이 정한 사
용·수익허가의 기간은 그 허
가의 효력을 제한하기 위한 행
정행위의 부관으로서 이러한
사용·수익허가의 기간에 대해
서는 독립하여 행정소송을 제
기할 수 없으며, 결국 이 사건
청구는 부적법하여 각하를 면
할 수 없다. 대법원 2001. 6. 15.
선고 99두509 판결
④ (×) 수익적 행정처분에 있어
서는 법령에 특별한 근거규정
이 없다고 하더라도 그 부관으
로서 부담을 붙일 수 있고, 그와
같은 부담은 행정청이 행정처
분을 하면서 일방적으로 부가
할 수도 있지만 부담을 부가하
기 이전에 상대방과 협의하여
부담의 내용을 협약의 형식으
로 미리 정한 다음 행정처분을
하면서 이를 부가할 수도 있다.
대법원 2009. 2. 12. 선고 2005
다65500 판결

04

③ 행정처분과 부관 사이에 실
제적 관련성이 있다고 볼 수 없
는 경우 공무원이 위와 같은 공
법상의 제한을 회피할 목적으
로 행정처분의 상대방과 사이
에 사법상 계약을 체결하는 형
식을 취하였다면 이는 법치행
정의 원리에 반하는 것으로서
위법하다. 대법원 2009. 12. 10.
선고 2007다63966 판결

정답 03. ③ 04. ③

03 행정행위의 부관에 대한 설명으로 옳은 것은? (다툼이 있는 경우 판례에 의함)
2020 지방직

① 부관 중에서 부담은 주된 행정행위로부터 분리될 수 있다 할지라도 부담 그 자체는 독립된 행정행위가 아니므로 주된 행정행위로부터 분리하여 쟁송의 대상이 될 수 없다.
② 기부채납받은 행정재산에 대한 사용·수익허가에서 공유재산의 관리청이 정한 사용·수익허가의 기간은 그 허가의 효력을 제한하기 위한 행정행위의 부관으로서, 이러한 사용·수익허가의 기간에 대해서는 독립하여 행정소송을 제기할 수 있다.
③ 지방국토관리청장이 일부 공유수면매립지를 국가 또는 지방자치단체에 귀속처분한 것은 법률효과의 일부를 배제하는 부관을 붙인 것이므로 이러한 행정행위의 부관은 독립하여 행정쟁송 대상이 될 수 없다.
④ 행정청이 부담을 부가하기 이전에 상대방과 협의하여 부담의 내용을 협약의 형식으로 미리 정한 경우에는 행정처분을 하면서 이를 부담으로 부가할 수 없다.

04 행정행위의 부관에 대한 설명으로 옳지 않은 것은? (다툼이 있는 경우 판례에 의함)
2021 지방직

① 행정청은 처분에 재량이 없는 경우에는 법률에 근거가 있는 경우에 부관을 붙일 수 있다.
② 부담이 처분 당시 법령을 기준으로 적법하다면 처분 후 부담의 전제가 된 주된 처분의 근거 법령이 개정됨으로써 행정청이 더 이상 부관을 붙일 수 없게 되었다 하더라도 곧바로 그 효력이 소멸하게 되는 것은 아니다.
③ 처분과 실제적 관련성이 없어 부관으로 붙일 수 없는 부담이라도 사법상 계약의 형식으로 처분의 상대방에게 부과할 수 있다.
④ 행정재산에 대한 사용·수익허가에서 공유재산의 관리청이 정한 사용·수익허가의 기간에 대해서는 독립하여 행정소송을 제기할 수 없다.

행정행위의 요건

1 행정행위의 성립요건

- 행정의사의 내부적 결정 + 외부적 표시
  ➡ 행정청이 자유롭게 취소 · 철회할 수 없는 구속을 받게 되는 시점에 처분 성립
- 외부적 표시 : 반드시 공식적인 것이어야 함 ➡ 사적인 통지 or 우연히 지득 : 성립×
- 문서에 의한 처분 : 결재권자가 결재함으로써 성립(결재 : 문서의 내용을 승인하여 외부에 표시하는 행위)

📖 판례

1. 행정처분의 외부적 성립은 행정의사가 외부에 표시되어 행정청이 자유롭게 취소 · 철회할 수 없는 구속을 받게 되는 시점을 확정하는 의미를 가지므로, 어떠한 처분의 외부적 성립 여부는 행정청에 의해 행정의사가 공식적인 방법으로 외부에 표시되었는지를 기준으로 판단하여야 한다. 대법원 2017. 7. 11. 선고 2016두35120 판결

2. 공문서(전자공문서 포함)는 결재권자가 서명 등의 방법으로 결재함으로써 성립된다. 여기서 '결재'란 문서의 내용을 승인하여 문서로서 성립시킨다는 의사를 서명 등을 통해 외부에 표시하는 행위이다. 결재권자의 결재가 있었는지 여부는 결재권자가 서명을 하였는지뿐만 아니라 문서에 대한 결재권자의 지시 사항, 결재의 대상이 된 문서의 종류와 특성, 관련 법령의 규정 및 업무 절차 등을 종합적으로 고려하여야 한다. 대법원 2020. 12. 10. 선고 2015도19296 판결

2 행정행위의 효력발생요건

(1) 일반론

- 효력발생요건 : 통지의 도달
- 도달 : 상대방이 알 수 있는 상태에 두는 것○ / 현실적으로 수령하여 아는 것×

📖 판례

행정처분의 효력발생요건으로서의 도달이란 처분상대방이 처분서의 내용을 현실적으로 알았을 필요까지는 없고 처분상대방이 알 수 있는 상태에 놓임으로써 충분하며, 처분서가 처분상대방의 주민등록상 주소지로 송달되어 처분상대방의 사무원 등 또는 그 밖에 우편물 수령권한을 위임받은 사람이 수령하면 처분상대방이 알 수 있는 상태가 되었다고 할 것이다. 대법원 2017. 3. 9. 선고 2016두60577 판결

- 통지의 방법
  - 특정인 대상 : 송달
    ➡ 상대방이 (인터넷 홈페이지 접속 등을 통해) 이미 처분 내용 알고 있는 경우에도 송달 필요
    ➡ 상대방이 처분서를 송달받지 못한 경우 : 통지×(수령 회피 위해 송달받은 장소를 비워둔 사례)

🏛 **판례**

> 1. 상대방 있는 행정처분은 특별한 규정이 없는 한 의사표시에 관한 일반법리에 따라 상대방에게 고지되어야 효력이 발생하고, 상대방 있는 행정처분이 상대방에게 고지되지 아니한 경우에는 상대방이 인터넷 홈페이지 접속 등 다른 경로를 통해 행정처분의 내용을 알게 되었다고 하더라도 행정처분의 효력이 발생한다고 볼 수 없다. 대법원 2019. 8. 9. 선고 2019두38656 판결
> 2. 납세고지서의 교부송달 및 우편송달에 있어서는 반드시 납세의무자 또는 그와 일정한 관계에 있는 사람의 현실적인 수령행위를 전제로 하고 있다고 보아야 하며, 납세자가 과세처분의 내용을 이미 알고 있는 경우에도 납세고지서의 송달이 불필요하다고 할 수는 없다. 납세고지서의 송달을 받아야 할 자가 부과처분 제척기간이 임박하자 그 수령을 회피하기 위하여 일부러 송달을 받을 장소를 비워 두어 세무공무원이 송달을 받을 자와 보충송달을 받을 자를 만나지 못하여 부득이 사업장에 납세고지서를 두고 왔다고 하더라도 이로써 신의성실의 원칙을 들어 그 납세고지서가 송달되었다고 볼 수는 없다. 대법원 2004. 4. 9. 선고 2003두13908 판결

  - 특정인 대상(주소불명 등 송달 불가능 상황) : 공시송달(행정절차법에 따른 공고)
  - 불특정 다수인 대상 : 고시 또는 공고(일반처분)

(2) **특정인에 대한 송달방법**
- 우편송달 : 주민등록상 주소지로 송달 ➡ 상대방 등이 수령하면 도달
  등기우편 or 내용증명우편 : 도달 추정○ / 보통우편 : 도달 추정×
- 교부송달 : 수령확인서 받으며 문서 교부 / if 상대방 부재 ➡ 사무원 등에게 교부 가능(보충송달)
  if 상대방 등이 정당한 사유 없이 송달 거부 ➡ 송달할 장소에 놓아두면 송달(유치송달)
- 전자적 통지 : 상대방이 동의한 경우에만 가능 ➡ 송달받을 자가 지정한 컴퓨터 등에 '입력된 때' 도달

(3) **공시송달 : 행정절차법상 공고**
- 송달받을 자의 주소가 불명인 경우 또는 송달이 불가능한 경우의 송달방법
- 관보 등 하나 이상에 공고 + 인터넷에도 공고
- 공고일로부터 14일 지난 때에 효력 발생(긴급한 사정이 있어 달리 정한 경우는 그에 따름)

⑷ **일반처분 : 고시 또는 공고**

• 일반처분의 경우 개별법에서 정한 고시 또는 공고의 방법에 의해 통지함.

• 상대방 특정× ➡ 개별적 통지 불요 + 상대방이 현실적으로 알 필요×

• 효력일 명시한 경우 : 그날부터 / 효력일 명시× ➡ 고시 또는 공고일로부터 5일 지난 때에 효력 발생

판례

구 청소년보호법에 따른 청소년유해매체물 결정 및 고시처분은 당해 유해매체물의 소유자 등 특정인만을 대상으로 한 행정처분이 아니라 일반 불특정 다수인을 상대방으로 하여 일률적으로 표시의무, 포장의무, 청소년에 대한 판매·대여 등의 금지의무 등 각종 의무를 발생시키는 행정처분으로서, 정보통신윤리위원회가 특정 인터넷 웹사이트를 청소년유해매체물로 결정하고 청소년보호위원회가 효력발생시기를 명시하여 고시함으로써 그 명시된 시점에 효력이 발생하였다고 봄이 상당하고, 정보통신윤리위원회와 청소년보호위원회가 위 처분이 있었음을 위 웹사이트 운영자에게 제대로 통지하지 아니하였다고 하여 그 효력 자체가 발생하지 아니한 것으로 볼 수는 없다. 대법원 2007. 6. 14. 선고 2004두619 판결

3 행정행위의 적법요건

• **주체** : 정당한 권한을 가진 행정청 + 권한의 범위 내

• **절차** : 행정절차법 등 절차 준수

• **형식** : 문서(서면)

• **내용** : 법률유보원칙, 행정법의 일반원칙, 상위법 등 위반×

기출OX확인

01 행정의사가 외부에 표시되어 행정청이 자유롭게 취소·철회할 수 없는 구속을 받게 되는 시점에 처분이 성립하고, 그 성립 여부는 행정청이 행정의사를 공식적인 방법으로 외부에 표시하였는지를 기준으로 판단해야 한다. 21 국가   (   )

02 행정처분의 송달은 민법상 도달주의가 아니라 「행정절차법」 제15조에 의한 발신주의를 취한다. 12 지방   (   )

> **행정절차법 제15조 【송달의 효력 발생】** ① 송달은 다른 법령등에 특별한 규정이 있는 경우를 제외하고는 해당 문서가 송달받을 자에게 <u>도달됨으로써 그 효력이 발생한다.</u>

03 처분의 통지는 행정처분을 상대방에게 표시하는 것으로서 상대방이 인식할 수 있는 상태에 둠으로써 족하고, 객관적으로 보아 행정처분으로 인식할 수 있도록 고지하면 된다. 18 국가   (   )

04 납세고지서의 교부송달 및 우편송달에 있어서 반드시 납세의무자 또는 그와 일정한 관계에 있는 사람의 현실적인 수령행위를 전제로 하고 있다고 보아야 하며, 납세자가 과세처분의 내용을 이미 알고 있는 경우에도 납세고지서의 송달이 불필요하다고 할 수 없다. 13 지방   (   )

05 처분서를 보통우편의 방법으로 발송한 경우에는 그 우편물이 상당한 기간 내에 도달하였다고 추정할 수 없다. 18 국가   (   )

06 송달이 불가능한 경우 등에는 다른 법령 등에 특별한 규정이 있는 경우를 제외하고는 공고일부터 14일이 경과한 때에 그 효력이 발생한다. 12 지방   (   )

07 구 「청소년 보호법」에 따라 정보통신윤리위원회가 특정 웹사이트를 청소년유해매체물로 결정하고 청소년보호위원회가 효력발생시기를 명시하여 고시하였으나 정보통신윤리위원회와 청소년보호위원회가 웹사이트 운영자에게는 위 처분이 있었음을 통지하지 않았다면 그 효력이 발생하지 않는다. 18 국가   (   )

> 구 청소년보호법에 따른 <u>청소년유해매체물 결정 및 고시처분은</u> 당해 유해매체물의 소유자 등 특정인만을 대상으로 한 행정처분이 아니라 일반 <u>불특정 다수인을 상대방으로 하여</u> 일률적으로 표시의무, 포장의무, 청소년에 대한 판매·대여 등의 금지의무 등 각종 의무를 발생시키는 행정처분으로서, 정보통신윤리위원회가 특정 인터넷 웹사이트를 청소년유해매체물로 결정하고 청소년보호위원회가 효력발생시기를 명시하여 <u>고시함으로써 그 명시된 시점에 효력이 발생하였다고 봄이 상당하고,</u> 정보통신윤리위원회와 청소년보호위원회가 위 처분이 있었음을 위 <u>웹사이트 운영자에게 제대로 통지하지 아니하였다고 하여 그 효력 자체가 발생하지 아니한 것으로 볼 수는 없다.</u> 대법원 2007. 6. 14. 선고 2004두619 판결

정답

01. ○ **02.** X **03.** ○ **04.** ○
05. ○ **06.** ○ **07.** X

 **대표 기출문제**

행정행위의 효력발생요건으로서의 통지에 대한 설명으로 옳지 않은 것은? (다툼이 있는 경우 판례에 의함)   2018 국가직

① 처분의 통지는 행정처분을 상대방에게 표시하는 것으로서 상대방이 인식할 수 있는 상태에 둠으로써 족하고, 객관적으로 보아 행정처분으로 인식할 수 있도록 고지하면 된다.

② 처분서를 보통우편의 방법으로 발송한 경우에는 그 우편물이 상당한 기간 내에 도달하였다고 추정할 수 없다.

③ 구 「청소년 보호법」에 따라 정보통신윤리위원회가 특정 웹사이트를 청소년유해매체물로 결정하고 청소년보호위원회가 효력발생시기를 명시하여 고시하였으나 정보통신윤리위원회와 청소년보호위원회가 웹사이트 운영자에게는 위 처분이 있었음을 통지하지 않았다면 그 효력이 발생하지 않는다.

④ 등기에 의한 우편송달의 경우라도 수취인이 주민등록지에 실제로 거주하지 않는 경우에는 우편물의 도달사실을 처분청이 입증해야 한다.

③ 구 청소년보호법에 따른 청소년유해매체물 결정 및 고시처분은 (중략) 행정처분으로서, 정보통신윤리위원회가 특정 인터넷 웹사이트를 청소년유해매체물로 결정하고 청소년보호위원회가 효력발생시기를 명시하여 고시함으로써 그 명시된 시점에 효력이 발생하였다고 봄이 상당하고, 정보통신윤리위원회와 청소년보호위원회가 위 처분이 있었음을 위 웹사이트 운영자에게 제대로 통지하지 아니하였다고 하여 그 효력 자체가 발생하지 아니한 것으로 볼 수는 없다. 대법원 2007. 6. 14. 선고 2004두619 판결

정답 ③

13 행정행위의 효력

1 공정력

> **[사례1]**
> 미성년자에게 속아 술을 판 편의점 점주A에 대하여 구청장이 영업취소처분을 하였음. 점주A는 영업취소처분에 대하여 취소소송을 제기함과 동시에 영업중단에 따른 손해를 배상받고자 <u>민사법원에 국가배상청구를 함. 취소소송의 판결이 나오지 않은 상태에서 국가배상청구는 인용될 수 있는지?</u>
>
> **[사례2]**
> 국세청에서 자료를 잘못 분석하여 A에 대하여 법에 근거가 없는 과세처분을 함(중대·명백한 하자 존재). A는 세금을 납부한 후에야 비로소 과세처분이 잘못되었음을 알게 되었음. 이에 A는 과세처분에 대한 무효등확인소송을 제기함과 동시에 잘못 납부한 세금을 돌려받고자 <u>민사법원에 부당이득반환청구를 함. 행정법원의 판결이 나오지 않은 상태에서 부당이득반환청구는 인용될 수 있는지? 만약 과세처분에 취소사유에 해당하는 하자가 존재하는 경우, 민사법원은 청구인용판결을 할 수 있는지?</u>

(1) 논의의 전제

- **국가배상청구** : 공무원의 <u>위법</u>한 직무집행행위로 손해를 입은 국민이 그 <u>손해배상을 구하는 청구 민사소송(민사법원 관할)</u>
- **부당이득반환청구** : <u>무효인 원인</u>에 근거하여 금전 등을 지급한 자가 상대방에 대해 반환을 구하는 청구 민사소송(민사법원 관할)
- **사례의 쟁점)** 과연 행정법원이 아닌 민사법원에서 처분의 위법 or 무효 여부를 판단할 수 있는지?

(2) 행정소송법의 규정

> **행정소송법 제11조 【선결문제】**
> <u>처분 등의 효력 유무 또는 존재 여부가 민사소송의 선결문제로 되어 당해 민사소송의 수소법원이 이를 심리·판단하는 경우에는 제17조(행정청의 소송참가), 제25조(행정심판기록 제출명령), 제26조(직권심리), 제33조(소송비용에 관한 재판의 효력)의 규정을 준용한다.</u>

- **선결문제** : 예 국가배상청구의 인용 여부를 판단하는데 있어서 전제가 되는 문제 ➡ 처분의 '위법' 여부
- **위법 여부 판단 가부** : 법 제11조에서 명확히 규정은✕ / But (해석상) <u>판단 가능○</u>
  - ➡ **사례1의 결론** : 민사법원은 독자적으로 위법 여부 판단하여 <u>청구인용판결 가능</u>

🏛 **판례**

> 위법한 행정대집행이 완료되면 그 처분의 무효확인 또는 취소를 구할 소의 이익은 없다 하더라도, 미리 그 행정처분의 취소판결이 있어야만, 그 행정처분의 위법임을 이유로 한 손해배상청구를 할 수 있는 것은 아니다. 대법원 1972. 4. 28. 선고 72다337 판결

• 무효 여부 판단 가부 : 법 제11조에서 명확히 규정 ∴ 판단 가능○

  if 처분이 무효인 경우 ➡ 무효임을 판단하여 청구인용판결 가능(사례2-1
  의 결론)

🏛 **판례**

> 민사소송에 있어서 어느 행정처분의 당연무효 여부가 선결문제로 되는 때에는 이를 판단하여 당연무효임을 전제로 판결할 수 있고 반드시 행정소송 등의 절차에 의하여 그 취소나 무효확인을 받아야 하는 것은 아니다. 대법원 2010. 4. 8. 선고 2009다90092 판결

  if 처분이 위법하나 무효는 아닌 경우(취소사유)

  ➡ 민사법원이 취소사유 있는 처분의 효력을 부인하여 무효임을 전제로 인
  용판결을 할 수 있는지?

(3) 공정력의 의의

• 처분에 하자(위법)가 있더라도 그것이 무효가 아닌 한, 권한 있는 기관(행
  정법원, 행심위, 행정청)에 의해 취소되기 전까지는 유효한 것으로 인정되
  는 힘(행정기본법 제15조)
• 근거 : 법적 안정성
• 무효인 행정행위에 대해서는 인정×
• 사례2-2의 결론) 민사법원은 공정력에 의해 당해 처분이 권한 있는 기관에
  의해 취소되기 전까지는 설령 위법하더라도 그 효력을 부인할 수 없음 ➡
  청구기각

🏛 **판례**

> 1. 조세의 과오납이 부당이득이 되기 위하여는 납세 또는 조세의 징수가 실체법적으로
> 나 절차법적으로 전혀 법률상의 근거가 없거나 과세처분의 하자가 중대하고 명백하
> 여 당연무효이어야 하고, 과세처분의 하자가 단지 취소할 수 있는 정도에 불과할 때
> 에는 과세관청이 이를 스스로 취소하거나 항고소송절차에 의하여 취소되지 않는 한
> 그로 인한 조세의 납부가 부당이득이 된다고 할 수 없다. 대법원 1994. 11. 11. 선고
> 94다28000 판결
> 2. 과세처분이 당연무효라고 볼 수 없는 한 과세처분에 취소할 수 있는 위법사유가 있
> 다 하더라도 그 과세처분은 행정행위의 공정력 또는 집행력에 의하여 그것이 적법하
> 게 취소되기 전까지는 유효하다 할 것이므로, 민사소송절차에서 그 과세처분의 효력
> 을 부인할 수 없다. 대법원 1999. 8. 20. 선고 99다20179 판결

⑷ 형사소송

• 민사소송의 법리와 마찬가지
  ➡ 위법·무효 여부 판단 가능 / 위법하나 무효는 아닌 경우 : 공정력으로
  인해 취소 불가(∴ 유효로 판단)
• 위법 여부가 선결문제인 경우

🏛 **판례**

> 구 도시계획법 제78조 제1항에 정한 처분이나 조치명령을 받은 자가 이에 위반한 경우
> 이로 인하여 같은 법 제92조에 정한 처벌을 하기 위하여는 그 처분이나 조치명령이 적법
> 한 것이라야 하고, 그 처분이 당연무효가 아니라 하더라도 그것이 위법한 처분으로 인정
> 되는 한 같은 법 제92조 위반죄가 성립될 수 없다. 대법원 1992. 8. 18. 선고 90도1709
> 판결

• 효력 유무가 선결문제인 경우
  ➡ 처분이 위법하나 무효가 아닌 경우, 공정력에 의해 형사법원은 처분이
  '유효'임을 전제로 판결해야 함.

🏛 **판례**

> 1. 부정한 방법으로 외국환은행장의 수입승인을 얻어 가지고 세관장에게 수입신고를
>   할 때 이를 함께 제출하여 수입면허를 받았다고 하더라도, 물품을 수입하고자 하는
>   자가 일단 세관장에게 수입신고를 하여 그 면허를 받고 물품을 통관한 경우에는, 세
>   관장의 수입면허가 중대하고도 명백한 하자가 있는 행정행위이어서 당연무효가 아
>   닌 한 관세법 제181조 소정의 무면허수입죄가 성립될 수 없다. 대법원 1989. 3. 28.
>   선고 89도149 판결
> 2. 연령미달의 결격자인 피고인이 소외인의 이름으로 운전면허시험에 응시, 합격하여
>   교부받은 운전면허는 당연무효가 아니고 도로교통법 제65조 제3호의 사유에 해당함
>   에 불과하여 취소되지 않는 한 유효하므로 피고인의 운전행위는 무면허운전에 해당
>   하지 아니한다. 대법원 1982. 6. 8. 선고 80도2646 판결

2 불가쟁력(형식적·절차적 확정력)

• 불복기간 경과 또는 쟁송절차 종료 후에는 더 이상 처분의 위법을 다툴 수
  없게 하는 힘(절차적 확정력)
• 제소기간 도과 후 항고소송 제기 ➡ 각하
• 처분의 상대방 등에 대해서만 발생(행정청 구속×) ➡ 행정청은 제소기간
  지난 후에도 직권취소 가능
• 국가배상청구 ➡ 가능(∵ 민사법원은 위법성 판단할 수 있음)
• 무효인 처분에는 발생×(∴ 제소기간 제한×)
• 불가쟁력 발생하였다 하여 기판력 발생하는 것×

판례

일반적으로 행정처분이나 행정심판 재결이 불복기간의 경과로 확정될 경우 그 확정력은, 처분으로 법률상 이익을 침해받은 자가 당해 처분이나 재결의 효력을 더 이상 다툴 수 없다는 의미일 뿐, 더 나아가 판결과 같은 기판력이 인정되는 것은 아니어서 그 처분의 기초가 된 사실관계나 법률적 판단이 확정되고 당사자들이나 법원이 이에 기속되어 모순되는 주장이나 판단을 할 수 없게 되는 것은 아니다. 대법원 2008. 7. 24. 선고 2006두20808 판결

• 재심사청구 : 원칙 불가 / 예외 개별법상 규정 있거나, 행정기본법상 사유 있는 경우 가능

행정기본법 제37조 【처분의 재심사】 ① 당사자는 처분(제재처분 및 행정상 강제는 제외한다. 이하 이 조에서 같다)이 행정심판, 행정소송 및 그 밖의 쟁송을 통하여 다툴 수 없게 된 경우(법원의 확정판결이 있는 경우는 제외한다)라도 다음 각 호의 어느 하나에 해당하는 경우에는 해당 처분을 한 행정청에 처분을 취소·철회하거나 변경하여 줄 것을 신청할 수 있다.
1. 처분의 근거가 된 사실관계 또는 법률관계가 추후에 당사자에게 유리하게 바뀐 경우
2. 당사자에게 유리한 결정을 가져다 주었을 새로운 증거가 있는 경우
3. 「민사소송법」 제451조에 따른 재심사유에 준하는 사유가 발생한 경우 등 대통령령으로 정하는 경우

3 불가변력(실질적 확정력)

• 처분을 한 행정청이 스스로 구속되어 처분을 취소·변경할 수 없게 하는 힘 (실체적 존속력)
• 모든 처분에 인정되는 것× / 일정한 처분에만 인정○
  ➡ 준사법적 행정행위(예 행정심판의 재결, 이의신청에 따른 직권취소), 확인적 행정행위 등
• 행정청은 처분을 직권취소·변경 불가
• 불가쟁력과 무관 ➡ 제소기간 미도과 시 상대방은 행정쟁송 제기 가능
• 무효인 행정행위에는 발생×
• 당해 행정행위에만 인정○ ➡ 동종의 행정행위더라도 대상이 다른 경우 불가변력×

 기출OX확인

01 행정상 손해배상소송에 있어 수소법원이 배상책임의 요건인 행정행위의 위법 여부를 스스로 심리할 수 있다. 12 지방 ( )

02 민사법원은 국가배상청구소송에서 선결문제로 행정처분의 위법 여부를 판단할 수 없다. 14 지방 ( )

03 행정처분이 위법임을 이유로 국가배상을 청구하기 위한 전제로서 그 처분이 취소되어야만 하는 것은 아니다. 19 국가 ( )

04 과·오납세금반환청구소송에서 민사법원은 그 선결문제로서 과세처분의 무효 여부를 판단할 수 있다. 19 국가 ( )

05 행정처분이 아무리 위법하다고 하여도 그 하자가 중대하고 명백하여 당연 무효라고 보아야 할 사유가 있는 경우를 제외하고는 아무도 그 하자를 이유로 무단히 그 효과를 부정하지 못한다. 21 지방 ( )

06 조세의 과오납이 부당이득이 되기 위하여는 납세 또는 조세의 징수가 전혀 법률상의 근거가 없거나 과세처분의 하자가 중대하고 명백하여 당연무효이어야 하고, 과세처분의 하자가 단지 취소할 수 있는 정도에 불과할 때에는 과세관청이 이를 스스로 취소하거나 항고소송절차에 의하여 취소되지 않는 한 그로 인한 조세의 납부가 부당이득이 된다고 할 수 없다. 13 국가 ( )

06 구 「도시계획법」에 정한 처분이나 조치명령을 받은 자가 이에 위반한 경우 이로 인하여 동법 제92조에 정한 처벌을 하기 위하여는 그 처분이나 조치명령이 적법한 것이라야 하고, 그 처분이 당연무효가 아니라 하더라도 그것이 위법한 처분으로 인정되는 한 동법 제92조 위반죄가 성립될 수 없다. 13 국가 ( )

07 구 「도시계획법」상 원상회복 등의 조치명령을 받고도 이를 따르지 않은 자에 대해 형사처벌을 하기 위해서는 적법한 조치명령이 전제되어야 하며, 이때 형사법원은 그 적법여부를 심사할 수 있다. 22 국가 ( )

08 연령미달 결격자가 다른 사람 이름으로 교부받은 운전면허는 당연무효가 아니고 취소되지 않는 한 유효하므로 그 연령미달 결격자의 운전행위는 무면허운전에 해당하지 아니한다. 22 국가 ( )

09 물품을 수입하고자 하는 자가 일단 세관장에게 수입신고를 하여 그 면허를 받고 물품을 통관한 경우에는, 세관장의 수입면허가 중대하고도 명백한 하자가 있는 행정행위이어서 당연무효가 아닌 한 「관세법」 제181조 소정의 무면허수입죄가 성립될 수 없다. 13 국가 ( )

10 불가쟁력이 발생한 행정행위로 손해를 입은 국민은 국가배상청구를 할 수 있다. 21 지방 ( )

정답

01. ○
02. ✕ (민사소송절차에서 수소법원은 선결문제로 된 행정행위의 위법 여부를 심리·판단하여 위법성이 인정될 경우 이를 전제로 국가배상청구에 대해 청구인용판결을 할 수 있다.)
03. ○ 04. ○ 05. ○ 06. ○
07. ○ 08. ○ 09. ○ 10. ○

11 무효인 행정행위에는 불가쟁력은 인정되지만 공정력은 인정되지 않는다. **12 지방**
( )

12 무효인 행정행위는 쟁송제기기간의 제한을 받지 않으므로 불가쟁력이 발생하지 않는다. **15 사복**
( )

13 행정행위에 불가변력이 발생한 경우 행정청은 당해 행정행위를 직권으로 취소할 수 없으나 철회는 가능하다. **16 사복**
( )

14 불가변력이 인정되는 행정행위에 대하여 상대방은 행정쟁송절차에 의하여 그 효력을 다툴 수 없다. **15 사복**
( )

15 행정행위의 불가변력은 당해 행정행위에 대해서만 인정되는 것이 아니고, 동종의 행정행위라면 그 대상을 달리하더라도 인정된다. **21 지방**
( )

> 불가변력은 당해 행정행위에만 인정되는 것이므로, 비록 동종의 행정행위라 하더라도 그 대상을 달리할 때에는 불가변력은 인정될 여지가 없다. 대법원 1974. 12. 10. 선고 73누129 판결

정답

11. X (무효인 행정행위에는 공정력은 물론 불가쟁력도 인정되지 않는다.)
12. O
13. X (불가변력은 행정청을 구속하므로 행정청은 자신이 행한 행정행위를 직권으로 취소 또는 철회할 수 없다.)
14. X (불가변력은 행정청을 구속하는 힘으로서, 불가변력이 발생하였다 하더라도 상대방 또는 이해관계인은 불가쟁력이 발생하지 않는 한 행정쟁송을 제기할 수 있다.)
15. X

대표 기출문제

01 영업의 금지를 명한 영업
③ 영업의 금지를 명한 영업
허가취소처분 자체가 나중에
행정쟁송절차에 의하여 취소
되었다면 그 영업허가취소처
분은 그 처분 시에 소급하여
효력을 잃게 되며, 그 영업허
가취소처분에 복종할 의무가
원래부터 없었음이 확정되었
다고 봄이 타당하고, 영업허
가취소처분이 장래에 향하여
서만 효력을 잃게 된다고 볼
것은 아니므로 그 영업허가취
소처분 이후의 영업행위를 무
허가영업이라고 볼 수는 없
다. 대법원 1993. 6. 25. 선고
93도277 판결

02
④ 불가변력은 당해 행정행위
에만 인정되는 것이므로, 비
록 동종의 행정행위라 하더라
도 그 대상을 달리할 때에는
불가변력은 인정될 여지가 없
다. 대법원 1974. 12. 10. 선고
73누129 판결

정답 01. ③ 02. ④

01 행정행위의 효력에 대한 설명으로 옳지 않은 것은? (다툼이 있는 경우 판례
에 의함) 2019 국가직

① 과·오납세금반환청구소송에서 민사법원은 그 선결문제로서 과세처분
의 무효 여부를 판단할 수 있다.

② 행정처분이 위법임을 이유로 국가배상을 청구하기 위한 전제로서 그 처
분이 취소되어야만 하는 것은 아니다.

③ 영업허가취소처분이 청문절차를 거치지 않았다 하여 행정심판에서 취소
되었더라도 그 허가취소처분 이후 취소재결시까지 영업했던 행위는 무
허가영업에 해당한다.

④ 건물 소유자에게 소방시설 불량사항을 시정·보완하라는 명령을 구두로
고지한 것은 「행정절차법」에 위반한 것으로 하자가 중대·명백하여 당
연 무효이다.

02 행정행위의 효력에 대한 설명으로 옳지 않은 것은? (다툼이 있는 경우 판례
에 의함) 2021 지방직

① 행정처분이 아무리 위법하다고 하여도 그 하자가 중대하고 명백하여 당
연 무효라고 보아야 할 사유가 있는 경우를 제외하고는 아무도 그 하자
를 이유로 무단히 그 효과를 부정하지 못한다.

② 민사소송에 있어서 어느 행정처분의 당연무효 여부가 선결문제로 되는
때에는 이를 판단하여 당연무효임을 전제로 판결할 수 있고 반드시 행
정소송 등의 절차에 의하여 그 취소나 무효확인을 받아야 하는 것은 아
니다.

③ 불가쟁력이 발생한 행정행위로 손해를 입은 국민은 국가배상청구를 할
수 있다.

④ 행정행위의 불가변력은 당해 행정행위에 대해서만 인정되는 것이 아니
고, 동종의 행정행위라면 그 대상을 달리하더라도 인정된다.

Theme 14 행정행위의 하자

1 의의

- 행정행위를 위법하게 만드는 사유 또는 행정행위의 위법한 상태
- 하자의 판단시점(위법판단의 기준 시) : 처분 시
- 하나의 처분에 수개의 처분사유 존재하는 경우,
  if 일부 사유 위법하더라도 나머지 사유로 처분의 정당성 인정 ➡ 처분은 위법✕

> **판례**
>
> 행정처분에 있어 수개의 처분사유 중 일부가 적법하지 않다고 하더라도 다른 처분사유로써 그 처분의 정당성이 인정되는 경우에는 그 처분을 위법하다고 할 수 없다. 대법원 2013. 10. 24. 선고 2013두963 판결

2 행정행위의 무효와 취소

- 무효 : 처음부터 효력 발생✕ / 누구든지 효력 부인○
- 취소 : 취소권자가 취소하기 전까지는 유효 / 취소권자만이 취소○
- 구별기준 : 중대·명백설 ➡ 하자가 중대하고 명백 : 무효
  하나라도 결여 : 취소사유

  cf 판례는 사안에 따라 예외적으로 하자가 명백하지 않은 경우에도 처분을 무효로 본 경우가 있음.
- 사실관계를 정확히 조사하여야 비로소 하자 유무가 밝혀질 수 있는 경우 ➡ 명백성✕

> **판례**
>
> 1. 하자 있는 행정처분이 당연무효가 되기 위하여는 그 하자가 법규의 중요한 부분을 위반한 중대한 것으로서 객관적으로 명백한 것이어야 하며 하자가 중대하고 명백한 것인지 여부를 판별함에 있어서는 그 법규의 목적, 의미, 기능 등을 목적론적으로 고찰함과 동시에 구체적 사안 자체의 특수성에 관하여도 합리적으로 고찰함을 요한다. 대법원 1995. 7. 11. 선고 94누4615 전원합의체 판결
> 2. 행정처분에 사실관계를 오인한 하자가 있는 경우 그 하자가 명백하다고 하기 위하여는 그 사실관계 오인의 근거가 된 자료가 외형상 상태성을 결여하거나 또는 객관적으로 그 성립이나 내용의 진정을 인정할 수 없는 것임이 명백한 경우라야 할 것이고 사실관계의 자료를 정확히 조사하여야 비로소 그 하자 유무가 밝혀질 수 있는 경우라면 이러한 하자는 외관상 명백하다고 할 수는 없을 것이다. 대법원 1992. 4. 28. 선고 91누6863 판결

3 구체적 위법사유

(1) 주체의 하자(정당한 권한× or 권한 초과) 원칙 무효

> **판례**
>
> 1. 구 폐기물처리시설 설치촉진 및 주변지역 지원 등에 관한 법률에 정한 **입지선정위원회**가 그 구성방법 및 절차에 관한 같은 법 시행령의 규정에 위배하여 군수와 주민대표가 선정·추천한 전문가를 포함시키지 않은 채 임의로 구성되어 의결을 한 경우, 그에 터 잡아 이루어진 폐기물처리시설 입지결정처분의 하자는 중대한 것이고 객관적으로도 명백하므로 무효사유에 해당한다. 대법원 2007. 4. 12. 선고 2006두20150 판결
>
> 2. **(내부위임 받은 자가 자신의 명의로 처분**을 한 사안) 체납취득세에 대한 압류처분권한은 도지사로부터 시장에게 권한위임된 것이고 시장으로부터 압류처분권한을 내부위임받은 데 불과한 구청장으로서는 시장 명의로 압류처분을 대행처리할 수 있을 뿐이고 자신의 명의로 이를 할 수 없다 할 것이므로 구청장이 자신의 명의로 한 압류처분은 권한 없는 자에 의하여 행하여진 위법무효의 처분이다. 대법원 1993. 5. 27. 선고 93누6621 판결
>
> 3. 행정청의 권한에는 사무의 성질 및 내용에 따르는 제약이 있고, 지역적·대인적으로 한계가 있으므로 이러한 권한의 범위를 넘어서는 권한유월의 행위는 무권한 행위로서 원칙적으로 무효라고 할 것이나, 행정청의 공무원에 대한 의원면직처분은 공무원의 사직의사를 수리하는 소극적 행정행위에 불과하고, 당해 공무원의 사직의사를 확인하는 확인적 행정행위의 성격이 강하며 재량의 여지가 거의 없기 때문에 의원면직처분에서의 행정청의 권한유월 행위를 다른 일반적인 행정행위에서의 그것과 반드시 같이 보아야 할 것은 아니다.
> **5급 이상의 국가정보원직원에 대한 의원면직처분**이 임면권자인 대통령이 아닌 국가정보원장에 의해 행해진 것으로 위법하고, 나아가 국가정보원직원의 명예퇴직원 내지 사직서 제출이 직위해제 후 1년여에 걸친 국가정보원장 측의 종용에 의한 것이었다는 사정을 감안한다 하더라도 그러한 하자가 중대한 것이라고 볼 수는 없으므로, 대통령의 내부결재가 있었는지에 관계없이 당연무효는 아니다. **18 지방** 대법원 2007. 7. 26. 선고 2005두15748 판결
>
> 4. 세관출장소장에게 관세부과처분을 할 권한이 있다고 객관적으로 오인할 여지가 다분하다고 인정되므로 결국 적법한 권한 위임 없이 **세관출장소장에 의하여 행하여진 관세부과처분**이 그 하자가 중대하기는 하지만 객관적으로 명백하다고 할 수 없어 당연무효는 아니다. 대법원 2004. 11. 26. 선고 2003두2403 판결

(2) 절차의 하자 _{원칙} 취소사유

 판례

1. 행정절차법상 청문제도는 행정처분의 사유에 대하여 당사자에게 변명과 유리한 자료를 제출할 기회를 부여함으로써 위법사유의 시정가능성을 고려하고 처분의 신중과 적정을 기하려는 데 그 취지가 있음에 비추어 볼 때, <u>행정청이 침해적 행정처분을 함에 즈음하여 청문을 실시하지 않아도 되는 예외적인 경우에 해당하지 않는 한 반드시 청문을 실시하여야 하고, 그 절차를 결여한 처분은 위법한 처분으로서 취소사유에 해당한다.</u> 대법원 2004. 7. 8. 선고 2002두8350 판결

2. <u>세액산출근거가 기재되지 아니한 납세고지서에 의한 부과처분은 강행법규에 위반하여 취소대상이 된다.</u> 대법원 1985. 4. 9. 선고 84누431 판결

3. 재외국민이 관할행정청에게 여행증명서의 무효확인서를 제출, 주민등록신고를 하여 주민등록이 되었는데, 관할행정청이 주민등록신고시 거주용여권의 무효확인서를 첨부하지 아니하고 여행용여권의 무효확인서를 첨부하는 위법이 있었다고 하여 <u>주민등록을 말소하는 처분을 한 경우 이 처분이 주민등록법 제17조의2에 규정한 최고, 공고의 절차를 거치지 아니하였다 하더라도 그러한 하자는 중대하고 명백한 것이라고 할 수 없어 처분의 당연무효사유에 해당하는 것이라고는 할 수 없다.</u> 대법원 1994. 8. 26. 선고 94누3223 판결

4. 국세기본법 및 국세기본법 시행령이 과세전적부심사를 거치지 않고 곧바로 과세처분을 할 수 있거나 과세전적부심사에 대한 결정이 있기 전이라도 과세처분을 할 수 있는 예외사유로 정하고 있다는 등의 특별한 사정이 없는 한, <u>과세예고 통지 후 과세전적부심사 청구나 그에 대한 결정이 있기도 전에 과세처분</u>을 하는 것은 원칙적으로 과세전적부심사 이후에 이루어져야 하는 과세처분을 그보다 앞서 함으로써 과세전적부심사 제도 자체를 형해화시킬 뿐만 아니라 과세전적부심사 결정과 과세처분 사이의 관계 및 불복절차를 불분명하게 할 우려가 있으므로, 그와 같은 과세처분은 납세자의 절차적 권리를 침해하는 것으로서 절차상 하자가 중대하고도 명백하여 무효이다. 대법원 2016. 12. 27. 선고 2016두49228 판결

5. 행정청이 구 학교보건법 소정의 학교환경위생정화구역 내에서 금지행위 및 시설의 해제 여부에 관한 행정처분을 하면서 절차상 <u>학교환경위생정화위원회의 심의를 누락</u>한 흠이 있다면 그와 같은 흠을 가리켜 위 행정처분의 효력에 아무런 영향을 주지 않는다거나 경미한 정도에 불과하다고 볼 수는 없으므로, 특별한 사정이 없는 한 이는 행정처분을 위법하게 하는 <u>취소사유</u>가 된다. 대법원 2007. 3. 15. 선고 2006두15806 판결

6. 구 환경영향평가법상 환경영향평가를 실시하여야 할 사업에 대하여 <u>환경영향평가를 거치지 아니하였음에도 승인 등 처분</u>을 한 경우, 그 처분의 하자는 행정처분의 <u>당연무효</u>사유에 해당한다. 대법원 2006. 6. 30. 선고 2005두14363 판결

(3) 형식의 하자(문서주의 위배) - 무효

 판례

행정절차법 제24조는, 행정청이 처분을 하는 때에는 다른 법령 등에 특별한 규정이 있는 경우를 제외하고는 <u>문서로 하여야 한다</u>고 규정하고 있는데, 이는 행정의 공정성ㆍ투명성 및 신뢰성을 확보하고 국민의 권익을 보호하기 위한 것이므로 <u>위 규정을 위반하여 행하여진 행정청의 처분은 하자가 중대하고 명백하여 원칙적으로 무효이다.</u> 대법원 2011. 11. 10. 선고 2011도11109 판결

(4) 내용의 하자(법령, 행정법의 일반원칙 등 위반) – 중대·명백설에 따라 판단

> **판례**
>
> 1. 행정청이 어느 법률관계나 사실관계에 대하여 어느 법률의 규정을 적용하여 행정처분을 한 경우에 그 법률관계나 사실관계에 대하여는 그 법률의 규정을 적용할 수 없다는 법리가 명백히 밝혀져 그 해석에 다툼의 여지가 없음에도 행정청이 위 규정을 적용하여 처분을 한 때에는 그 하자가 중대하고도 명백하다고 할 것이나, 그 법률관계나 사실관계에 대하여 그 법률의 규정을 적용할 수 없다는 법리가 명백히 밝혀지지 아니하여 그 해석에 다툼의 여지가 있는 때에는 행정관청이 이를 잘못 해석하여 행정처분을 하였더라도 이는 그 처분 요건사실을 오인한 것에 불과하여 그 하자가 명백하다고 할 수 없다. 대법원 2009. 9. 24. 선고 2009두2825 판결
> 2. 법령 규정의 문언만으로는 처분 요건의 의미가 분명하지 아니하여 그 해석에 다툼의 여지가 있었더라도 해당 법령 규정의 위헌 여부 및 그 범위, 법령이 정한 처분 요건의 구체적 의미 등에 관하여 법원이나 헌법재판소의 분명한 판단이 있고, 행정청이 그러한 판단 내용에 따라 법령 규정을 해석·적용하는 데에 아무런 법률상 장애가 없는데도 합리적 근거 없이 사법적 판단과 어긋나게 행정처분을 하였다면 그 하자는 객관적으로 명백하다고 봄이 타당하다. 대법원 2017. 12. 28. 선고 2017두30122 판결

4 위헌결정의 효력

(1) 위헌결정의 소급효

• 헌법재판소법의 규정 : 장래효(∵ 법적 안정성)

> **헌법재판소법 제47조 【위헌결정의 효력】** ② 위헌으로 결정된 법률 또는 법률의 조항은 그 결정이 있는 날부터 효력을 상실한다.

• 당사자의 권리구제를 위해 예외적으로 소급효 인정
  ➡ 당해·동종·병행사건에 대해서는 기본적으로 소급효 인정
  ➡ 일반사건에 대해서는 법적 안정성과 권리구제의 필요성을 이익형량하여 소급효 인정 여부 결정

> **판례**
>
> 1. 구체적 규범통제의 실효성의 보장의 견지에서 법원의 제청·헌법소원의 청구 등을 통하여 ① 헌법재판소에 법률의 위헌결정을 위한 계기를 부여한 **당해사건**, ② 위헌결정이 있기 전에 이와 동종의 위헌 여부에 관하여 헌법재판소에 위헌제청을 하였거나 법원에 위헌제청신청을 한 경우의 당해 사건(**동종사건**), 그리고 ③ 따로 위헌제청신청을 아니하였지만 당해 법률 또는 법률의 조항이 재판의 전제가 되어 법원에 계속 중인 사건(**병행사건**)에 대하여는 소급효를 인정하여야 할 것이다. 또 다른 한가지의 불소급의 원칙의 예외로 볼 것은, ④ (**일반사건의 경우**)당사자의 권리구제를 위한 구체적 타당성의 요청이 현저한 반면에 소급효를 인정하여도 법적 안정성을 침해할 우려가 없고 나아가 구법에 의하여 형성된 기득권자의 이익이 해쳐질 사안이 아닌 경우로서 소급효의 부인이 오히려 정의와 형평 등 헌법적 이념에 심히 배치되는 때에도 소급효를 인정할 수 있다. 헌법재판소 1993. 5. 13. 선고 92헌가10 등 결정

2. 헌법재판소의 위헌결정의 효력은 ① 위헌제청을 한 당해 사건, ② 위헌결정이 있기 전에 이와 동종의 위헌 여부에 관하여 헌법재판소에 위헌여부심판제청을 하였거나 법원에 위헌여부심판제청신청을 한 경우의 당해 사건과 ③ 따로 위헌제청신청은 아니하였지만 당해 법률 또는 법률의 조항이 재판의 전제가 되어 법원에 계속 중인 사건뿐만 아니라 ④ 위헌결정 이후에 위와 같은 이유로 제소된 일반사건에도 미친다. 대법원 1993. 1. 15. 선고 91누5747 판결

• 불가쟁력이 발생한 처분에 대해서는 소급효✕

🏛 **판례**

위헌인 법률에 근거한 행정처분이 당연무효인지의 여부는 위헌결정의 소급효와는 별개의 문제로서, 위헌결정의 소급효가 인정된다고 하여 위헌인 법률에 근거한 행정처분이 당연무효가 된다고는 할 수 없고, 오히려 이미 취소소송의 제기기간을 경과하여 확정력이 발생한 행정처분에는 위헌결정의 소급효가 미치지 않는다고 보아야 한다. 대법원 1994. 10. 28. 선고 92누9463 판결

(2) 위헌인 법률에 근거한 처분의 효력 원칙 취소사유

• 처분 후, 처분의 근거법률에 대해서 헌법재판소의 위헌결정 있는 경우, 처분의 효력은?

➡ 헌재의 위헌결정이 있기 전까지는 하자가 명백하다 할 수 없으므로, 원칙적으로 취소사유

🏛 **판례**

법률에 근거하여 행정청이 행정처분을 한 후에 헌법재판소가 그 법률을 위헌으로 결정하였다면 결과적으로 그 행정처분은 법률의 근거가 없이 행하여진 것과 마찬가지가 되어 하자가 있는 것이 된다고 할 것이나, 하자 있는 행정처분이 당연무효가 되기 위하여는 그 하자가 중대할 뿐만 아니라 명백한 것이어야 하는데, 일반적으로 법률이 헌법에 위반된다는 사정이 헌법재판소의 위헌결정이 있기 전에도 객관적으로 명백한 것이라고 할 수는 없으므로 특별한 사정이 없는 한 이러한 하자는 위 행정처분의 취소사유에 해당할 뿐 당연무효사유는 아니라고 봄이 상당하다. 대법원 1994. 10. 28. 선고 93다41860 판결

• 다만, 헌법재판소는 예외적으로 무효가 되는 경우가 있음을 인정함.

🏛 **판례**

행정처분의 집행이 이미 종료되었고 그것이 번복될 경우 법적 안정성을 크게 해치게 되는 경우에는 후에 행정처분의 근거가 된 법규가 헌법재판소에서 위헌으로 선고된다고 하더라도 그 행정처분이 당연무효가 되지는 않음이 원칙이라고 할 것이나, ① 행정처분 자체의 효력이 쟁송기간 경과 후에도 존속 중인 경우, 특히 그 처분이 위헌법률에 근거하여 내려진 것이고 ② 그 행정처분의 목적달성을 위하여서는 후행 행정처분이 필요한데 후행 행정처분은 아직 이루어지지 않은 경우, ③ 그 행정처분을 무효로 하더라도 법적 안정성을 크게 해치지 않는 반면에 그 하자가 중대하여 그 구제가 필요한 경우에 대하여서는 그 예외를 인정하여 이를 당연무효사유로 보아서 쟁송기간 경과 후에라도 무효확인을 구할 수 있는 것이라고 봐야 할 것이다. 헌법재판소 1994. 6. 30. 선고 92헌바23 결정

(3) 위헌인 법률에 근거한 처분의 집행력 - 무효

[사례]
과세처분 ➡ 불가쟁력 발생 ➡ 과세처분의 근거법률에 위헌결정 ➡ 세금미납 ➡ 강제징수 가능?
[쟁점]
위헌인 법률에 근거한 처분에 의해 부과된 의무를 불이행
➡ 행정청이 의무이행을 위해 강제력을 행사할 수 있는지?
[판례]
위헌법률에 따른 처분의 집행(강제징수 착수) or 집행력 유지 행위(강제징수의 후속 절차 진행)
➡ 위헌결정의 기속력에 위반: 무효
[사례의 결론]
강제징수 불가능

판례

1. 위헌결정의 기속력과 헌법을 최고규범으로 하는 법질서의 체계적 요청에 비추어 국가기관 및 지방자치단체는 위헌으로 선언된 법률규정에 근거하여 새로운 행정처분을 할 수 없음은 물론이고, 위헌결정 전에 이미 형성된 법률관계에 기한 후속처분이라도 그것이 새로운 위헌적 법률관계를 생성·확대하는 경우라면 이를 허용할 수 없다. 따라서 조세 부과의 근거가 되었던 법률규정이 위헌으로 선언된 경우, 비록 그에 기한 과세처분이 위헌결정 전에 이루어졌고, 과세처분에 대한 제소기간이 이미 경과하여 조세채권이 확정되었으며, 조세채권의 집행을 위한 체납처분의 근거규정 자체에 대하여는 따로 위헌결정이 내려진 바 없다고 하더라도, 위와 같은 위헌결정 이후에 조세채권의 집행을 위한 새로운 체납처분에 착수하거나 이를 속행하는 것은 더 이상 허용되지 않고, 나아가 이러한 위헌결정의 효력에 위배하여 이루어진 체납처분은 그 사유만으로 하자가 중대하고 객관적으로 명백하여 당연무효이다. 대법원 2012. 2. 16. 선고 2010두10907 전원합의체 판결
2. 위헌법률에 기한 행정처분의 집행이나 집행력을 유지하기 위한 행위는 위헌결정의 기속력에 위반되어 허용되지 않는다. 대법원 2002. 8. 23. 선고 2001두2959 판결

5 하자의 치유

(1) 의의

• 성립 당시 하자○ But 추후 하자 보완 ➡ 처분이 처음부터 적법했던 것으로 보아 효력을 유지
• 허용 여부 (법 규정×)
  원칙 허용×(∵ 법치주의)
  예외 처분의 무용한 반복 회피 + 법적 안정성 ➡ 치유 허용

📖 **판례**

하자의 치유는 행정행위의 성질이나 법치주의의 관점에서 볼 때 <u>원칙적으로 허용될 수 없는 것이고</u>, 예외적으로 행정행위의 무용한 반복을 피하고 당사자의 법적 안정성을 위해서 허용될 수 있다. 그리고 이 경우에도 <u>다른 국민의 권리나 이익을 침해하지 않는 범위에서</u> 구체적 사정에 따라 합목적적으로 인정되어야 한다. 대법원 2002. 7. 9. 선고 2001두10684 판결

(2) 허용 범위

- 하자의 치유는 처분 상대방의 방어권 행사에 지장을 초래하지 않는 특별한 사정이 있는 경우에만 허용됨.
- 취소사유 있는 처분○ / 무효인 처분✕(∴ 처분 상대방이 용인하더라도 치유✕)

📖 **판례**

<u>징계처분이 중대하고 명백한 흠 때문에 당연무효의 것이라면 징계처분을 받은 자가 이를 용인하였다 하여 그 흠이 치료되는 것은 아니다.</u> 대법원 1989. 12. 12. 선고 88누8869 판결

- 절차·형식의 하자 : 방어권 행사에 지장 초래하지 않는 경우, 치유○
  내용상 하자 : 치유✕

📖 **판례**

1. 행정청이 처분절차에서 관계법령의 절차 규정을 위반하여 절차적 정당성이 상실된 경우에는 해당 처분은 위법하고 원칙적으로 취소하여야 한다. 다만 처분상대방이나 관계인의 의견진술권이나 <u>방어권 행사에 실질적으로 지장이 초래되었다고 볼 수 없는 특별한 사정이 있는 경우에는, 절차 규정 위반으로 인하여 처분절차의 절차적 정당성이 상실되었다고 볼 수 없으므로 해당 처분을 취소할 것은 아니다.</u> 대법원 2021. 2. 4. 선고 2015추528 판결
2. <u>이 사건 처분에 관한 하자가 행정처분의 내용에 관한 것이고</u> 새로운 노선면허가 이 사건 소 제기 이후에 이루어진 사정 등에 비추어 <u>하자의 치유를 인정치 않은 원심의</u> 판단은 정당하고, 거기에 소론이 지적하는 바와 같은 법리오해의 위법이 있다 할 수 없다. 대법원 1991. 5. 28. 선고 90누1359 판결

(3) 구체적 판례

📖 **판례**

1. 행정청이 식품위생법상의 <u>청문절차를 이행함에 있어 소정의 청문서 도달기간을 지키지 아니하였다면 이는 청문의 절차적 요건을 준수하지 아니한 것이므로 이를 바탕으로 한 행정처분은 일단 위법하다고 보아야 할 것이지만</u>, 이러한 청문제도의 취지는 처분으로 말미암아 받게 될 영업자에게 미리 변명과 유리한 자료를 제출할 기회를 부여함으로써 부당한 권리침해를 예방하려는 데에 있는 것임을 고려하여 볼 때, <u>가령 행정청이 청문서 도달기간을 다소 어겼다 하더라도 영업자가 이에 대하여 이의하지 아니한 채 스스로 청문일에 출석하여 그 의견을 진술하고 변명하는 등 방어의 기회를 충분히 가졌다면 청문서 도달기간을 준수하지 아니한 하자는 치유되었다고</u> 봄이 상당하다. 대법원 1992. 10. 23. 선고 92누2844 판결

2. 납세고지서에 세액산출근거 등의 기재사항이 누락되었거나 과세표준과 세액의 계산 명세서가 첨부되지 않았다면 적법한 납세의 고지라고 볼 수 없으며, 위와 같은 납세 고지의 하자는 납세의무자가 그 나름대로 산출근거를 알고 있다거나 사실상 이를 알 고서 쟁송에 이르렀다 하더라도 치유되지 않는다. 대법원 2002. 11. 13. 선고 2001두 1543 판결

3. 세액산출근거가 기재되지 아니한 납세고지서에 의한 부과처분은 강행법규에 위반하 여 취소대상이 된다 할 것이므로 이와 같은 하자는 납세의무자가 전심절차에서 이를 주장하지 아니하였거나, 그 후 부과된 세금을 자진납부하였다거나, 또는 조세채권의 소멸시효기간이 만료되었다 하여 치유되는 것이라고는 할 수 없다. 대법원 1985. 4. 9. 선고 84누431 판결

⑷ 한계

- 다른 국민의 권리나 이익 침해×

> 🏛 **판례**
>
> (주택재개발정비사업조합 설립추진위원회가 주택재개발정비사업조합 설립인가처분의 취소소송에 대한 1심 판결 이후 정비구역 내 토지 등 소유자의 4분의 3을 초과하는 조합 설립동의서를 새로 받은 사안에서) 하자의 치유를 인정하였을 때 원고들을 비롯한 토지 등 소유자들에게 아무런 손해가 발생하지 않는다고 단정할 수 없으므로 위 설립인가처 분의 하자가 치유된다고 볼 수 없다. 대법원 2010. 8. 26. 선고 2010두2579 판결

- 치유 가능 시기 : 행정쟁송 제기 전까지만 가능
  ➡ 불복여부의 결정 및 불복신청에 편의를 줄 수 있는 기간 내에만 허용
  (∴ 상고심 계속 중 ➡ 치유×)

> 🏛 **판례**
>
> 1. 치유를 허용하려면 늦어도 과세처분에 대한 불복여부의 결정 및 불복신청에 편의를 줄 수 있는 상당한 기간 내에 하여야 한다. 대법원 1983. 7. 26. 선고 82누420 판결
> 2. 과세처분에 대한 전심절차가 모두 끝나고 상고심의 계류 중에 세액산출근거의 통지 가 있었다고 하여 이로써 위 과세처분의 하자가 치유되었다고는 볼 수 없다. 대법원 1984. 4. 10. 선고 83누393 판결

⑸ 효과

- 소급효(∴ 처음부터 적법한 처분) ➡ 치유 이후에는 직권취소 불가

6 하자의 승계

(1) 의의

> [사례]
> 과세처분 ➡ 세금미납 ➡ 강제징수(독촉 ➡ 압류 ➡ 매각 ➡ 충당)
> 현재 압류 단계 + 제소기간 도과하여 독촉처분에 불가쟁력이 발생한 상황
> 그런데 독촉처분에 취소사유인 하자 존재(압류에는 하자✕)
> <u>압류처분에 대한 취소소송을 제기하면서, 그 취소사유(위법사유)로서 독촉처분의 하자</u>
> <u>를 주장할 수 있는지?</u>
> • if 하자의 승계○ : 독촉처분의 하자 ➡ 압류처분의 하자○
>   ∴ 사례와 같이 주장 가능(청구인용)
> • if 하자의 승계✕ : 독촉처분의 하자 ➡ 압류처분의 하자✕
>   ∴ 사례와 같이 주장 불가(청구기각)

- 선행처분이 위법하지만 불가쟁력이 발생하여 다툴 수 없게 되었을 때, 적법한 후행처분에 대한 취소소송 과정에서 선행처분의 위법을 주장할 수 있는지(즉 선행처분의 하자가 승계되는 것인지) 문제됨.
- 하자의 승계는 선행처분의 하자가 후행처분에 승계될 수 있을지 여부에 대한 논의임.
  ➡ 후행처분의 하자는 선행처분에 승계될 여지없음(후행처분이 위법하다고 하여 선행처분이 위법하게 되는 경우는 없음).

🏛 **판례**

> 계고처분의 후속절차인 대집행에 위법이 있다고 하더라도, 그와 같은 후속절차에 위법성이 있다는 점을 들어 선행절차인 이 사건 계고처분이 부적법하다는 사유로 삼을 수는 없다. 대법원 1997. 2. 14. 선고 96누15428 판결

(2) 논의의 전제조건

- 선행행위 및 후행행위는 모두 처분
- 선행행위에 취소사유인 위법 존재(if 선행행위 무효 ➡ 후행행위 당연히 무효)

🏛 **판례**

> 적법한 건축물에 대한 철거명령은 그 하자가 중대하고 명백하여 당연무효라고 할 것이고, 그 후행행위인 건축물철거 대집행계고처분 역시 당연무효라고 할 것이다. 대법원 1999. 4. 27. 선고 97누6780 판결

- 선행행위에 대한 제소기간 도과(불가쟁력 발생)
- 후행행위는 적법

(3) 하자승계의 기준

① 원칙

• 선·후행행위가 결합하여 하나의 법적 효과 ➡ 승계○
• 선·후행행위가 독립하여 별개의 법적 효과 ➡ 승계×

> **판례**
>
> 두 개 이상의 행정처분이 연속적으로 행하여지는 경우 선행처분과 후행처분이 서로 결합하여 1개의 법률효과를 완성하는 때에는 선행처분에 하자가 있으면 그 하자는 후행처분에 승계되므로 선행처분에 불가쟁력이 생겨 그 효력을 다툴 수 없게 된 경우에도 선행처분의 하자를 이유로 후행처분의 효력을 다툴 수 있는 반면, 선행처분과 후행처분이 서로 독립하여 별개의 법률효과를 목적으로 하는 때에는 선행처분에 불가쟁력이 생겨 그 효력을 다툴 수 없게 된 경우에는 선행처분의 하자가 중대하고 명백하여 당연무효인 경우를 제외하고는 선행처분의 하자를 이유로 후행처분의 효력을 다툴 수 없는 것이 원칙이다. 대법원 1994. 1. 25. 선고 93누8542 판결

② 예외

• 선·후행행위가 독립하여 별개의 법적 효과
  But 승계 부인하는 것이 상대방에게 수인한도를 넘는 손해 + 예측불가능
  ➡ 승계○

> **판례**
>
> 선행처분과 후행처분이 서로 독립하여 별개의 효과를 목적으로 하는 경우에도 선행처분의 불가쟁력이나 구속력이 그로 인하여 불이익을 입게 되는 자에게 수인한도를 넘는 가혹함을 가져오며, 그 결과가 당사자에게 예측가능한 것이 아닌 경우에는 국민의 재판받을 권리를 보장하고 있는 헌법의 이념에 비추어 선행처분의 후행처분에 대한 구속력은 인정될 수 없다.
> 개별공시지가결정은 이를 기초로 한 과세처분 등과는 별개의 독립된 처분으로서 서로 독립하여 별개의 법률효과를 목적으로 하는 것이나, 개별공시지가는 이를 토지소유자나 이해관계인에게 개별적으로 고지하도록 되어 있는 것이 아니어서 토지소유자 등이 개별공시지가결정 내용을 알고 있었다고 전제하기도 곤란할 뿐만 아니라 결정된 개별공시지가가 자신에게 유리하게 작용될 것인지 또는 불이익하게 작용될 것인지 여부를 쉽사리 예견할 수 있는 것도 아니며, 위법한 개별공시지가결정에 대하여 그 정해진 시정절차를 통하여 시정하도록 요구하지 아니하였다는 이유로 위법한 개별공시지가를 기초로 한 과세처분 등 후행 행정처분에서 개별공시지가결정의 위법을 주장할 수 없도록 하는 것은 수인한도를 넘는 불이익을 강요하는 것으로서 국민의 재산권과 재판받을 권리를 보장한 헌법의 이념에도 부합하는 것이 아니라고 할 것이므로, 개별공시지가결정에 위법이 있는 경우에는 그 자체를 행정소송의 대상이 되는 행정처분으로 보아 그 위법 여부를 다툴 수 있음은 물론 이를 기초로 한 과세처분 등 행정처분의 취소를 구하는 행정소송에서도 선행처분인 개별공시지가결정의 위법을 독립된 위법사유로 주장할 수 있다고 해석함이 타당하다. 대법원 1994. 1. 25. 선고 93누8542 판결

기출 OX 확인

01 행정처분에 있어 여러 개의 처분사유 중 일부가 적법하지 않으면 다른 처분사유로써 그 처분의 정당성이 인정된다고 하더라도, 그 처분은 위법하게 된다. **20 국가**
( )

> 행정처분에 있어 수개의 처분사유 중 일부가 적법하지 않다고 하더라도 다른 처분사유로써 그 처분의 정당성이 인정되는 경우에는 그 처분을 위법하다고 할 수 없다. 대법원 2013. 10. 24. 선고 2013두963 판결

02 위법하게 구성된 폐기물처리시설 입지선정위원회가 의결을 한 경우, 그에 터 잡아 이루어진 폐기물처리시설 입지결정처분의 하자는 무효사유로 본다. **18 지방**
( )

03 무권한의 행위는 원칙적으로 무효라고 할 것이므로, 5급 이상의 국가정보원 직원에 대해 임면권자인 대통령이 아닌 국가정보원장이 행한 의원면직처분은 당연무효에 해당한다. **18 지방**
( )

> 5급 이상의 국가정보원직원에 대한 의원면직처분이 임면권자인 대통령이 아닌 국가정보원장에 의해 행해진 것으로 위법하고, 나아가 국가정보원직원의 명예퇴직원 내지 사직서 제출이 직위해제 후 1년여에 걸친 국가정보원장 측의 종용에 의한 것이었다는 사정을 감안한다 하더라도 그러한 하자가 중대한 것이라고 볼 수는 없으므로, 대통령의 내부결재가 있었는지에 관계없이 당연무효는 아니다. 대법원 2007. 7. 26. 선고 2005두15748 판결

04 적법한 권한 위임 없이 세관출장소장에 의하여 행하여진 관세부과처분은 무효이다. **15 지방**
( )

> 세관출장소장에게 관세부과처분을 할 권한이 있다고 객관적으로 오인할 여지가 다분하다고 인정되므로 결국 적법한 권한 위임 없이 세관출장소장에 의하여 행하여진 관세부과처분이 그 하자가 중대하기는 하지만 객관적으로 명백하다고 할 수 없어 당연무효는 아니다. 대법원 2004. 11. 26. 선고 2003두2403 판결

05 행정청이 청문을 거쳐야 하는 처분을 하면서 청문절차를 거치지 않는 경우에는 그 처분은 위법하지만 당연무효인 것은 아니다. **15 국가**
( )

06 「행정절차법」상 문서주의에 위반하여 행해진 행정처분은 무효이다. **14 사복**
( )

07 구 「환경영향평가법」상 환경영향평가를 실시하여야 할 사업에 대하여 환경영향평가를 거치지 아니하였음에도 승인 등 처분을 한 경우, 그 처분은 당연무효이다. **19 지방**
( )

08 위헌으로 결정된 법률 또는 법률의 조항은 그 결정이 있는 날부터 효력을 상실한다. **14 지방**
( )

정답
01. X **02.** ○ **03.** X **04.** X
05. ○ **06.** ○ **07.** ○ **08.** ○

09 헌법재판소의 위헌결정의 효력은 위헌제청을 한 당해 사건은 물론 위헌제청신청은 아니하였지만 당해 법률 또는 법률의 조항이 재판의 전제가 되어 법원에 계속 중인 사건에도 미친다. **15 지방** ( )

10 위헌인 법률에 근거한 행정처분이 당연무효인지의 여부는 위헌결정의 소급효와는 별개의 문제로서 취소소송의 제기기간을 경과하여 확정력이 발생한 행정처분에는 위헌결정의 소급효가 미치지 않는다. **18 지방** ( )

11 법률에 근거하여 행정청이 행정처분을 한 후에 헌법재판소가 그 법률을 위헌으로 결정하였다면 결과적으로 그 행정처분은 하자가 있는 것이 된다고 할 것이나, 특별한 사정이 없는 한 이러한 하자는 위 행정처분의 취소사유에 해당할 뿐 당연무효사유는 아니라고 봄이 상당하다. **13 국가** ( )

12 행정처분이 있은 후에 집행단계에서 그 처분의 근거된 법률이 위헌으로 결정되는 경우 그 처분의 집행이나 집행력을 유지하기 위한 행위는 위헌결정의 기속력에 위반되어 허용되지 않는다. **13 국가** ( )

13 부담금 부과처분 이후에 처분의 근거법률이 위헌결정된 경우, 그 부과처분에 불가쟁력이 발생하였고 위헌결정 전에 이미 관할 행정청이 압류처분을 하였다면, 위헌결정 이후에도 후속절차인 체납처분절차를 통하여 부담금을 강제징수할 수 있다. **16 국가** ( )

위헌결정 이전에 이미 부담금 부과처분과 압류처분 및 이에 기한 압류등기가 이루어지고 위 각 처분이 확정되었다고 하여도, 위헌결정 이후에는 별도의 행정처분인 매각처분, 분배처분 등 후속 체납처분 절차를 진행할 수 없는 것은 물론이고, 기존의 압류등기나 교부청구만으로는 다른 사람에 의하여 개시된 경매절차에서 배당을 받을 수도 없다. 대법원 2002. 7. 12. 선고 2002두3317 판결

14 법률이 위헌으로 결정된 후 그 법률에 근거하여 발령되는 행정처분은 위헌결정의 기속력에 반하므로 그 하자가 중대하고 명백하여 당연무효가 된다. **13 국가** ( )

15 하자 있는 행정행위의 치유는 행정행위의 성질이나 법치주의의 관점에서 볼 때 원칙적으로 허용될 수 없다. **20 국가** ( )

16 당연무효인 징계처분의 하자는 징계를 받은 자의 용인으로 치유된다. **17 교행** ( )

징계처분이 중대하고 명백한 흠 때문에 당연무효의 것이라면 징계처분을 받은 자가 이를 용인하였다 하여 그 흠이 치료되는 것은 아니다. 대법원 1989. 12. 12. 선고 88누8869 판결

정답
09. ○ **10.** ○ **11.** ○ **12.** ○
13. X **14.** ○ **15.** ○ **16.** X
17. X (하자의 치유는 절차·형식상 하자의 경우에만 인정되고, 내용상 하자의 경우 인정되지 않는다.)

17 행정행위의 내용상의 하자는 치유의 대상이 될 수 있으나, 형식이나 절차상의 하자에 대해서는 치유가 인정되지 않는다. **16 국가** ( )

18 청문서가 「행정절차법」에서 정한 날짜보다 다소 늦게 도달하였을 경우에도, 당사자가 이에 대하여 이의하지 아니하고 청문일에 출석하여 의견을 진술하였다면 청문서 도달기간을 준수하지 않은 하자는 치유된다. **15 국가** ( )

19 세액산출근거가 기재되지 아니한 납세고지서에 의한 부과처분은 그 후 부과된 세금을 자진납부하였다거나 또는 조세채권의 소멸시효기간이 만료되었다 하여 하자가 치유되는 것이라고는 할 수 없다. **23 국가** ( )

20 행정청이 과징금부과처분을 함에 있어 과징금부과통지서의 일부 기재가 누락되어 이를 이유로 처분 상대방이 관할 행정법원에 과징금부과처분의 취소를 구하는 소를 제기한 경우, 행정청은 취소소송 절차가 종결되기 전까지 보정된 과징금부과처분 통지서를 송달하면 일부 기재 누락의 하자는 치유된다. **22 국가** ( )

21 토지소유자 등의 동의율을 충족하지 못했다는 주택재건축정비사업조합설립인가처분 당시의 하자는 후에 토지소유자 등의 추가 동의서가 제출되었다면 치유된다. **23 국가** ( )

> (주택재개발정비사업조합 설립추진위원회가 주택재개발정비사업조합 설립인가처분의 취소소송에 대한 1심 판결 이후 <u>정비구역 내 토지 등 소유자의 4분의 3을 초과하는 조합설립동의서를 새로 받은 사안에서</u>) 하자의 치유를 인정하였을 때 원고들을 비롯한 <u>토지 등 소유자들에게 아무런 손해가 발생하지 않는다고 단정할 수 없으므로</u> 위 설립인가처분의 <u>하자가 치유된다고 볼 수 없다.</u> 대법원 2010. 8. 26. 선고 2010두2579 판결

22 하자의 치유는 늦어도 행정처분에 대한 불복 여부의 결정 및 불복신청을 할 수 있는 상당한 기간 내에 해야 하므로, 소가 제기된 이후에는 하자의 치유가 인정될 수 없다. **14 사복** ( )

23 이유제시의 하자는 행정쟁송의 제기 전에 한해 치유가 가능한 것으로 보는 것이 판례의 입장이다. **20 국가** ( )

24 계고처분의 후속절차인 대집행에 위법이 있다고 하더라도 그와 같은 후속절차에 위법성이 있다는 점을 들어 선행절차인 계고처분이 부적법하다는 사유로 삼을 수는 없다. **20 국가** ( )

25 적법한 건축물에 대한 철거명령은 그 하자가 중대하고 명백하여 당연무효라고 할 것이지만, 그 후행행위인 건축물철거 대집행계고처분은 당연무효라고 할 수 없다. **23 국가** ( )

> <u>적법한 건축물에 대한 철거명령은 그 하자가 중대하고 명백하여 당연무효라고 할 것이고, 그 후행행위인 건축물철거 대집행계고처분 역시</u> 당연무효라고 할 것이다. 대법원 1999. 4. 27. 선고 97누6780 판결

26 선행행위에 대하여 불가쟁력이 발생하지 않았거나 선행행위와 후행행위가 서로 독립하여 각각 별개의 법률효과를 목적으로 하는 때에는 원칙적으로 선행행위의 하자를 이유로 후행행위의 효력을 다툴 수 없다. **17 지방** ( )

> **정답**
>
> **18.** O **19.** O
> **20.** X (하자의 치유는 행정쟁송을 제기하기 전까지만 인정된다. 따라서 취소소송이 이미 제기된 이상 사후적으로 이유제시를 하였다 하더라도 하자의 치유는 인정되지 않는다.)
> **21.** X **22.** O **23.** O **24.** O
> **25.** X **26.** O

www.pmg.co.kr

27 선행행위와 후행행위가 서로 독립하여 별개의 법률효과를 목적으로 하는 경우라도 선행행위의 불가쟁력이나 구속력이 그로 인하여 불이익을 입는 자에게 수인한도를 넘는 가혹함을 가져오고 그 결과가 예측가능한 것이 아닌 때에는 하자의 승계를 인정할 수 있다. 17 지방 ( )

정답

27. ○ 28. ○

28 과세처분의 취소를 구하는 행정소송에서 선행처분인 개별공시지가결정의 위법을 독립된 위법사유로 주장할 수 있다. 23 국가 ( )

 대표 기출문제

01
③ 행정청이 사전에 교통영향평가를 거치지 아니한 채 '건축허가 전까지 교통영향평가 심의필증을 교부받을 것'을 부관으로 붙여서 한 '실시계획변경 승인 및 공사시행변경 인가 처분'에 중대하고 명백한 흠이 있다고 할 수 없어 이를 무효로 보기 어렵다. 대법원 2010. 2. 25. 선고 2009두102 판결

01 행정행위의 하자에 대한 설명으로 옳지 않은 것은? (다툼이 있는 경우 판례에 의함) 2019 지방직

① 구 「환경영향평가법」상 환경영향평가를 실시하여야 할 사업에 대하여 환경영향평가를 거치지 아니하였음에도 승인 등 처분을 한 경우, 그 처분은 당연무효이다.
② 적법한 권한 위임 없이 세관출장소장에 의하여 행하여진 관세부과처분은 그 하자가 중대하기는 하지만 객관적으로 명백하다고 할 수 없어 당연무효는 아니다.
③ 행정청이 사전에 교통영향평가를 거치지 아니한 채 '건축허가 전까지 교통영향평가 심의필증을 교부받을 것'을 부관으로 붙여서 한 '실시계획변경 승인 및 공사시행변경 인가 처분'은 그 하자가 중대하고 객관적으로 명백하여 당연무효이다.
④ 징계처분이 중대하고 명백한 하자 때문에 당연무효의 것이라면 징계처분을 받은 자가 이를 용인하였다 하여 그 하자가 치유되는 것은 아니다.

02
③ 행정처분에 있어 수개의 처분사유 중 일부가 적법하지 않다고 하더라도 다른 처분사유로써 그 처분의 정당성이 인정되는 경우에는 그 처분을 위법하다고 할 수 없다. 대법원 2013. 10. 24. 선고 2013두963 판결

02 행정행위의 하자에 대한 설명으로 옳지 않은 것은? (다툼이 있는 경우 판례에 의함) 2020 국가직

① 행정청이 「식품위생법」상의 청문절차를 이행함에 있어 청문서 도달기간을 다소 어겼지만 영업자가 이의하지 아니한 채 청문일에 출석하여 의견을 진술하고 변명하는 등 방어의 기회를 충분히 가졌다면 청문서 도달기간을 준수하지 아니한 하자는 치유되었다고 본다.
② 행정처분을 한 처분청은 그 처분의 성립에 하자가 있는 경우 이를 취소할 별도의 법적 근거가 없다고 하더라도 직권으로 이를 취소할 수 있다.
③ 행정처분에 있어 여러 개의 처분사유 중 일부가 적법하지 않으면 다른 처분사유로써 그 처분의 정당성이 인정된다고 하더라도, 그 처분은 위법하게 된다.
④ 계고처분의 후속절차인 대집행에 위법이 있다고 하더라도 그와 같은 후속절차에 위법성이 있다는 점을 들어 선행절차인 계고처분이 부적법하다는 사유로 삼을 수는 없다.

정답 01. ③ 02. ③

Theme 15 · 행정행위의 취소·철회 및 실효

❶ 행정행위의 취소(직권취소)

(1) 의의

- 유효하나 성립 당시부터 하자 있는 처분의 효력을 행정청이 스스로 소멸시키는 행위
- 하자의 존재 시기 : 성립 당시(즉 처음부터 위법) ↔ 철회 : 성립 당시 적법 / 처분 이후 사정

> **판례**
>
> 행정행위의 <u>취소</u>는 일단 유효하게 성립한 행정행위를 그 행위에 위법 또는 부당한 하자가 있음을 이유로 소급하여 그 효력을 소멸시키는 별도의 행정처분이고, 행정행위의 철회는 적법요건을 구비하여 완전히 효력을 발하고 있는 행정행위를 사후적으로 그 행위의 효력의 전부 또는 일부를 장래에 향해 소멸시키는 행정처분이므로, 행정행위의 <u>취소</u>사유는 행정행위의 성립 당시에 존재하였던 하자를 말하고, <u>철회</u>사유는 행정행위가 성립된 이후에 새로이 발생한 것으로서 행정행위의 효력을 존속시킬 수 없는 사유를 말한다. 대법원 2003. 5. 30. 선고 2003다6422 판결

- 하자 : 위법 + 부당
- **법적 근거**: 불필요(∵ 처분권 속에는 취소권 당연히 포함)
  ➡ 수익적 처분의 취소에도 법적 근거 불필요

(2) 취소권자

- 처분을 실제로 행한 처분청
- 권한 없는 행정기관이 처분을 한 경우 취소권자
  ➡ 권한 없이 실제로 처분을 한 행정청○ / 정당한 권한을 갖는 행정청✕

> **판례**
>
> 권한 없는 행정기관이 한 당연무효인 행정처분을 취소할 수 있는 권한은 당해 행정처분을 한 처분청에게 속하고, 당해 행정처분을 할 수 있는 적법한 권한을 가지는 행정청에게 그 취소권이 귀속되는 것이 아니다. 대법원 1984. 10. 10. 선고 84누463 판결

(3) 취소의 제한

- 수익적 처분 ➡ 취소 : 침익적 결과
  ∴ 행정법의 일반원칙에 따른 제한(이익형량의 원칙, 신뢰보호의 원칙)
- But 거짓이나 부정한 방법으로 처분을 받은 경우 or 당사자가 처분의 위법성에 대해 악의·중과실 ➡ 이익형량 및 신뢰보호 적용✕

행정기본법 제18조 【위법 또는 부당한 처분의 취소】 ② 행정청은 제1항에 따라 당사자에게 권리나 이익을 부여하는 처분을 취소하려는 경우에는 취소로 인하여 당사자가 입게 될 불이익을 취소로 달성되는 공익과 비교·형량하여야 한다. 다만, 다음 각 호의 어느 하나에 해당하는 경우에는 그러하지 아니하다.

1. 거짓이나 그 밖의 부정한 방법으로 처분을 받은 경우
2. 당사자가 처분의 위법성을 알고 있었거나 중대한 과실로 알지 못한 경우

판례

수익적 처분이 상대방의 허위 기타 부정한 방법으로 인하여 행하여졌다면 상대방은 그 처분이 그와 같은 사유로 인하여 취소될 것임을 예상할 수 없었다고 할 수 없으므로, 이러한 경우에까지 상대방의 신뢰를 보호하여야 하는 것은 아니라고 할 것이다. 대법원 1995. 1. 20. 선고 94누6529 판결

⑷ 취소의 절차 및 효과

- 직권취소 : 처분성○ ➡ 행정절차법 적용○(사전통지 등)
- 취소의 효과 : 원칙 소급효/ 예외 신뢰보호의 필요 등 정당한 사유○ ➡ 장래효 가능

행정기본법 제18조(위법 또는 부당한 처분의 취소) ① 행정청은 위법 또는 부당한 처분의 전부나 일부를 소급하여 취소할 수 있다. 다만, 당사자의 신뢰를 보호할 가치가 있는 등 정당한 사유가 있는 경우에는 장래를 향하여 취소할 수 있다.

판례

국세 감액결정 처분은 이미 부과된 과세처분에 하자가 있음을 이유로 사후에 이를 일부 취소하는 처분이므로, 취소의 효력은 그 취소된 국세 부과처분이 있었을 당시에 소급하여 발생하는 것이고, 이는 판결 등에 의한 취소이거나 과세관청의 직권에 의한 취소이거나에 따라 차이가 있는 것이 아니다. 대법원 1995. 9. 15. 선고 94다16045 판결

- 금전지급결정의 취소와 그에 따른 징수처분 : 각 처분이 적법한지는 별개로 판단
  ➡ 지급결정의 취소가 적법했다고 하여 징수처분이 당연히 적법하게 되는 것×

판례

행정처분을 한 처분청은 처분의 성립에 하자가 있는 경우 별도의 법적 근거가 없더라도 직권으로 이를 취소할 수 있다고 봄이 원칙이므로, 국민연금법이 정한 수급요건을 갖추지 못하였음에도 연금 지급결정이 이루어진 경우에는 이미 지급된 급여 부분에 대한 환수처분과 별도로 지급결정을 취소할 수 있다. 이 경우에도 이미 부여된 국민의 기득권을 침해하는 것이므로 취소권의 행사는 지급결정을 취소할 공익상의 필요보다 상대방이 받게 될 불이익 등이 막대한 경우에는 재량권의 한계를 일탈한 것으로서 위법하다고 보아야 한다. 다만 이처럼 연금 지급결정을 취소하는 처분과 그 처분에 기초하여 잘못 지급된 급여액에 해당하는 금액을 환수하는 처분이 적법한지를 판단하는 경우 비교·교량할

각 사정이 동일하다고는 할 수 없으므로, 연금 지급결정을 취소하는 처분이 적법하다고 하여 환수처분도 반드시 적법하다고 판단하여야 하는 것은 아니다. 대법원 2017. 3. 30. 선고 2015두43971 판결

(5) 취소의 취소(직권취소에 취소사유 있는 하자가 있는 경우)

• 침익적 처분의 취소의 취소 : 침익적 효과 ➡ 불가능

🏛 **판례**

과세관청은 부과의 취소를 다시 취소함으로써 원부과처분을 소생시킬 수는 없고 납세의무자에게 종전의 과세대상에 대한 납부의무를 지우려면 다시 법률에서 정한 부과절차에 좇아 동일한 내용의 새로운 처분을 하는 수밖에 없다. 대법원 1995. 3. 10. 선고 94누7027 판결

• 수익적 처분의 취소의 취소 : 수익적 효과 ➡ 제3자의 이익 침해하지 않는 한, 가능

(6) 그 외 쟁점

• 상대방 등 이해관계인의 취소 신청권 : 개별법상 근거 없는 한, 인정×(But 행정기본법 제37조의 예외○)

🏛 **판례**

원래 행정처분을 한 처분청은 그 처분에 하자가 있는 경우에는 원칙적으로 별도의 법적 근거가 없더라도 스스로 이를 직권으로 취소할 수 있지만, 그와 같이 직권취소를 할 수 있다는 사정만으로 이해관계인에게 처분청에 대하여 그 취소를 요구할 신청권이 부여된 것으로 볼 수는 없다. 대법원 2006. 6. 30. 선고 2004두701 판결

• 항고소송 계속 중 직권취소 가부 : 가능

🏛 **판례**

변상금 부과처분에 대한 취소소송이 진행 중이라도 그 부과권자로서는 위법한 처분을 스스로 취소하고 그 하자를 보완하여 다시 적법한 부과처분을 할 수도 있다. 대법원 2006. 2. 10. 선고 2003두5686 판결

2 행정행위의 철회

> **행정기본법 제19조 【적법한 처분의 철회】** ① 행정청은 적법한 처분이 다음 각 호의 어느 하나에 해당하는 경우에는 그 처분의 전부 또는 일부를 장래를 향하여 철회할 수 있다.
> 1. 법률에서 정한 철회 사유에 해당하게 된 경우
> 2. 법령등의 변경이나 사정변경으로 처분을 더 이상 존속시킬 필요가 없게 된 경우
> 3. 중대한 공익을 위하여 필요한 경우
> ② 행정청은 제1항에 따라 처분을 철회하려는 경우에는 철회로 인하여 당사자가 입게 될 불이익을 철회로 달성되는 공익과 비교·형량하여야 한다.

- 의의 : 하자 없이 적법하게 성립한 처분의 효력을 성립 후 사유를 이유로 스스로 소멸시키는 행위
- 법적 근거 : 불필요(수익적 처분을 철회하는 경우에도 마찬가지)

 판례

> 행정행위를 한 처분청은 그 처분 당시에 그 행정처분에 별다른 하자가 없었고 또 그 처분 후에 이를 취소할 별도의 법적 근거가 없다 하더라도 원래의 처분을 그대로 존속시킬 필요가 없게 된 사정변경이 생겼거나 또는 중대한 공익상의 필요가 발생한 경우에는 별개의 행정행위로 이를 철회하거나 변경할 수 있다. 대법원 1992. 1. 17. 선고 91누3130 판결

- 철회사유 : 철회권 유보, 법령상 철회사유 발생, 법령·사정변경, 중대한 공익상 필요 등
- 철회의 제한 : 직권취소와 동일 ➡ 침익적 처분의 철회 : 제한× / 수익적 처분의 철회 : 제한○
- 철회의 절차 : 철회 = 처분○ ➡ 행정절차법 적용○
- 철회의 효과 : 원칙 장래효 / 예외 소급효(별도의 법적 근거 필요)
- 철회 신청권 : 원칙 개별법상 근거 없는 한, 인정× / 예외 조리상 인정되는 사례○, 행정기본법 제37조

 판례

> 건축허가는 대물적 성질을 갖는 것이어서 행정청으로서는 허가를 할 때에 건축주 또는 토지 소유자가 누구인지 등 인적 요소에 관하여는 형식적 심사만 한다. 건축주가 토지 소유자로부터 토지사용승낙서를 받아 그 토지 위에 건축물을 건축하는 대물적(대물적) 성질의 건축허가를 받았다가 착공에 앞서 건축주의 귀책사유로 해당 토지를 사용할 권리를 상실한 경우, 건축허가의 존재로 말미암아 토지에 대한 소유권 행사에 지장을 받을 수 있는 토지 소유자로서는 건축허가의 철회를 신청할 수 있다고 보아야 한다. 따라서 토지 소유자의 위와 같은 신청을 거부한 행위는 항고소송의 대상이 된다. 대법원 2017. 3. 15. 선고 2014두41190 판결

3 행정행위의 실효

- 적법·유효한 처분의 효력이 일정한 사실의 발생에 의해 장래를 향해 당연히 소멸
- 실효의 사람의 사망, 물건의 소멸(영업소 철거, 폐업)
- 의사표시× 일정한 사실의 발생만으로 당연히 소멸 : 취소 및 철회와 구별
  ➡ 폐업 후 영업허가취소처분 : 허가의 실효됨을 확인함에 불과
    ∴ 영업허가취소처분을 다툴 소의 이익 없음.

 판례

> 신청에 의한 허가처분을 받은 원고가 그 영업을 폐업한 경우에는 그 영업허가는 당연 실효되고, 이런 경우 허가행정청의 허가취소처분은 허가의 실효됨을 확인하는 것에 불과하므로 원고는 그 허가취소처분의 취소를 구할 소의 이익이 없다고 할 것이다. 대법원 1981. 7. 14. 선고 80누593 판결

기출OX 확인

01 「행정기본법」은 직권취소나 철회의 일반적 근거규정을 두고 있다. 23 국가 (   )

02 직권취소나 철회는 개별법률의 근거가 없어도 가능하다. 23 국가 (   )

03 권한 없는 행정기관이 한 당연무효인 행정처분을 취소할 수 있는 권한은 당해 행정처분을 한 처분청에게 속하고, 당해 행정처분을 할 수 있는 적법한 권한을 가지는 행정청에게 그 취소권이 귀속되는 것이 아니다. 19 지방 (   )

04 수익적 행정처분을 직권취소할 때에는 이를 취소하여야 할 중대한 공익상 필요와 취소로 인하여 처분상대방이 입게 될 기득권과 법적 안정성에 대한 침해 정도 등 불이익을 비교·교량한 후 공익상 필요가 처분상대방이 입을 불이익을 정당화할 만큼 강한 경우에 한하여 취소할 수 있다. 23 국가 (   )

05 수익적 행정행위를 직권취소하는 경우 그 취소권의 행사로 인하여 공익상의 필요보다 상대방이 받게 되는 불이익 등이 막대한 경우에는 재량권의 한계를 일탈한 것으로서 그 자체가 위법하다. 15 국가 (   )

06 수익적 처분이 상대방의 허위 기타 부정한 방법으로 인하여 행하여졌다면 상대방은 그 처분이 그와 같은 사유로 인하여 취소될 것임을 예상할 수 있으므로, 이러한 경우까지 상대방의 신뢰를 보호하여야 하는 것은 아니다. 23 국가 (   )

정답
01. ○ 02. ○ 03. ○ 04. ○
05. ○ 06. ○

07 「산업재해보상보험법」상 각종 보험급여 등의 지급결정을 변경 또는 취소하는 처분과 처분에 터 잡아 잘못 지급된 보험급여액에 해당하는 금액을 징수하는 처분이 적법한지를 판단하는 경우, 지급결정을 변경 또는 취소하는 처분이 적법하다면 그에 터 잡은 징수처분도 적법하다고 판단해야 한다. 19 지방 ( )

> 연금 지급결정을 취소하는 처분과 그 처분에 기초하여 잘못 지급된 급여액에 해당하는 금액을 환수하는 처분이 적법한지를 판단하는 경우 비교·교량할 각 사정이 동일하다고는 할 수 없으므로, 연금 지급결정을 취소하는 처분이 적법하다고 하여 환수처분도 반드시 적법하다고 판단하여야 하는 것은 아니다. 대법원 2017. 3. 30. 선고 2015두43971 판결

08 과세처분을 직권취소한 경우 그 취소가 당연무효가 아닌 한 과세처분은 확정적으로 효력을 상실하므로, 취소처분을 직권취소하여 원과세처분의 효력을 회복시킬 수 없다. 16 국가 ( )

09 행정처분을 한 처분청은 그 처분에 하자가 있는 경우에는 원칙적으로 별도의 법적 근거가 없더라도 스스로 이를 직권으로 취소할 수 있고, 이러한 경우 이해관계인에게는 처분청에 대하여 그 취소를 요구할 신청권이 부여된 것으로 볼 수 있다. 17 국가 ( )

> 원래 행정처분을 한 처분청은 그 처분에 하자가 있는 경우에는 원칙적으로 별도의 법적 근거가 없더라도 스스로 이를 직권으로 취소할 수 있지만, 그와 같이 직권취소를 할 수 있다는 사정만으로 이해관계인에게 처분청에 대하여 그 취소를 요구할 신청권이 부여된 것으로 볼 수는 없다. 대법원 2006. 6. 30. 선고 2004두701 판결

10 변상금 부과처분에 대한 취소소송이 진행 중이라도 그 부과권자는 위법한 처분을 스스로 취소하고 그 하자를 보완하여 다시 적법한 부과처분을 할 수도 있다. 17 국가 ( )

11 행정행위의 철회 사유는 행정행위가 성립되기 이전에 발생한 것으로서 행정행위의 효력을 존속시킬 수 없는 사유를 말한다. 23 국가 ( )

> 행정행위의 취소사유는 행정행위의 성립 당시에 존재하였던 하자를 말하고, 철회사유는 행정행위가 성립된 이후에 새로이 발생한 것으로서 행정행위의 효력을 존속시킬 수 없는 사유를 말한다. 대법원 2003. 5. 30. 선고 2003다6422 판결

12 행정행위를 한 처분청은 처분 당시에 별다른 하자가 없었고, 또 그 처분 후에 이를 철회할 별도의 법적 근거가 없다면 사정변경을 이유로 그 효력을 상실케 하는 별개의 행정행위로 이를 철회할 수 없다. 18 지방 ( )

> 행정행위를 한 처분청은 그 처분 당시에 그 행정처분에 별다른 하자가 없었고 또 그 처분 후에 이를 취소할 별도의 법적 근거가 없다 하더라도 원래의 처분을 그대로 존속시킬 필요가 없게 된 사정변경이 생겼거나 또는 중대한 공익상의 필요가 발생한 경우에는 별개의 행정행위로 이를 철회하거나 변경할 수 있다. 대법원 1992. 1. 17. 선고 91누3130 판결

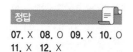

정답

07. X 08. O 09. X 10. O
11. X 12. X

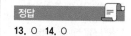

13 행정행위를 한 처분청은 사정변경이 생겼거나 또는 중대한 공익상의 필요가 발생한 경우에는 그 효력을 상실케 하는 별개의 행정행위로 이를 철회할 수 있다고 할 것이나, 기득권을 침해하는 경우에는 기득권의 침해를 정당화할 만한 중대한 공익상의 필요 또는 제3자의 이익보호의 필요가 있는 때에 한하여 상대방이 받는 불이익과 비교·교량하여 철회하여야 한다. 17 국가 ( )

14 수익적 행정행위의 철회는 특별한 다른 규정이 없는 한 「행정절차법」상의 절차에 따라 행해져야 한다. 21 지방 ( )

정답

13. ○ **14.** ○

 대표 기출문제

01 행정행위의 취소와 철회에 대한 설명으로 옳지 않은 것은? (다툼이 있는 경우 판례에 의함) 2021 지방직

① 과세관청은 과세처분의 취소를 다시 취소함으로써 이미 효력을 상실한 과세처분을 소생시킬 수 있다.

② 행정청은 적법한 처분이 중대한 공익을 위하여 필요한 경우에는 그 처분을 장래를 향하여 철회할 수 있다.

③ 수익적 행정행위의 철회는 특별한 다른 규정이 없는 한 「행정절차법」상의 절차에 따라 행해져야 한다.

④ 처분청은 처분의 성립에 하자가 있는 경우 별도의 법적 근거가 없더라도 직권으로 이를 취소할 수 있다.

01
① 과세관청은 부과의 취소를 다시 취소함으로써 원부과처분을 소생시킬 수는 없고 납세의무자에게 종전의 과세대상에 대한 납부의무를 지우려면 다시 법률에서 정한 부과절차에 좇아 동일한 내용의 새로운 처분을 하는 수밖에 없다. 대법원 1995. 3. 10. 선고 94누7027 판결

정답 **01.** ①

02

① 행정기본법 제18조 【위법 또는 부당한 처분의 취소】 ① 행정청은 위법 또는 부당한 처분의 전부나 일부를 소급하여 취소할 수 있다. 다만, 당사자의 신뢰를 보호할 가치가 있는 등 정당한 사유가 있는 경우에는 장래를 향하여 취소할 수 있다.

행정기본법 제19조 【적법한 처분의 철회】 ① 행정청은 적법한 처분이 다음 각 호의 어느 하나에 해당하는 경우에는 그 처분의 전부 또는 일부를 장래를 향하여 철회할 수 있다.

행정처분을 한 처분청은 그 처분의 성립에 하자가 있는 경우 이를 취소할 별도의 법적 근거가 없다고 하더라도 직권으로 이를 취소할 수 있다. 대법원 2002. 5. 28. 선고 2001두9653 판결

행정행위를 한 처분청은 그 처분 당시에 그 행정처분에 별다른 하자가 없었고 또 그 처분 후에 이를 취소할 별도의 법적 근거가 없다 하더라도 원래의 처분을 그대로 존속시킬 필요가 없게 된 사정변경이 생겼거나 또는 중대한 공익상의 필요가 발생한 경우에는 별개의 행정행위로 이를 철회하거나 변경할 수 있다. 대법원 1992. 1. 17. 선고 91누3130 판결

정답 02. ①

---

02 행정행위의 취소와 철회에 대한 설명으로 옳지 않은 것은? **2023 국가직**

① 「행정기본법」은 직권취소나 철회의 일반적 근거규정을 두고 있고, 직권취소나 철회는 개별법률의 근거가 없어도 가능하다.

② 행정행위의 철회 사유는 행정행위가 성립되기 이전에 발생한 것으로서 행정행위의 효력을 존속시킬 수 없는 사유를 말한다.

③ 수익적 처분이 상대방의 허위 기타 부정한 방법으로 인하여 행하여졌다면 상대방은 그 처분이 그와 같은 사유로 인하여 취소될 것임을 예상할 수 있으므로, 이러한 경우까지 상대방의 신뢰를 보호하여야 하는 것은 아니다.

④ 수익적 행정처분을 직권취소할 때에는 이를 취소하여야 할 중대한 공익상 필요와 취소로 인하여 처분상대방이 입게 될 기득권과 법적 안정성에 대한 침해 정도 등 불이익을 비교·교량한 후 공익상 필요가 처분상대방이 입을 불이익을 정당화할 만큼 강한 경우에 한하여 취소할 수 있다.

Theme 16 행정계획

1 의의

- 행정주체가 행정목적 달성을 위해 세우는 장기적·종합적 계획
- **구속적 행정계획** : 국민 또는 행정기관에 대해 구속력○ ➡ **처분○**
- **비구속적 행정계획** : 국민 + 행정기관 내부에서도 구속력×(단순한 구상, 지침) ➡ 처분×

> 🏛 **판례**
>
> 1. <u>도시기본계획</u>은 도시의 기본적인 공간구조와 장기발전방향을 제시하는 종합계획으로서 그 계획에는 토지이용계획, 환경계획, 공원녹지계획 등 장래의 도시개발의 일반적인 방향이 제시되지만, 그 계획은 도시계획입안의 지침이 되는 것에 불과하여 <u>일반 국민에 대한 직접적인 구속력은 없는 것이다.</u> 대법원 2002. 10. 11. 선고 2000두8226 판결
> 2. <u>도시기본계획</u>은 도시의 장기적 개발방향과 미래상을 제시하는 도시계획 입안의 지침이 되는 장기적·종합적인 개발계획으로서 <u>행정청에 대한 직접적인 구속력은 없다.</u> 대법원 2007. 4. 12. 선고 2005두1893 판결

처분성○	처분성×
• 도시계획결정	• 도시기본계획
• 재건축조합의 사업시행계획 또는 관리처분계획	• 4대강 살리기 마스터플랜
• 개발제한구역지정	• 환지계획
• 환지예정지 지정	
• 환지처분	

2 행정계획의 절차

- 행정절차법상 일반적 규정×
- 절차의 하자 : 하자의 일반이론에 따라 해결(중대명백설)

> 🏛 **판례**
>
> 1. 도시계획의 결정·변경 등에 관한 <u>권한을 가진 행정청은 이미 도시계획이 결정·고시된 지역에 대하여도 다른 내용의 도시계획을 결정·고시할 수 있고, 이때에 후행 도시계획에 선행 도시계획과 서로 양립할 수 없는 내용이 포함되어 있다면, 특별한 사정이 없는 한 선행 도시계획은 후행 도시계획과 같은 내용으로 변경된다.</u>
> 후행 도시계획의 결정을 하는 행정청이 선행 도시계획의 결정·변경 등에 관한 <u>권한을 가지고 있지 아니한 경우에 선행 도시계획과 서로 양립할 수 없는 내용이 포함된</u>

후행 도시계획결정을 하는 것은 아무런 권한 없이 선행 도시계획결정을 폐지하고, 양립할 수 없는 새로운 내용이 포함된 후행 도시계획결정을 하는 것으로서, 선행 도시계획결정의 폐지 부분은 권한 없는 자에 의하여 행해진 것으로서 무효이다. 대법원 2000. 9. 8. 선고 99두11257 판결

2. 도시계획의 수립에 있어서 도시계획법 제16조의2 소정의 공청회를 열지 아니하고 공공용지의취득및손실보상에관한특례법 제8조 소정의 이주대책을 수립하지 아니하였더라도 이는 절차상의 위 법으로서 취소사유에 불과하다. 대법원 1990. 1. 23. 선고 87누947 판결

3. 구 도시계획법 제7조에 의하면 건설부장관은 도시계획구역 및 도시계획을 결정하거나 도시계획사업실시계획을 인가하는 등의 처분을 하였을 때에는 지체 없이 이를 고시하여야 한다고 규정되어 있는바, 도시계획의 공공성 및 권리침해적 성격과 위 법조의 규정취지 등에 비추어 볼 때 위 도시계획법은 "고시"를 도시계획구역, 도시계획결정 등의 효력발생요건으로 규정하였다고 풀이되므로, 건설부장관 또는 그의 권한의 일부를 위임받은 서울특별시장, 도지사 등 지방장관이 기안, 결재 등의 과정을 거쳐 정당하게 도시계획결정 등의 처분을 하였다고 하더라도 이를 관보에 게재하여 고시하지 아니한 이상 대외적으로는 아무런 효력도 발생하지 아니한다 할 것이다. 대법원 1985. 12. 10. 선고 85누186 판결

3 계획재량과 통제

- 계획재량 : 행정주체가 행정계획을 수립·변경함에 있어서 가지는 자유○
  ➡ 일반적인 (행정)재량에 비해 보다 광범위한 형성의 자유를 가짐.

판례

도시계획법 등 관계 법령에는 추상적인 행정목표와 절차만이 규정되어 있을 뿐 행정계획의 내용에 대하여는 별다른 규정을 두고 있지 아니하므로 행정주체는 구체적인 행정계획을 입안·결정함에 있어서 비교적 광범위한 형성의 자유를 가진다. 대법원 2000. 3. 23. 선고 98두2768 판결

- 형량명령 : 계획재량 행사 시 재량권 일탈·남용이 없도록 해야 한다는 원칙 (행정절차법 제40조의4)
  ➡ 형량의 불행사·흠결✕ + 형량의 비례성○(형량은 공익 상호, 공익과 사익, 사익 상호 간 모두 해야 함)

판례

행정주체는 구체적인 행정계획을 입안·결정함에 있어서 비교적 광범위한 형성의 자유를 가지는 것이지만, 행정주체가 가지는 이와 같은 형성의 자유는 무제한적인 것이 아니라 그 행정계획에 관련되는 자들의 이익을 공익과 사익 사이에서는 물론이고 공익 상호 간과 사익 상호간에도 정당하게 비교교량하여야 한다는 제한이 있으므로, 행정주체가 행정계획을 입안·결정함에 있어서 이익형량을 전혀 행하지 아니하거나 이익형량의 고려 대상에 마땅히 포함시켜야 할 사항을 누락한 경우 또는 이익형량을 하였으나 정당성과 객관성이 결여된 경우에는 그 행정계획결정은 형량에 하자가 있어 위법하게 된다. 대법원 2007. 4. 12. 선고 2005두1893 판결

4 권리구제

- 구속적 행정계획 등 처분성 인정되는 행정계획 ➡ 항고소송
- 비구속적 행정계획 ➡ 항고소송×

But 기본권에 영향 + 그대로 실시될 것이 예상 ➡ 헌법소원의 대상○(공권력의 행사○)

판례

1. 비구속적 행정계획안이나 행정지침이라도 국민의 기본권에 직접적으로 영향을 끼치고, 앞으로 법령의 뒷받침에 의하여 그대로 실시될 것이 틀림없을 것으로 예상될 수 있을 때에는, 공권력행위로서 예외적으로 헌법소원의 대상이 될 수 있다. 헌법재판소 2000. 6. 1. 선고 99헌마538 등 결정

2. 서울대학교의 "94학년도 대학입학고사 주요요강"은 사실상의 준비행위에 불과하고 행정심판이나 행정쟁송의 대상이 될 수 있는 행정처분이나 공권력의 행사는 될 수 없지만, 그대로 시행될 수 있을 것이, 그것을 제정하여 발표하게 된 경위에 비추어 틀림없을 것으로 예상되므로 이를 제정·발표한 행위는 헌법소원의 대상이 되는 헌법재판소법 제68조 제1항 소정의 공권력의 행사에 해당된다. 헌법재판소 1992. 10. 1. 선고 92헌마68,76 결정

5 계획보장 및 변경청구권

- 행정계획 수립 ➡ 국민은 계획을 신뢰하고 투자 조치 등 ➡ 계획 폐지·변경 시 불이익 발생

Q. 국민에게 행정계획의 존속 등을 청구할 수 있는 권리가 인정되는지?
- 판례

원칙 인정× ∵ 행정계획은 본질적으로 가변성○ + 계획폐지·변경의 필요(공익) > 국민의 신뢰이익(사익)

판례

도시계획법상 주민이 행정청에 대하여 도시계획 및 그 변경에 대하여 어떤 신청을 할 수 있다는 규정이 없고, 도시계획과 같이 장기성, 종합성이 요구되는 행정계획에 있어서 그 계획이 일단 확정된 후 어떤 사정의 변동이 있다 하여 지역주민에게 일일이 그 계획의 변경을 청구할 권리를 인정해 줄 수도 없는 것이므로 그 변경 거부행위를 항고소송의 대상이 되는 행정처분에 해당한다고 볼 수 없다. 대법원 1994. 1. 28. 선고 93누22029 판결

예외1 if 일정한 처분을 구하는 신청을 할 수 있는 법률상 지위에 있는 자의 계획변경 신청을 거부
- 실질적으로 당해 처분 자체를 거부하는 결과
- 계획변경신청 가능(단, 변경신청을 반드시 받아들여야 하는 것은 아님)

 판례

장래 일정한 기간 내에 관계 법령이 규정하는 시설 등을 갖추어 일정한 행정처분을 구하는 신청을 할 수 있는 법률상 지위에 있는 자의 국토이용계획변경신청을 거부하는 것이 실질적으로 당해 행정처분 자체를 거부하는 결과가 되는 경우에는 예외적으로 그 신청인에게 국토이용계획변경을 신청할 권리가 인정된다고 봄이 상당하므로, 이러한 신청에 대한 거부행위는 항고소송의 대상이 되는 행정처분에 해당한다. 대법원 2003. 9. 23. 선고 2001두10936 판결

예외2 개별법의 해석상 인정되는 경우

• 도시계획구역 내 토지소유자의 도시계획입안 요구권
• 문화재보호구역 내 토지소유자의 보호구역 지정해제 요구권
• 산업단지 내 토지소유자의 산업단지개발계획 변경요청권
• 도시관리계획구역 내 토지소유자의 도시계획입안 요구권

기출OX 확인

01 구 「도시계획법」상 도시기본계획은 일반 국민에 대한 직접적 구속력을 가진다.
14 국가 ( )

도시기본계획은 도시의 기본적인 공간구조와 장기발전방향을 제시하는 종합계획으로서 그 계획 에는 토지이용계획, 환경계획, 공원녹지계획 등 장래의 도시개발의 일반적인 방향이 제시되지만, 그 계획은 도시계획입안의 지침이 되는 것에 불과하여 일반 국민에 대한 직접적인 구속력은 없는 것이다. 대법원 2002. 10. 11. 선고 2000두8226 판결

02 구체적인 계획을 입안함에 있어 지침이 되거나 특정 사업의 기본방향을 제시하는 내용의 행정계획은 항고소송의 대상인 행정처분에 해당하지 않는다. **22 국가**
( )

03 도시계획의 결정·변경 등에 대한 권한행정청은 이미 도시계획이 결정·고시된 지역에 대하여도 다른 내용의 도시계획을 결정·고시할 수 있고, 이 때에 후행 도시계획에 선행 도시계획과 양립할 수 없는 내용이 포함되어 있다면 특별한 사정이 없는 한 선행 도시계획은 후행 도시계획과 같은 내용으로 변경된다. **21 국가**
( )

04 선행 도시계획의 결정·변경 등의 권한이 없는 행정청이 행한 선행 도시계획과 양립할 수 없는 새로운 내용의 후행 도시계획결정은 무효이다. **16 지방** ( )

정답
01. X 02. O 03. O 04. O

05 행정주체가 행정계획을 결정할 때 광범위한 형성의 자유가 인정되지 않는다.
17 교행　　　　　　　　　　　　　　　　　　　　　　　　　　　　　（　　）

> 도시계획법 등 관계 법령에는 추상적인 행정목표와 절차만이 규정되어 있을 뿐 행
> 정계획의 내용에 대하여는 별다른 규정을 두고 있지 아니하므로 행정주체는 구체
> 적인 행정계획을 입안·결정함에 있어서 비교적 광범위한 형성의 자유를 가진다.
> 대법원 2000. 3. 23. 선고 98두2768 판결

06 행정주체가 행정계획을 입안·결정함에 있어서 이익형량을 전혀 행하지 아니하거
나 이익형량의 고려 대상에 마땅히 포함시켜야 할 사항을 누락한 경우 또는 이익
형량을 하였으나 정당성과 객관성이 결여된 경우에는 그 행정계획결정은 형량에
하자가 있어 위법하게 된다. **16 사복**　　　　　　　　　　　　　　　　（　　）

07 비구속적 행정계획안이라도 국민의 기본권에 직접적으로 영향을 끼치고 앞으로
법령의 뒷받침에 의하여 그대로 실시될 것이 틀림없을 것으로 예상되는 경우에는
예외적으로 헌법소원의 대상이 될 수 있다. **16 지방**　　　　　　　　（　　）

08 구「국토이용관리법」상 국토이용계획이 확정된 후 일정한 사정의 변동이 있다면
지역주민에게 일반적으로 계획의 변경 또는 폐지를 청구할 권리가 있다. **14 국가**
　　　　　　　　　　　　　　　　　　　　　　　　　　　　　　　　　　（　　）

> 도시계획법상 주민이 행정청에 대하여 도시계획 및 그 변경에 대하여 어떤 신청을
> 할 수 있다는 규정이 없고, 도시계획과 같이 장기성, 종합성이 요구되는 행정계획
> 에 있어서 그 계획이 일단 확정된 후 어떤 사정의 변동이 있다 하여 지역주민에게
> 일일이 그 계획의 변경을 청구할 권리를 인정해 줄 수도 없는 것이므로 그 변경
> 거부행위를 항고소송의 대상이 되는 행정처분에 해당한다고 볼 수 없다. 대법원
> 1994. 1. 28. 선고 93누22029 판결

09 국토이용계획변경신청을 거부하는 것이 실질적으로 당해 행정처분 자체를 거부하
는 결과가 되는 경우에 그 신청인은 국토이용계획변경을 신청할 권리가 있다.
14 국가　　　　　　　　　　　　　　　　　　　　　　　　　　　　（　　）

10 문화재보호구역 내의 토지소유자가 문화재보호구역의 지정해제를 신청하는 경우
에는 그 신청인에게 법규상 또는 조리상 행정계획 변경을 신청할 권리가 인정되지
않는다. **20 지방**　　　　　　　　　　　　　　　　　　　　　　　（　　）

> 문화재보호구역 내에 있는 토지소유자 등으로서는 위 보호구역의 지정해제를 요구
> 할 수 있는 법규상 또는 조리상의 신청권이 있다고 할 것이고, 이러한 신청에 대한
> 거부행위는 항고소송의 대상이 되는 행정처분에 해당한다. 대법원 2004. 4. 27. 선
> 고 2003두8821 판결

11 산업단지개발계획상 산업단지 안의 토지 소유자로서 산업단지개발계획에 적합한
시설을 설치하여 입주하려는 자는 산업단지지정권자 또는 그로부터 권한을 위임
받은 기관에 대하여 산업단지개발계획의 변경을 요청할 수 있는 법규상 또는 조리
상 신청권이 있다. **21 지방**　　　　　　　　　　　　　　　　　　　（　　）

정답
05. X **06.** O **07.** O **08.** X
09. O **10.** X **11.** O

대표 기출문제

01 행정계획에 대한 설명으로 옳지 않은 것은? (다툼이 있는 경우 판례에 의함)

2021 국가직

① 구 「도시계획법」상 도시기본계획은 도시의 기본적인 공간구조와 장기발전방향을 제시하는 종합계획으로서 도시계획입안의 지침이 되므로 일반 국민에 대한 직접적인 구속력은 없다.

② 장래 일정한 기간 내에 관계 법령이 규정하는 시설 등을 갖추어 일정한 행정처분을 구하는 신청을 할 수 있는 법률상 지위에 있는 자의 국토이용계획변경신청을 거부하는 것이 실질적으로 당해 행정처분 자체를 거부하는 결과가 되는 경우라도, 구 「국토이용관리법」상 주민이 국토이용계획의 변경에 대하여 신청을 할 수 있다는 규정이 없으므로 그 신청인에게 국토이용계획변경을 신청할 권리가 인정된다고 볼 수 없다.

③ 구속력 없는 행정계획안이나 행정지침이라도 국민의 기본권에 직접적으로 영향을 끼치고 법령의 뒷받침에 의하여 그대로 실시될 것이 틀림없을 것으로 예상되는 때에는 예외적으로 헌법소원의 대상이 된다.

④ 도시계획의 결정·변경 등에 대한 권한행정청은 이미 도시계획이 결정·고시된 지역에 대하여도 다른 내용의 도시계획을 결정·고시할 수 있고, 이 때에 후행 도시계획에 선행 도시계획과 양립할 수 없는 내용이 포함되어 있다면 특별한 사정이 없는 한 선행 도시계획은 후행 도시계획과 같은 내용으로 변경된다.

02 행정계획에 대한 설명으로 옳지 않은 것은? (다툼이 있는 경우 판례에 의함)

2021 지방직

① 도시계획구역 내 토지 등을 소유하고 있는 사람과 같이 당해 도시계획시설결정에 이해관계가 있는 주민은 도시시설계획의 입안권자 내지 결정권자에게 도시시설계획의 입안 내지 변경을 요구할 수 있는 법규상 또는 조리상의 신청권이 있다.

② 구 「국토이용관리법」상의 국토이용계획은 그 계획이 일단 확정된 후에 어떤 사정의 변동이 있다고 하여 지역주민이나 일반 이해관계인에게 일일이 그 계획의 변경을 신청할 권리를 인정하여 줄 수 없다.

③ 장래 일정한 기간 내에 관계 법령이 규정하는 시설 등을 갖추어 일정한 행정처분을 구하는 신청을 할 수 있는 법률상 지위에 있는 자의 국토이용계획변경신청을 거부하는 것이 실질적으로 당해 행정처분 자체를 거부하는 결과가 되는 경우에는 항고소송의 대상이 되는 처분에 해당한다.

④ 문화재보호구역 내의 토지소유자가 문화재보호구역의 지정해제를 신청하는 경우에는 그 신청인에게 법규상 또는 조리상 행정계획 변경을 신청할 권리가 인정되지 않는다.

Theme 17 공법상 계약

1 의의

- 적어도 한쪽 당사자를 행정주체로 하는 공법적 효과를 발생시키는 것을 목적으로 하는 계약
- 공법상 계약 : 공법적 효과 ➡ 당사자소송
  사법상 계약 : 사법적 효과 ➡ 민사소송
- 공법상 계약 : 대등 당사자 ➡ 당사자소송
  처분(행정행위) : 행정청의 우월적 지위 ➡ 항고소송

📖 판례

공법상 당사자소송이란 행정청의 처분 등을 원인으로 하는 법률관계에 관한 소송 그 밖에 공법상의 법률관계에 관한 소송으로서 그 법률관계의 한쪽 당사자를 피고로 하는 소송을 말한다(행정소송법 제3조 제2호). 공법상 계약이란 공법적 효과의 발생을 목적으로 하여 대등한 당사자 사이의 의사표시의 합치로 성립하는 공법행위를 말한다. 공법상 계약의 한쪽 당사자가 다른 당사자를 상대로 효력을 다투거나 이행을 청구하는 소송은 공법상의 법률관계에 관한 분쟁이므로 분쟁의 실질이 공법상 권리 · 의무의 존부 · 범위에 관한 다툼이 아니라 손해배상액의 구체적인 산정방법 · 금액에 국한되는 등의 특별한 사정이 없는 한 공법상 당사자소송으로 제기하여야 한다. 대법원 2021. 2. 4. 선고 2019다277133 판결

2 공법상 계약의 적법요건

- 주체 : 정당한 권한 + 권한 범위 내
- 절차 : 행정절차법에 규정× + 행정절차법 적용× / 일반적으로 규율하는 법 없음.

📖 판례

계약직공무원에 관한 현행 법령의 규정에 비추어 볼 때, 계약직공무원 채용계약해지의 의사표시는 일반공무원에 대한 징계처분과는 달라서 항고소송의 대상이 되는 처분 등의 성격을 가진 것으로 인정되지 아니하고, 일정한 사유가 있을 때에 국가 또는 지방자치단체가 채용계약 관계의 한쪽 당사자로서 대등한 지위에서 행하는 의사표시로 취급되는 것으로 이해되므로, 이를 징계해고 등에서와 같이 그 징계사유에 한하여 효력 유무를 판단하여야 하거나, 행정처분과 같이 행정절차법에 의하여 근거와 이유를 제시하여야 하는 것은 아니다. 대법원 2002. 11. 26. 선고 2002두5948 판결

- 형식 : 계약서 작성 필수○(∵ 행정기본법 제27조)

> **행정기본법 제27조 【공법상 계약의 체결】** ① 행정청은 법령등을 위반하지 아니하는 범위에서 행정목적을 달성하기 위하여 필요한 경우에는 공법상 법률관계에 관한 계약을 체결할 수 있다. 이 경우 계약의 목적 및 내용을 명확하게 적은 계약서를 작성하여야 한다. ② 행정청은 공법상 계약의 상대방을 선정하고 계약 내용을 정할 때 공법상 계약의 공공성과 제3자의 이해관계를 고려하여야 한다.

- 내용 : 법률유보 적용×(∵ 대등 당사자 간 합의로 성립) / 법률우위 적용○ / 계약내용 형성의 폭넓은 재량

> **판례**
>
> 지방전문직공무원 채용계약에서 정한 채용기간이 만료한 경우 채용계약을 갱신하거나 채용기간을 연장할 것인지 여부는 지방자치단체장의 재량에 맡겨져 있는 것으로 보아야 할 것이다. 대법원 1993. 9. 14. 선고 92누4611 판결

3 공법상 계약으로 본 판례

> **주요 판례**
>
> 행정청이 자신과 상대방 사이의 법률관계를 일방적인 의사표시로 종료시켰다고 하더라도 곧바로 의사표시가 행정청으로서 공권력을 행사하여 행하는 행정처분이라고 단정할 수는 없고, (중략) 행정처분에 해당하는지 아니면 공법상 계약관계의 일방 당사자로서 대등한 지위에서 행하는 의사표시인지를 개별적으로 판단하여야 한다. 이러한 법리는 공법상 근무관계의 형성을 목적으로 하는 채용계약의 체결 과정에서 행정청의 일방적인 의사표시로 계약이 성립하지 아니하게 된 경우에도 마찬가지이다.

- 전문직 공무원인 공중보건의사의 채용계약해지
- 지방전문직공무원 채용계약해지
- 서울시립무용단 단원의 해촉
- 광주시립합창단 단원의 해촉
- 비교) 지방계약직공무원에 대한 징계처분 : 처분○
- 중소기업기술정보진흥원장의 갑 회사에 대한 정보화지원사업 지원협약의 해지 및 정부지원금 환수통보
- 민간투자사업의 실시협약
- 비교) 민간투자사업의 사업시행자지정처분 : 처분○

 기출OX확인

01 계약직공무원 채용계약해지의 의사표시는 일반공무원에 대한 징계처분과는 다르지만, 「행정절차법」의 처분절차에 의하여 근거와 이유를 제시하여야 한다. **18 국가** (   )

> 계약직공무원에 관한 현행 법령의 규정에 비추어 볼 때, 계약직공무원 채용계약해지의 의사표시는 일반공무원에 대한 징계처분과는 달라서 항고소송의 대상이 되는 처분 등의 성격을 가진 것으로 인정되지 아니하고, 일정한 사유가 있을 때에 국가 또는 지방자치단체가 채용계약 관계의 한쪽 당사자로서 대등한 지위에서 행하는 의사표시로 취급되는 것으로 이해되므로, 이를 징계해고 등에서와 같이 그 징계사유에 한하여 효력 유무를 판단하여야 하거나, 행정처분과 같이 행정절차법에 의하여 근거와 이유를 제시하여야 하는 것은 아니다. 대법원 2002. 11. 26. 선고 2002두5948 판결

02 다수설에 따르면 공법상 계약은 당사자의 자유로운 의사의 합치에 의하므로 원칙적으로 법률유보의 원칙이 적용되지 않는다고 본다. **17 국가** (   )

03 법률우위의 원칙은 공법상 계약에도 적용된다. **12 지방** (   )

04 지방전문직공무원 채용계약에서 정한 채용기간이 만료한 경우 채용계약을 갱신하거나 채용기간을 연장할 것인지 여부는 지방자치단체장의 재량에 맡겨져 있다. **15 지방** (   )

05 대법원은 구 「농어촌 등 보건의료를 위한 특별조치법」 및 관계법령에 따른 전문직공무원인 공중보건의사의 채용계약 해지의 의사표시는 일반공무원에 대한 징계처분과 같은 성격을 가지며, 따라서 항고소송의 대상이 된다고 본다. **17 국가** (   )

> 전문직공무원인 공중보건의사의 채용계약 해지의 의사표시는 일반공무원에 대한 징계처분과는 달라서 항고소송의 대상이 되는 처분 등의 성격을 가진 것으로 인정되지 아니하고, 일정한 사유가 있을 때에 관할 도지사가 채용계약 관계의 한쪽 당사자로서 대등한 지위에서 행하는 의사표시로 취급하고 있는 것으로 이해되므로, 공중보건의사 채용계약 해지의 의사표시에 대하여는 대등한 당사자간의 소송형식인 공법상의 당사자소송으로 그 의사표시의 무효확인을 청구할 수 있는 것이다. 대법원 1996. 5. 31. 선고 95누10617 판결

06 공법상 계약 해지의 의사표시에 대한 다툼은 공법상의 당사자소송으로 무효확인을 청구할 수 있다. **18 교행** (   )

정답
01. X 02. O 03. O 04. O
05. X 06. O

07 광주광역시문화예술회관장의 단원 위촉은 광주광역시문화예술회관장이 행정청으로서 공권력을 행사하여 행하는 행정처분에 해당한다. 12 지방 ( )

> 광주광역시문화예술회관장의 단원 위촉은 광주광역시문화예술회관장이 행정청으로서 공권력을 행사하여 행하는 행정처분이 아니라 공법상의 근무관계의 설정을 목적으로 하여 광주광역시와 단원이 되고자 하는 자 사이에 대등한 지위에서 의사가 합치되어 성립하는 공법상 근로계약에 해당한다고 보아야 할 것이므로, 광주광역시립합창단원으로서 위촉기간이 만료되는 자들의 재위촉 신청에 대하여 광주광역시문화예술회관장이 실기와 근무성적에 대한 평정을 실시하여 재위촉을 하지 아니한 것을 항고소송의 대상이 되는 불합격처분이라고 할 수는 없다. 대법원 2001. 12. 11. 선고 2001두7794 판결

08 서울특별시 시립무용단 단원의 해촉에 대하여는 공법상 당사자소송으로 그 무효확인을 구할 수 있다. 10 지방 ( )

09 채용계약상 특별한 약정이 없는 한 지방계약직공무원에 대하여 「지방공무원법」, 「지방공무원 징계 및 소청 규정」에 정한 징계절차에 의하지 않고서는 보수를 삭감할 수 없다. 15 지방 ( )

10 구 「중소기업 기술혁신 촉진법」상 중소기업 정보화지원사업의 일환으로 중소기업기술정보진흥원장이 甲 주식회사와 중소기업 정보화지원사업에 관한 협약을 체결한 후 甲 주식회사의 협약불이행으로 인해 사업실패가 초래된 경우, 중소기업기술진흥원장이 협약에 따라 甲에 대해 행한 협약의 해지 및 지급받은 정부지원금의 환수통보는 행정처분에 해당하지 않는다. 18 국가 ( )

11 행정청이 자신과 상대방 사이의 법률관계를 일방적인 의사표시로 종료시켰다고 하더라도 곧바로 그 의사표시가 행정청으로서 공권력을 행사하여 행하는 행정처분이라고 단정할 수는 없고, 관계 법령이 상대방의 법률관계에 관하여 구체적으로 어떻게 규정하고 있는지에 따라 개별적으로 판단하여야 한다. 21 국가 ( )

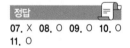
정답
07. X 08. ○ 09. ○ 10. ○
11. ○

 **대표 기출문제**

01 공법상 계약에 대한 설명으로 옳지 않은 것은? (다툼이 있는 경우 판례에 의함)

2021 국가직

① 행정청이 자신과 상대방 사이의 법률관계를 일방적인 의사표시로 종료시켰다고 하더라도 곧바로 그 의사표시가 행정청으로서 공권력을 행사하여 행하는 행정처분이라고 단정할 수는 없고, 관계 법령이 상대방의 법률관계에 관하여 구체적으로 어떻게 규정하고 있는지에 따라 개별적으로 판단하여야 한다.

② 채용계약상 특별한 약정이 없는 한, 지방계약직공무원에 대하여 「지방공무원법」, 「지방공무원 징계 및 소청 규정」에 정한 징계절차에 의하지 않고서는 보수를 삭감할 수 없다.

③ 중소기업 정보화지원사업에 대한 지원금출연협약의 해지 및 환수통보는 공법상 계약에 따른 의사표시가 아니라 행정청이 우월한 지위에서 행하는 공권력의 행사로서 행정처분이다.

④ 계약직공무원 채용계약해지는 국가 또는 지방자치단체가 대등한 지위에서 행하는 의사표시로서 처분이 아니므로 「행정절차법」에 의하여 근거와 이유를 제시하여야 하는 것은 아니다.

02 공법상 계약에 대한 설명으로 옳지 않은 것은? (다툼이 있는 경우 판례에 의함)

2021 지방직

① 공중보건의사 채용계약 해지의 의사표시에 대하여는 공법상의 당사자소송으로 그 의사표시의 무효확인을 청구할 수 있다.

② 공법상 계약에는 법률우위의 원칙이 적용된다.

③ 계약직공무원 채용계약해지의 의사표시는 항고소송의 대상이 되는 처분 등의 성격을 가진 것으로 행정처분과 같이 「행정절차법」에 의하여 근거와 이유를 제시하여야 한다.

④ 행정청은 공법상 계약의 상대방을 선정하고 계약 내용을 정할 때 공법상 계약의 공공성과 제3자의 이해관계를 고려하여야 한다.

01
③ (중소기업기술정보진흥원장이 갑 주식회사와 중소기업정보화지원사업 지원대상인 사업의 지원에 관한 협약을 체결하였는데, 협약이 갑 회사에 책임이 있는 사업실패로 해지되었다는 이유로 협약에서 정한 대로 지급받은 정부지원금을 반환할 것을 통보한 사안에서) 협약의 해지 및 그에 따른 환수통보는 행정청이 우월한 지위에서 행하는 공권력의 행사로서 행정처분에 해당한다고 볼 수 없다. 대법원 2015. 8. 27. 선고 2015두41449 판결

02
③ 계약직공무원에 관한 현행 법령의 규정에 비추어 볼 때, 계약직공무원 채용계약해지의 의사표시는 일반공무원에 대한 징계처분과는 달라서 항고소송의 대상이 되는 처분 등의 성격을 가진 것으로 인정되지 아니하고, 일정한 사유가 있을 때에 국가 또는 지방자치단체가 채용계약 관계의 한쪽 당사자로서 대등한 지위에서 행하는 의사표시로 취급되는 것으로 이해되므로, 이를 징계해고 등에서와 같이 그 징계사유에 한하여 효력 유무를 판단하여야 하거나, 행정처분과 같이 행정절차법에 의하여 근거와 이유를 제시하여야 하는 것은 아니다. 대법원 2002. 11. 26. 선고 2002두5948 판결

정답 01. ③ 02. ③

사실행위와 행정지도

1 의의

- 법적 효과를 직접 발생× 사실상 결과 실현을 목적으로 하는 행위
- **권력적 사실행위**: 공권력성(강제성)○ ➡ 처분성○ : 항고소송○

• 피의자에 대한 수갑 및 포승 사용행위
• 교도소장이 수형자를 접견내용 녹음·
  녹화 및 접견 시 교도관 참여대상자로
  지정한 행위
• 단수 또는 단전처분
	• 교도소장의 수형자에 대한 이송행위
	• 수형자의 서신을 교도소장이 검열하는
	  행위

- **비권력적 사실행위**: 공권력성(강제성)× ➡ 처분성× : 항고소송×

2 행정지도

(1) 의의

- 행정기관이 국민에 대하여 일정한 행위를 하거나 하지 않도록 지도·권고·조언 등을 하는 행정작용
- 국민의 임의적 협력을 전제 + 비강제성 ➡ 비권력적 사실행위(처분성×)
  But 행정지도가 한계를 넘어 실질적 강제성 ➡ 권력적 사실행위(처분성○)
- 법률유보 원칙×(∵ 비권력성) / 법률우위 원칙○

(2) 행정지도의 내용(행정절차법 규정)

- 목적 달성에 필요한 최소한도에 그칠 것
- 상대방의 의사에 반하여 부당하게 강요되지 말 것
- 행정지도에 따르지 않은 것을 이유로 불이익한 조치하지 말 것
- 행정지도를 하는 자는 행정지도의 취지, 내용, 신분을 밝힐 것
- 비권력적 사실행위 ➡ 서면 필수× 구두 가능
  But 상대방의 서면 요구 ➡ 직무수행에 특별한 지장 없으면 서면 교부할 것
- 상대방은 행정지도의 방식·내용 등에 관해 의견제출 가능
- 다수를 대상으로 한 행정지도 : 공통사항을 공표할 것

(3) 위법한 행정지도를 따른 행위

- 위법한 행정지도에 따라 위법한 행위를 하게 된 국민을 처벌할 수 있는지?
- if 처벌× ➡ 위법한 행위 묵인하는 결과 ∴ 위법○(처벌○ 즉 위법성조각×)

⑷ 권리구제

- 항고소송 : 원칙×(∵ 처분성×) / 예외○(행정지도가 한계를 초월한 경우 ➡ 권력적 사실행위로서 처분성○)

판례

1. 세무당국이 소외 회사에 대하여 원고와의 주류거래를 일정기간 중지하여 줄 것을 요청한 행위는 권고 내지 협조를 요청하는 권고적 성격의 행위로서 소외 회사나 원고의 법률상의 지위에 직접적인 법률상의 변동을 가져오는 행정처분이라고 볼 수 없는 것이므로 항고소송의 대상이 될 수 없다. 대법원 1980. 10. 27. 선고 80누395 판결
2. 국가인권위원회의 성희롱결정과 이에 따른 시정조치의 권고는 불가분의 일체로 행하여지는 것인데 국가인권위원회의 이러한 결정과 시정조치의 권고는 성희롱 행위자로 결정된 자의 인격권에 영향을 미침과 동시에 공공기관의 장 또는 사용자에게 일정한 법률상의 의무를 부담시키는 것이므로 국가인권위원회의 성희롱결정 및 시정조치권고는 행정소송의 대상이 되는 행정처분에 해당한다고 보지 않을 수 없다. 대법원 2005. 7. 8. 선고 2005두487 판결

- 국가배상청구 : 가능(∵ 국가배상의 요건인 '직무집행행위'에 포함○)

판례

1. 국가배상법이 정한 배상청구의 요건인 '공무원의 직무'에는 권력적 작용만이 아니라 행정지도와 같은 비권력적 작용도 포함되며 단지 행정주체가 사경제주체로서 하는 활동만 제외된다. 대법원 1998. 7. 10. 선고 96다38971 판결
2. 행정지도가 강제성을 띠지 않은 비권력적 작용으로서 행정지도의 한계를 일탈하지 아니하였다면, 그로 인하여 상대방에게 어떤 손해가 발생하였다 하더라도 행정기관은 그에 대한 손해배상책임이 없다(즉 행정지도가 한계를 일탈한 경우 손해배상책임이 있음). 대법원 2008. 9. 25. 선고 2006다18228 판결

- 헌법소원 : 예외적 가능(한계를 초월한 경우 '공권력의 행사'에 해당○)

판례

교육인적자원부장관의 대학총장들에 대한 이 사건 **학칙시정요구**는 고등교육법 제6조 제2항, 동법시행령 제4조 제3항에 따른 것으로서 그 법적 성격은 대학총장의 임의적인 협력을 통하여 사실상의 효과를 발생시키는 행정지도의 일종이지만, 그에 따르지 않을 경우 일정한 불이익조치를 예정하고 있어 사실상 상대방에게 그에 따를 의무를 부과하는 것과 다를 바 없으므로 단순한 행정지도로서의 한계를 넘어 규제적·구속적 성격을 상당히 강하게 갖는 것으로서 헌법소원의 대상이 되는 공권력의 행사라고 볼 수 있다. 헌법재판소 2003. 6. 26. 선고 2002헌마337 전원재판부

 기출OX 확인

01 교도소장이 특정 수형자를 '접견내용 녹음·녹화 및 접견 시 교도관 참여대상자'로 지정한 행위는 수형자의 구체적 권리의무에 직접적 변동을 가져오는 행위로서 항고소송의 대상이 되는 행정처분에 해당한다. 16 국가 ( )

02 단수처분은 항고소송의 대상이 되는 행정처분에 해당한다. 11 사복 ( )

03 행정지도는 작용법적 근거가 필요하지 않으므로, 비례원칙과 평등원칙에 구속되지 않는다. 19 국가 ( )

04 행정지도는 상대방의 의사에 반하여 부당하게 강요하여서는 안 된다. 19 국가 ( )

05 행정기관은 행정지도에 따르지 아니하였다는 이유로 불이익한 조치를 할 수 있다. 17 교행 ( )

> **행정절차법 제48조 【행정지도의 원칙】** ② 행정기관은 행정지도의 상대방이 행정지도에 따르지 아니하였다는 것을 이유로 불이익한 조치를 하여서는 아니 된다.

06 행정지도가 말로 이루어지는 경우에 상대방이 행정지도의 취지 및 내용, 행정지도를 하는 자의 신분에 관한 사항을 적은 서면의 교부를 요구하면 그 행정지도를 하는 자는 직무 수행에 특별한 지장이 없으면 이를 교부하여야 한다. 17 국가 ( )

07 행정지도의 상대방은 행정지도의 내용에 동의하지 않는 경우 이를 따르지 않을 수 있으므로, 행정지도의 내용이나 방식에 대해 의견제출권을 갖지 않는다. 17 국가 ( )

> **행정절차법 제50조 【의견제출】** 행정지도의 상대방은 해당 행정지도의 방식·내용 등에 관하여 행정기관에 의견제출을 할 수 있다.

08 위법한 행정지도에 따라 행한 사인의 행위는 법령에 명시적으로 정함이 없는 한 위법성이 조각된다고 할 수 없다. 17 국가 ( )

09 지도, 권고, 조언 등의 행정지도는 법령의 근거를 요하고 항고소송의 대상이 된다. 22 국가 ( )

> 세무당국이 소외 회사에 대하여 원고와의 주류거래를 일정기간 중지하여 줄 것을 요청한 행위는 권고 내지 협조를 요청하는 권고적 성격의 행위로서 소외 회사나 원고의 법률상의 지위에 직접적인 법률상의 변동을 가져오는 행정처분이라고 볼 수 없는 것이므로 항고소송의 대상이 될 수 없다. 대법원 1980. 10. 27. 선고 80누395 판결

정답

01. O 02. O
03. X (행정지도는 비권력적 사실행위이므로 법률의 근거가 필요하지 않으나, 행정지도 또한 행정작용으로서 비례의 원칙 또는 평등의 원칙 등 행정법의 일반원칙을 준수하여야 한다.)
04. O 05. X 06. O 07. X
08. O 09. X

10 세무당국이 주류제조회사에 대하여 특정 업체와의 주류거래를 일정기간 중지하여 줄 것을 요청한 행위는 권고적 성격의 행위로서 행정처분이라고 볼 수 없다. 19 국가 ( )

11 행정지도가 강제성을 띠지 않은 비권력적 작용으로서 행정지도의 한계를 일탈하지 아니하였다면 그로 인하여 상대방에게 어떤 손해가 발생하였다 하더라도 행정기관은 그에 대한 손해배상책임이 없다. 15 지방 ( )

12 교육인적자원부장관의 대학총장들에 대한 학칙시정요구는 법령에 따른 것으로 행정지도의 일종이지만, 단순한 행정지도로서의 한계를 넘어 헌법소원의 대상이 되는 공권력의 행사라고 볼 수 있다. 19 국가 ( )

정답

10. ○ **11.** ○ **12.** ○

 대표 기출문제

행정지도에 대한 설명으로 옳지 않은 것은? (다툼이 있는 경우 판례에 의함)

2019 국가직

① 행정지도는 상대방의 의사에 반하여 부당하게 강요하여서는 안 된다.
② 행정지도는 작용법적 근거가 필요하지 않으므로, 비례원칙과 평등원칙에 구속되지 않는다.
③ 교육인적자원부장관의 대학총장들에 대한 학칙시정요구는 법령에 따른 것으로 행정지도의 일종이지만, 단순한 행정지도로서의 한계를 넘어 헌법소원의 대상이 되는 공권력의 행사라고 볼 수 있다.
④ 세무당국이 주류제조회사에 대하여 특정 업체와의 주류거래를 일정기간 중지하여 줄 것을 요청한 행위는 권고적 성격의 행위로서 행정처분이라고 볼 수 없다.

② 행정지도는 비권력적 사실행위이므로 법률의 근거가 필요하지 않으나, 행정지도 또한 행정작용으로서 비례의 원칙 또는 평등의 원칙 등 행정법의 일반원칙을 준수하여야 한다.

정답 ②

시작!
강성빈
행정법

PART

02

행정소송법

01 행정소송 및 항고소송 개관

1 행정구제 개관

(1) 권리구제의 시기에 따른 구분

- 사전적 권리구제 : 행정절차제도
- 사후적 권리구제 : 처분등의 취소 등 ➡ 항고소송, 행정심판
  기타 공법상 법률관계 ➡ 당사자소송
  손해전보 ➡ 국가배상, 손실보상

(2) 행정작용의 종류에 따른 구분

```
                 ┌ 공법형식 ┬ 권력적 ──┬ 처분○ : 항고소송, 행정심판
  국가의          │          │          └ 처분× : 헌법소원
  행정작용 ───────┤          └ 비권력적 ── 당사자소송
                 └ 사법형식 ── 민사소송
```

2 행정소송 개관

(1) 주관적 소송

- 개인의 권리구제 목적
- 처분등을 대상 : 항고소송
- 처분 외의 공법상 행정작용(공법상 계약 등)을 대상 : 당사자소송

(2) 객관적 소송

- 개인의 권리구제× 행정작용의 적법성 확보 목적
- 기관소송 : 국가 또는 공공단체의 기관 간 소송
- 민중소송 : 위법한 국가기관의 행위를 시정하기 위한 소송
  예 선거소송, 국민투표소송 등

(3) 민사소송법 등의 준용

- 행정소송법에 규정 없는 사항 ➡ 법원조직법, 민사소송법 및 민사집행법의 규정 준용

3 항고소송 개관

• 취소소송 : 위법한 처분 등을 취소 또는 변경(일부취소)하는 소송
• 무효등확인소송 : 처분 등의 효력 유무 또는 존재 여부를 확인하는 소송
• 부작위위법확인소송 : 처분의 부작위가 위법하다는 것을 확인하는 소송
• 의무이행소송 : 신청에 따른 일정한 처분을 해줄 것을 구하는 소송
  ➡ 인정×(∵ 규정×)
  cf 의무이행심판은 인정○(∵ 행정심판법 규정○)

 판례

> 현행 행정소송법상 행정청으로 하여금 일정한 행정처분을 하도록 명하는 이행판결을 구하는 소송이나 법원으로 하여금 행정청이 일정한 행정처분을 행한 것과 같은 효과가 있는 행정처분을 직접 행하도록 하는 형성판결을 구하는 소송은 허용되지 아니한다. 대법원 1997. 9. 30. 선고 97누3200 판결

• 예방적 금지소송 : 장래 생길 불이익을 대비하기 위해 사전에 일정한 처분을 하지 못하도록 금지를 구하는 소송
  ➡ 인정×(∵ 규정×) / 예방적 금지심판도×

판례

> 행정소송법상 행정청이 일정한 처분을 하지 못하도록 그 부작위를 구하는 청구는 허용되지 않는 부적법한 소송이다. 대법원 2006. 5. 25. 선고 2003두11988 판결

4 취소소송의 소송요건

• 법원의 재판 : 소송요건에 대한 판단 + 본안 판단
• 소송요건 : 본안 판단을 받기 위해 필요한 전제 요건
  if 소송요건× ➡ 부적법 각하
• 본안 판단 : 처분의 위법 여부 또는 효력 유무에 대한 판단
  ➡ 청구인용/기각

취소소송의 소송요건 - 대상적격

1 행정소송법 규정

> **행정소송법 제3조 【행정소송의 종류】** 행정소송은 다음의 네 가지로 구분한다.
>   1. 항고소송 : 행정청의 처분등이나 부작위에 대하여 제기하는 소송
>
> **행정소송법 제2조 【정의】** ① 이 법에서 사용하는 용어의 정의는 다음과 같다.
>   1. "처분등"이라 함은 행정청이 행하는 구체적 사실에 관한 법집행으로서의 공권력의 행사 또는 그 거부와 그 밖에 이에 준하는 행정작용 및 행정심판에 대한 재결을 말한다.

2 처분의 개념

(I) 판례의 태도

- 처분성 판단 : 추상적·일반적으로 결정× / 구체적 사건에 있어서 모든 사정 종합하여 개별적으로 결정
- 처분의 근거가 행정규칙에 규정 But 국민의 권리의무에 직접 영향 ➡ 처분○
- 처분에 법령상 근거가 있는지 여부 또는 처분 절차를 준수하였는지 여부
  ➡ 본안 판단의 대상○ / 소송요건의 고려대상×
- 처분인지 여부가 불분명한 경우 ➡ 상대방의 인식·예측가능성을 중요하게 고려하여 규범적으로 판단

> **판례**
>
> 1. 항고소송의 대상이 되는 행정처분이란 원칙적으로 행정청의 공법상 행위로서 특정 사항에 대하여 법규에 의한 권리 설정 또는 의무 부담을 명하거나 기타 법률상 효과를 발생하게 하는 등으로 일반 국민의 권리의무에 직접 영향을 미치는 행위를 가리키는 것이다. 행정청의 어떤 행위가 항고소송의 대상이 될 수 있는지는 추상적·일반적으로 결정할 수 없고, 구체적인 경우 행정처분은 행정청이 공권력 주체로서 행하는 구체적 사실에 관한 법집행으로서 국민의 권리의무에 직접적으로 영향을 미치는 행위라는 점을 염두에 두고, 관련 법령의 내용과 취지, 행위의 주체·내용·형식·절차, 그 행위와 상대방 등 이해관계인이 입는 불이익과의 실질적 견련성, 그리고 법치행정 원리와 당해 행위에 관련한 행정청 및 이해관계인의 태도 등을 참작하여 개별적으로 결정해야 한다. 대법원 2012. 9. 27. 선고 2010두3541 판결
> 2. 어떠한 처분의 근거가 행정규칙에 규정되어 있다고 하더라도, 그 처분이 상대방에게 권리의 설정 또는 의무의 부담을 명하거나 기타 법적인 효과를 발생하게 하는 등으로 그 상대방의 권리의무에 직접 영향을 미치는 행위라면, 이 경우에도 항고소송의 대상이 되는 행정처분에 해당한다. 대법원 2012. 9. 27. 선고 2010두3541 판결

3. 어떠한 처분에 법령상 근거가 있는지, 행정절차법에서 정한 처분절차를 준수하였는지는 본안에서 당해 처분이 적법한가를 판단하는 단계에서 고려할 요소이지, 소송요건 심사단계에서 고려할 요소가 아니다. 대법원 2020. 1. 16. 선고 2019다264700 판결
4. 행정청의 행위가 '처분'에 해당하는지가 불분명한 경우에는 그에 대한 불복방법 선택에 중대한 이해관계를 가지는 상대방의 인식가능성과 예측가능성을 중요하게 고려하여 규범적으로 판단하여야 한다. 대법원 2020. 4. 9. 선고 2019두61137 판결

(2) 행정청의 행위

• 행정청 : 행정의사의 내부적 결정 + 외부적 표시 권한○
• 권한의 위임·위탁 있는 경우 수임·수탁기관도 행정청이 될 수 있음.

🏛 판례

1. **지방의회의 의원징계의결**은 그로 인해 의원의 권리에 직접 법률효과를 미치는 **행정처분의 일종으로서 행정소송의 대상이 된다.** 대법원 1993. 11. 26. 선고 93누7341 판결
2. **지방의회 의장에 대한 불신임의결**은 의장으로서의 권한을 박탈하는 행정처분의 일종으로서 항고소송의 대상이 된다. 대법원 1994. 10. 11.자 94두23 결정
3. **지방의회의 의장선임의결**은 행정처분의 일종으로서 항고소송의 대상이 된다. 대법원 1995. 1. 12. 선고 94누2602 판결
4. 상대방의 권리를 제한하는 행위라 하더라도 행정청 또는 그 소속기관이나 권한을 위임받은 공공단체 등의 행위가 아닌 한 이를 행정처분이라고 할 수 없다. **한국마사회가 조교사 또는 기수의 면허를 부여하거나 취소하는 것**은 국가 기타 행정기관으로부터 위탁받은 행정권한의 행사가 아니라 일반 사법상의 법률관계에서 이루어지는 단체 내부에서의 징계 내지 제재처분이다. 대법원 2008. 1. 31. 선고 2005두8269 판결
5. **병역법상 신체등위판정**은 행정청이라고 볼 수 없는 군의관이 하도록 되어 있으며, 그 자체만으로 바로 병역법상의 권리의무가 정하여지는 것이 아니라(주 : 즉 처분성 없음) 그에 따라 지방병무청장이 병역처분을 함으로써 비로소 병역의무의 종류가 정하여지는 것(주 : 즉 처분성 있음)이므로 항고소송의 대상이 되는 행정처분이라 보기 어렵다. 대법원 1993. 8. 27. 선고 93누3356 판결

(3) 구체적 사실에 관한 행위

• 행정입법 : 처분×(∵ 일반적·추상적)
  But 처분적 법규명령 : 예외적으로 처분○
• 일반적·구체적 성격을 갖는 행위는 일반처분으로서 처분성○

🏛 판례

1. 어떠한 고시가 일반적·추상적 성격을 가질 때에는 법규명령 또는 행정규칙에 해당할 것이지만, 다른 집행행위의 매개 없이 그 자체로서 직접 국민의 구체적인 권리의무나 법률관계를 규율하는 성격을 가질 때에는 행정처분에 해당한다. **보건복지부 고시인 약제급여·비급여목록 및 급여상한금액표**는 다른 집행행위의 매개 없이 그 자체로서 국민건강보험가입자, 국민건강보험공단, 요양기관 등의 법률관계를 직접 규율하는 성격을 가지므로 항고소송의 대상이 되는 행정처분에 해당한다. 대법원 2006. 9. 22. 선고 2005두2506 판결

지방의회는 본래 의결기관에 불과할 뿐 외부적 표시 권한이 없으므로 행정청에 해당할 수 없으나, 지방의회 내부 사건에 있어서는 행정청의 지위를 가지게 됨.

2. 구 청소년보호법에 따른 <u>청소년유해매체물 결정 및 고시처분</u>은 당해 유해매체물의 소유자 등 특정인만을 대상으로 한 행정처분이 아니라 일반 불특정 다수인을 상대방으로 하여 일률적으로 표시의무, 포장의무, 청소년에 대한 판매·대여 등의 금지의무 등 각종 의무를 발생시키는 <u>행정처분</u>이다. 대법원 2007. 6. 14. 선고 2004두619 판결

(4) 법집행행위

- 국민의 권리의무에 직접 영향을 미치는 행위

🏛 **판례**

교육부장관이 내신성적 산정기준의 통일을 기하기 위해 대학입시기본계획의 내용에서 내신성적 산정기준에 관한 시행지침을 마련하여 시·도 교육감에게 통보한 것은 행정조직 내부에서 내신성적 평가에 관한 내부적 심사기준을 시달한 것에 불과하므로 <u>내신성적 산정지침을 항고소송의 대상이 되는 행정처분으로 볼 수 없다.</u> 대법원 1994. 9. 10. 선고 94두33 판결

(5) 공권력적 행위

- 공법상 계약 또는 행정지도와 같은 비권력적 사실행위 ➡ 처분×

3 거부처분

(1) 국민의 신청을 행정청이 거부하는 행위가 항고소송의 대상인 처분이 되기 위한 요건

- 처분의 신청
- 거부행위가 국민의 권리의무에 영향
- 신청인에게 법규상·조리상 신청권 있을 것

🏛 **판례**

국민의 적극적 행위 신청에 대하여 행정청이 그 신청에 따른 행위를 하지 않겠다고 거부한 행위가 항고소송의 대상이 되는 행정처분에 해당하는 것이라고 하려면, 그 <u>신청한 행위가 공권력의 행사 또는 이에 준하는 행정작용이어야 하고</u>, 그 <u>거부행위가 신청인의 법률관계에 어떤 변동을 일으키는</u> 것이어야 하며, 그 국민에게 그 행위발동을 요구할 <u>법규상 또는 조리상의 신청권</u>이 있어야 한다. 대법원 2007. 10. 11. 선고 2007두1316 판결

(2) 법규상·조리상 신청권에 대한 판단

- 구체적 사건에서 신청인이 누구인지 고려×(개별적·구체적 고려×)
  - ➡ 관련 법규의 해석을 통해 일반 국민에게 인정되는지 고려○(일반적·추상적 고려○)
- 단순한 응답을 받을 권리○ / 신청에 대한 인용의 결과를 받을 권리×
  (∵ 본안 판단의 영역)

> **판례**
>
> 거부처분의 처분성을 인정하기 위한 전제요건이 되는 <u>신청권의 존부는 구체적 사건에서
> 신청인이 누구인가를 고려하지 않고 관계 법규의 해석에 의하여 일반 국민에게 그러한
> 신청권을 인정하고 있는가를 살펴 추상적으로 결정되는 것</u>이고, 신청인이 그 신청에 따
> 른 단순한 응답을 받을 권리를 넘어서 신청의 인용이라는 만족적 결과를 얻을 권리를
> 의미하는 것은 아니므로, 국민이 어떤 신청을 한 경우에 그 신청의 근거가 된 조항의 해
> 석상 행정발동에 대한 개인의 신청권을 인정하고 있다고 보이면 그 거부행위는 항고소
> 송의 대상이 되는 처분으로 보아야 하고, 구체적으로 <u>그 신청이 인용될 수 있는가 하는
> 점은 본안에서 판단하여야 할 사항</u>이다. 대법원 2009. 9. 10. 선고 2007두20638 판결

(3) 구체적 판례

> **판례**
>
> 1. <u>기간제로 임용되어 임용기간이 만료된 국·공립대학의 조교수</u>는 교원으로서의 능력
>   과 자질에 관하여 합리적인 기준에 의한 공정한 심사를 받아 위 기준에 부합되면 특
>   별한 사정이 없는 한 재임용되리라는 기대를 가지고 <u>재임용 여부에 관하여 합리적인
>   기준에 의한 공정한 심사를 요구할 법규상 또는 조리상 신청권을 가진다</u>고 할 것이니,
>   <u>임용권자가 임용기간이 만료된 조교수에 대하여 재임용을 거부하는 취지로 한 임용
>   기간만료의 통지</u>는 위와 같은 대학교원의 법률관계에 영향을 주는 것으로서 <u>행정소
>   송의 대상이 되는 처분에 해당한다.</u> 대법원 2004. 4. 22. 선고 2000두7735 판결
> 2. (갑 등이 <u>인터넷 포털사이트 등의 개인정보 유출사고로 자신들의 주민등록번호 등
>   개인정보가 불법 유출되자 이를 이유로 관할 구청장에게 주민등록번호를 변경해 줄
>   것을 신청하였으나 구청장이 '주민등록번호가 불법 유출된 경우 주민등록법상 변경
>   이 허용되지 않는다'는 이유로 주민등록번호 변경을 거부하는 취지의 통지를 한 사안
>   에서) 피해자의 의사와 무관하게 주민등록번호가 유출된 경우에는 <u>조리상 주민등록
>   번호의 변경을 요구할 신청권을 인정함이 타당</u>하고, <u>구청장의 주민등록번호 변경신
>   청 거부행위는 항고소송의 대상이 되는 행정처분에 해당한다.</u> 대법원 2017. 6. 15.
>   선고 2013두2945 판결

4 유형별 검토

(I) 반복된 행위

* 동일한 내용의 침익적 처분 반복 ➡ 최초 처분 : 처분성○

　　　　　　　　　　　　　　　　　　　반복된 처분 : 처분성×

> **판례**
>
> 건물의 소유자에게 위법건축물을 일정기간까지 철거할 것을 명함과 아울러 불이행할 때
> 에는 대집행한다는 내용의 철거대집행 계고처분을 고지한 후 이에 불응하자 다시 제2차,
> 제3차 계고서를 발송하여 일정기간까지의 자진철거를 촉구하고 불이행하면 대집행을 한
> 다는 뜻을 고지하였다면 행정대집행법상의 건물철거의무는 제1차 철거명령 및 계고처분
> 으로서 발생하였고 <u>제2차, 제3차의 계고처분은 새로운 철거의무를 부과한 것이 아니고
> 다만 대집행기한의 연기통지에 불과하므로 행정처분이 아니다.</u> 대법원 1994. 10. 28. 선
> 고 94누5144 판결

• 동일한 내용의 신청에 대한 거부처분의 반복 : 반복된 거부처분마다 처분성○

> **판례**
>
> 수익적 행정행위 신청에 대한 거부처분은 당사자의 신청에 대하여 관할 행정청이 거절하는 의사를 대외적으로 명백히 표시함으로써 성립되고, 거부처분이 있은 후 당사자가 다시 신청을 한 경우에는 신청의 제목 여하에 불구하고 그 내용이 새로운 신청을 하는 취지라면 관할 행정청이 이를 다시 거절하는 것은 새로운 거부처분으로 봄이 원칙이다. 대법원 2019. 4. 3. 선고 2017두52764 판결

(2) 입찰참가자격제한

• 국가(지방)계약법에 따라 국가(지방자치단체)가 입찰방식에 의해 사인과 체결한 계약 : 사법상 계약

> **판례**
>
> 1. 국가를 당사자로 하는 계약에 관한 법률에 따라 국가가 당사자가 되는 이른바 공공계약은 사경제 주체로서 상대방과 대등한 위치에서 체결하는 사법상 계약으로서 본질적인 내용은 사인 간의 계약과 다를 바가 없으므로, 그에 관한 법령에 특별한 정함이 있는 경우를 제외하고는 사적 자치와 계약자유의 원칙 등 사법의 원리가 그대로 적용된다. 대법원 2012. 9. 20.자 2012마1097 판결
> 2. 예산회계법(현 국가를 당사자로 하는 계약에 관한 법률)에 따라 체결되는 계약은 사법상의 계약이라고 할 것이고 동법 제70조의5의 입찰보증금은 낙찰자의 계약체결의 무이행의 확보를 목적으로 하여 그 불이행시에 이를 국고에 귀속시켜 국가의 손해를 전보하는 사법상의 손해배상 예정으로서의 성질을 갖는 것이라고 할 것이므로 입찰보증금의 국고귀속조치는 국가가 사법상의 재산권의 주체로서 행위하는 것이지 공권력을 행사하는 것이거나 공권력작용과 일체성을 가진 것이 아니라 할 것이므로 이에 관한 분쟁은 행정소송이 아닌 민사소송의 대상이 될 수밖에 없다. 대법원 1983. 12. 27. 선고 81누366 판결

• But 국가(지방)계약법에 근거하여 국가(지방자치단체)가 행한 입찰참가자격제한 : 처분○

> **판례**
>
> 「국가를 당사자로 하는 계약에 관한 법률」에 근거하여 국가가 행한 입찰참가자격제한 조치를 공권력의 행사로 보아 처분성을 인정한 사례. 대법원 1996. 12. 20. 선고 96누14708 판결

(3) 변경처분① – 감액경정처분

예 과세처분(1,000만원) ➡ 경정처분(1,000만원 ➡ 500만원)

• 감액경정처분의 성질 : 당초처분의 일부취소
• 취소소송의 대상 : 당초처분✕ / 감액경정처분✕(∵ 수익적 처분 : 소의 이익✕) / 감액되어 변경된 당초처분○
  (위 예시의 경우, 500만원으로 변경된 1,000만원 처분)
• 제소기간 판단 : 당초처분 기준으로 판단

판례

행정청이 산업재해보상보험법에 의한 보험급여 수급자에 대하여 부당이득 징수결정을 한 후 징수결정의 하자를 이유로 징수금 액수를 감액하는 경우에 감액처분은 감액된 징수금 부분에 관해서만 법적 효과가 미치는 것으로서 당초 징수결정과 별개 독립의 징수금 결정처분이 아니라 그 실질은 처음 징수결정의 변경이고, 그에 의하여 징수금의 일부 취소라는 징수의무자에게 유리한 결과를 가져오는 처분이므로 징수의무자에게는 그 취소를 구할 소의 이익이 없다. 이에 따라 감액처분으로도 아직 취소되지 않고 남아 있는 부분이 위법하다 하여 다투고자 하는 경우, 감액처분을 항고소송의 대상으로 할 수는 없고, 당초 징수결정 중 감액처분에 의하여 취소되지 않고 남은 부분을 항고소송의 대상으로 할 수 있을 뿐이며, 그 결과 제소기간의 준수 여부도 감액처분이 아닌 당초 처분을 기준으로 판단해야 한다. 대법원 2012. 9. 27. 선고 2011두27247 판결

(4) 변경처분② - 증액경정처분

예 과세처분(500만원) ➡ 경정처분(500만원 ➡ 1,000만원)

- 증액경정처분의 성질 : 당초처분을 포함해 새로이 행한 전체 처분 ➡ 당초처분은 경정처분에 흡수되어 소멸
- 취소소송의 대상 : 당초처분×(∵ 흡수·소멸) / 증액경정처분○
- 제소기간 판단 : 증액경정처분 기준으로 판단
- even if 당초처분에 불가쟁력 발생 ➡ 증액경정처분에 대한 취소소송에서 당초처분의 위법사유 주장 가능

판례

증액경정처분이 있는 경우, 당초 신고나 결정은 증액경정처분에 흡수됨으로써 독립한 존재가치를 잃게 된다고 보아야 하므로, 원칙적으로는 당초 신고나 결정에 대한 불복기간의 경과 여부 등에 관계없이 증액경정처분만이 항고소송의 심판대상이 되고, 납세의무자는 그 항고소송에서 당초 신고나 결정에 대한 위법사유도 함께 주장할 수 있다. 대법원 2009. 5. 14. 선고 2006두17390 판결

(5) 특별한 불복절차의 존재

- 특정한 처분에 대해 항고소송이 아닌 고유한 불복절차 존재하는 경우 : 처분성×
  判) 과태료 처분, 범칙금 통고처분, 검사의 공소제기 또는 불기소처분, 형사소송법 상 처분결과 통지 및 공소불제기이유고지 ➡ 처분×

판례

1. 행정소송법 제2조의 처분의 개념 정의에는 해당한다고 하더라도 그 처분의 근거 법률에서 행정소송 이외의 다른 절차에 의하여 불복할 것을 예정하고 있는 처분은 항고소송의 대상이 될 수 없다. 검사의 불기소결정에 대해서는 검찰청법에 의한 항고와 재항고, 형사소송법에 의한 재정신청에 의해서만 불복할 수 있는 것이므로, 이에 대해서는 행정소송법상 항고소송을 제기할 수 없다. 대법원 2018. 9. 28. 선고 2017두47465 판결

2. 검사가 공소를 제기한 사건은 기본적으로 법원의 심리대상이 되고 피의자 및 피고인은 수사의 적법성 및 공소사실에 대하여 <u>형사소송절차를 통하여 불복할 수 있는 절차와 방법이 따로 마련되어 있으므로</u> 검사의 공소에 대하여는 형사소송절차에 의하여서만 이를 다툴 수 있고 행정소송의 방법으로 공소의 취소를 구할 수는 없다. 대법원 2000. 3. 28. 선고 99두11264 판결

 기출OX 확인

01 어떠한 처분의 근거나 법적인 효과가 행정규칙에 규정되어 있다면, 그 처분이 행정규칙의 내부적 구속력에 의하여 상대방의 권리 의무에 직접 영향을 미치는 행위라도 항고소송의 대상이 되는 행정처분이라 볼 수 없다. **20 국가**　　　（　　）

> <u>어떠한 처분의 근거가 행정규칙에 규정되어 있다고 하더라도</u>, 그 처분이 상대방에게 권리의 설정 또는 의무의 부담을 명하거나 기타 법적인 효과를 발생하게 하는 등으로 그 <u>상대방의 권리의무에 직접 영향을 미치는 행위라면</u>, 이 경우에도 항고소송의 대상이 되는 <u>행정처분에 해당한다.</u> 대법원 2012. 9. 27. 선고 2010두3541 판결

02 어떠한 처분에 법령상 근거가 있는지, 「행정절차법」에서 정한 처분 절차를 준수하였는지는 소송요건 심사단계에서 고려하여야 한다. **23 국가**　　　（　　）

> 어떠한 처분에 법령상 근거가 있는지, 행정절차법에서 정한 처분절차를 준수하였는지는 본안에서 당해 처분이 적법한가를 판단하는 단계에서 고려할 요소이지, 소송요건 심사단계에서 고려할 요소가 아니다. 대법원 2020. 1. 16. 선고 2019다264700 판결

03 행정청의 행위가 '처분'에 해당하는지가 불분명한 경우에는 그에 대한 불복방법 선택에 중대한 이해관계를 가지는 상대방의 인식가능성과 예측가능성을 중요하게 고려하여 규범적으로 판단하여야 한다. **23 국가**　　　（　　）

04 고시가 집행행위의 매개없이 그 자체로서 직접 국민의 구체적인 권리·의무나 법률관계를 규율하는 성격을 가질 때에는 항고소송의 대상인 행정처분에 해당한다. **22 국가**　　　（　　）

05 「병역법」상 신체등위 판정은 행정청이라고 볼 수 없는 군의관이 하도록 되어 있으며, 그 자체만으로 권리의무가 정하여지는 것이 아니라 그에 따라 지방병무청장이 병역처분을 함으로써 비로소 병역의무의 종류가 정하여지는 것이므로 항고소송의 대상이 되는 행정처분이라 보기 어렵다. **13 국가**　　　（　　）

정답
01. X　02. X　03. O　04. O
05. O

PART 02

06 거부처분의 처분성을 인정하기 위한 전제 요건이 되는 신청권은 신청인이 그 신청에 따른 단순한 응답을 받을 권리를 넘어서 신청의 인용이라는 만족적 결과를 얻을 권리를 의미한다. 21 지방 ( )

> 거부처분의 처분성을 인정하기 위한 전제요건이 되는 신청권의 존부는 구체적 사건에서 신청인이 누구인가를 고려하지 않고 관계 법규의 해석에 의하여 일반 국민에게 그러한 신청권을 인정하고 있는가를 살펴 추상적으로 결정되는 것이고, 신청인이 그 신청에 따른 단순한 응답을 받을 권리를 넘어서 신청의 인용이라는 만족적 결과를 얻을 권리를 의미하는 것은 아니므로, 국민이 어떤 신청을 한 경우에 그 신청의 근거가 된 조항의 해석상 행정발동에 대한 개인의 신청권을 인정하고 있다고 보이면 그 거부행위는 항고소송의 대상이 되는 처분으로 보아야 하고, 구체적으로 그 신청이 인용될 수 있는가 하는 점은 본안에서 판단하여야 할 사항이다. 대법원 2009. 9. 10. 선고 2007두20638 판결

07 피해자의 의사와 무관하게 주민등록번호가 유출된 경우, 조리상 주민등록번호의 변경을 요구할 신청권을 인정함이 타당하다. 22 국가 ( )

08 인터넷 포털사이트의 개인정보 유출사고로 주민등록번호가 불법 유출되었음을 이유로 주민등록번호 변경신청을 하였으나 관할 구청장이 이를 거부한 경우, 그 거부행위는 처분에 해당하지 않는다. 19 국가 ( )

> (갑 등이 인터넷 포털사이트 등의 개인정보 유출사고로 자신들의 주민등록번호 등 개인정보가 불법 유출되자 이를 이유로 관할 구청장에게 주민등록번호를 변경해 줄 것을 신청하였으나 구청장이 '주민등록번호가 불법 유출된 경우 주민등록법상 변경이 허용되지 않는다'는 이유로 주민등록번호 변경을 거부하는 취지의 통지를 한 사안에서) 피해자의 의사와 무관하게 주민등록번호가 유출된 경우에는 조리상 주민등록번호의 변경을 요구할 신청권을 인정함이 타당하고, 구청장의 주민등록번호 변경신청 거부행위는 항고소송의 대상이 되는 행정처분에 해당한다. 대법원 2017. 6. 15. 선고 2013두2945 판결

09 영업자에 대한 행정제재처분에 대하여 행정심판위원회가 영업자에게 유리한 적극적 변경명령재결을 하고 이에 따라 처분청이 변경처분을 한 경우, 그 변경처분에 의해 유리하게 변경된 행정제재가 위법하다는 이유로 그 취소를 구하려면 변경된 내용의 당초처분을 취소소송의 대상으로 하여야 한다. 17 국가 ( )

10 검사의 불기소결정은 공권력의 행사에 포함되므로, 검사의 자의적인 수사에 의하여 불기소결정이 이루어진 경우 그 불기소결정은 처분에 해당한다. 19 국가 ( )

> 검사가 공소를 제기한 사건은 기본적으로 법원의 심리대상이 되고 피의자 및 피고인은 수사의 적법성 및 공소사실에 대하여 형사소송절차를 통하여 불복할 수 있는 절차와 방법이 따로 마련되어 있으므로 검사의 공소에 대하여는 형사소송절차에 의하여서만 이를 다툴 수 있고 행정소송의 방법으로 공소의 취소를 구할 수는 없다. 대법원 2000. 3. 28. 선고 99두11264 판결

정답
06. X 07. O 08. X 09. O
10. X

대표 기출문제

항고소송의 대상에 대한 설명으로 옳지 않은 것은?
2023 국가직

① 어떠한 처분에 법령상 근거가 있는지, 「행정절차법」에서 정한 처분 절차를 준수하였는지는 소송요건 심사단계에서 고려하여야 한다.

② 병무청장이 「병역법」에 따라 병역의무 기피자의 인적사항 등을 인터넷 홈페이지에 게시하는 등의 방법으로 공개한 경우 병무청장의 공개결정은 항고소송의 대상이 되는 행정처분이다.

③ 국민건강보험공단이 행한 '직장가입자 자격상실 및 자격변동 안내' 통보는 가입자 자격의 변동 여부 및 시기를 확인하는 의미에서 한 사실상 통지행위에 불과할 뿐, 항고소송의 대상이 되는 행정처분에 해당하지 않는다.

④ 행정청의 행위가 '처분'에 해당하는지가 불분명한 경우에는 그에 대한 불복방법 선택에 중대한 이해관계를 가지는 상대방의 인식가능성과 예측가능성을 중요하게 고려하여 규범적으로 판단하여야 한다.

① 어떠한 처분에 법령상 근거가 있는지, 행정절차법에서 정한 처분절차를 준수하였는지는 본안에서 당해 처분이 적법한가를 판단하는 단계에서 고려할 요소이지, 소송요건 심사단계에서 고려할 요소가 아니다. 대법원 2020. 1. 16. 선고 2019다264700 판결

정답 ①

취소소송의 소송요건 - 원고적격

1 당사자능력

- 항고소송의 당사자 : 원고(처분의 취소 등을 구하는 자) + 피고(처분청)
- 당사자능력 : 당사자가 될 수 있는 소송법상 능력(민법상 권리능력) ➡ 자연인(사람), 법인
- **법인 아닌 사단·재단** : 대표자(관리인) 있는 경우 당사자능력○(즉, 자신의 이름으로 소송 가능)
- 행정주체 : 당사자능력○
- 행정청 : 피고적격○ / 그 외 : 원칙적으로 당사자능력(원고적격)×

2 원고적격

(1) 의의

- 본안판결을 받을 수 있는 자격(당사자적격)
- 행정소송법 제12조 1문. 취소소송은 처분 등의 취소를 구할 법률상 이익이 있는 자가 제기할 수 있다.

(2) '법률상 이익'의 의미

- 처분의 근거법규 및 관련법규에 의해 보호되는 개별적·직접적·구체적 이익(통설·판례인 법적 이익구제설)
- 법률상 이익 있는 경우 처분의 직접 상대방 아닌 제3자도 원고적격○

📖 판례

행정처분의 직접 상대방이 아닌 제3자라 하더라도 당해 행정처분으로 인하여 법률상 보호되는 이익을 침해당한 경우에는 그 처분의 무효확인을 구하는 행정소송을 제기하여 그 당부의 판단을 받을 자격이 있다 할 것이며, 여기에서 말하는 법률상 보호되는 이익이라 함은 당해 처분의 근거 법규 및 관련 법규에 의하여 보호되는 개별적·직접적·구체적 이익이 있는 경우를 말하고, 공익보호의 결과로 국민 일반이 공통적으로 가지는 일반적·간접적·추상적 이익이 생기는 경우에는 법률상 보호되는 이익이 있다고 할 수 없다. 대법원 2006. 3. 16. 선고 2006두330 판결

- 개별적 이익(사익보호성) : 처분의 근거법규 등이 특정한 사익보호를 목적
  ↔ 오로지 공익 보호만을 목적 : 반사적(사실상) 이익 ➡ 원고적격×
- 헌법상 기본권 : 자유권(=구체적 권리) 법률상 이익○ / 사회권(=추상적 권리) 법률상 이익×

판례

> 헌법 제35조 제1항에서 정하고 있는 환경권에 관한 규정만으로는 그 권리의 주체·대상·내용·행사방법 등이 구체적으로 정립되어 있다고 볼 수 없고, 환경정책기본법 제6조도 그 규정 내용 등에 비추어 국민에게 구체적인 권리를 부여한 것으로 볼 수 없으므로, 환경영향평가 대상지역 밖에 거주하는 주민에게 헌법상의 환경권 또는 환경정책기본법에 근거하여 공유수면매립면허처분과 농지개량사업 시행인가처분의 무효확인을 구할 원고적격이 없다. 대법원 2006. 3. 16. 선고 2006두330 판결

• 법인 또는 단체가 구성원의 법률상 이익 침해되었음을 이유로 취소소송 ➡ 원고적격×(반대의 경우도 동일)

판례

> (재단법인 甲 수녀원이, 매립목적을 택지조성에서 조선시설용지로 변경하는 내용의 공유수면매립목적 변경 승인처분으로 인하여 법률상 보호되는 환경상 이익을 침해받았다면서 행정청을 상대로 처분의 무효 확인을 구하는 소송을 제기한 사안에서), 공유수면매립목적 변경 승인처분으로 甲 수녀원에 소속된 수녀 등이 쾌적한 환경에서 생활할 수 있는 환경상 이익을 침해받는다고 하더라도 이를 가리켜 곧바로 甲 수녀원의 법률상 이익이 침해된다고 볼 수 없으므로, 甲 수녀원에는 처분의 무효확인을 구할 원고적격이 없다. 대법원 2012. 6. 28. 선고 2010두2005 판결

(3) 국가기관의 원고적격

• 원칙 : 부정(∵ 당사자능력× + 다른 불복절차 존재)
• 예외 : 처분을 다툴 방법의 부존재 + 항고소송을 통한 권리구제 가능 ➡ 원고적격 인정

판례

> 법령이 특정한 행정기관 등으로 하여금 다른 행정기관을 상대로 제재적 조치를 취할 수 있도록 하면서, 그에 따르지 않으면 그 행정기관에 대하여 과태료를 부과하거나 형사처벌을 할 수 있도록 정하는 경우가 있다. 이러한 경우에는 단순히 국가기관이나 행정기관의 내부적 문제라거나 권한 분장에 관한 분쟁으로만 볼 수 없다. 행정기관의 제재적 조치의 내용에 따라 '구체적 사실에 대한 법집행으로서 공권력의 행사'에 해당할 수 있고, 그러한 조치의 상대방인 행정기관이 입게 될 불이익도 명확하다. 기관소송 법정주의를 취하면서 제한적으로만 이를 인정하고 있는 현행 법령의 체계에 비추어 보면, 이 경우 항고소송을 통한 구제의 길을 열어주는 것이 법치국가 원리에도 부합한다. 따라서 이러한 권리구제나 권리보호의 필요성이 인정된다면 예외적으로 그 제재적 조치의 상대방인 행정기관 등에게 항고소송 원고로서의 당사자능력과 원고적격을 인정할 수 있다.
> (국민권익위원회가 소방청장에게 인사와 관련하여 부당한 지시를 한 사실이 인정된다며 이를 취소할 것을 요구하기로 의결하고 그 내용을 통지하자 소방청장이 국민권익위원회 조치요구의 취소를 구하는 소송을 제기한 사안에서) 처분성이 인정되는 국민권익위원회의 조치요구에 불복하고자 하는 소방청장으로서는 조치요구의 취소를 구하는 항고소송을 제기하는 것이 유효·적절한 수단으로 볼 수 있으므로 소방청장이 예외적으로 당사자능력과 원고적격을 가진다고 한 사례. 대법원 2018. 8. 1. 선고 2014두35379 판결

• 지방자치단체 : 공법인(행정주체) ➡ 원고적격○

🏛 **판례**

> **건축협의**의 실질은 지방자치단체 등에 대한 건축허가와 다르지 않으므로, 지방자치단체 등이 건축물을 건축하려는 경우 등에는 미리 건축물의 소재지를 관할하는 <u>허가권자인 지방자치단체의 장과 건축협의를 하지 않으면</u>, 지방자치단체라 하더라도 건축물을 건축할 수 없다. 그리고 구 지방자치법 등 관련 법령을 살펴보아도 지방자치단체의 장이 다른 지방자치단체를 상대로 한 건축협의 취소에 관하여 다툼이 있는 경우에 법적 분쟁을 실효적으로 해결할 구제수단을 찾기도 어렵다. 따라서 건축협의 취소는 상대방이 다른 지방자치단체 등 행정주체라 하더라도 '행정청이 행하는 구체적 사실에 관한 법집행으로서의 공권력 행사'로서 처분에 해당한다고 볼 수 있고, 지방자치단체인 원고가 이를 다툴 실효적 해결 수단이 없는 이상, <u>원고는 건축물 소재지 관할 허가권자인 지방자치단체의 장을 상대로 항고소송을 통해 건축협의 취소의 취소를 구할 수 있다.</u> 대법원 2014. 2. 27. 선고 2012두22980 판결

3 유형별 검토

(1) 처분의 상대방

• 침익적 처분 : 원고적격○
• 수익적 처분 : 법률상 이익 침해× ➡ 원고적격×

(2) 경업자 소송

• 경쟁관계에 있는 영업자에 대한 처분 등을 다른 영업자가 다투는 소송

> 예 기존업자 ➡ 새로이 허가 등을 받은 경쟁업자의 허가 등에 대한 취소소송 제기

• 기존업자 : 특허권자 ➡ 원고적격○
• 기존업자 : 허가권자

> 원칙 원고적격×
> 예외 업자들 사이 과당경쟁으로 인한 경영 불합리 방지 ➡ 원고적격○
> But 경업자에게 불리한 처분 ➡ 상대방에게 유리 ∴ 법률상 이익×

🏛 **판례**

> 일반적으로 면허나 인허가 등의 수익적 행정처분의 근거가 되는 <u>법률이 해당 업자들 사이의 과당경쟁으로 인한 경영의 불합리를 방지하는 것도 목적으로 하고 있는 경우</u>, 다른 업자에 대한 면허나 인허가 등의 수익적 행정처분에 대하여 미리 같은 종류의 면허나 인허가 등의 수익적 행정처분을 받아 영업을 하고 있는 <u>기존의 업자는 경업자에 대하여 이루어진 면허나 인허가 등 행정처분의 상대방이 아니라고 하더라도 당해 행정처분의 무효확인 또는 취소를 구할 이익이 있다.</u> 그러나 <u>경업자에 대한 행정처분이 경업자에게 불리한 내용이라면 그와 경쟁관계에 있는 기존의 업자에게는 특별한 사정이 없는 한 유리할 것이므로 기존의 업자가 그 행정처분의 무효확인 또는 취소를 구할 이익은 없다고 보아야 한다.</u> 대법원 2020. 4. 9. 선고 2019두49953 판결

(3) 경원자 소송

• 수인의 신청을 받아 일부에 대하여만 인·허가처분을 하는 경우, 인·허가를 받지 못한 자가 제기하는 소송

> **예** 지역 내 1개의 장소에 대해서만 시설물 설치 및 영업 허용

➡ 신청했으나 허가 받지 못한 자가 제기하는 소송

• 경원자에 대한 인·허가 : 상호 배타적 관계 ➡ 원고적격○

But 명백한 법적 장애로 인해 인·허가 신청에 대한 인용 가능성 없는 경우 : 법률상 이익×

🏛 판례

> 인·허가 등의 수익적 행정처분을 신청한 수인이 서로 경쟁관계에 있어서 일방에 대한 허가 등의 처분이 타방에 대한 불허가 등으로 귀결될 수밖에 없는 때(이른바 경원관계에 있는 경우로서 동일대상지역에 대한 공유수면매립면허나 도로점용허가 혹은 일정지역에 있어서의 영업허가 등에 관하여 거리제한규정이나 업소개수제한규정 등이 있는 경우를 그 예로 들 수 있다) 허가 등의 처분을 받지 못한 자는 비록 경원자에 대하여 이루어진 허가 등 처분의 상대방이 아니라 하더라도 당해 처분의 취소를 구할 당사자적격이 있다. 대법원 1992. 5. 8. 선고 91누13274 판결

(4) 인근주민소송(인인소송)

• 시설물 설치를 허가하는 처분에 대하여 시설의 인근주민이 제기하는 소송

> **예** 공장설립승인처분 ➡ 인근 주민이 환경상 이익 침해 등을 이유로 취소소송 제기

• 원고적격 : 일반 원칙에 따라 처분의 근거·관계법규의 해석 통해 법률상 이익의 존부 판단

🏛 판례

> 1. 수돗물을 공급받아 이를 마시거나 이용하는 주민들로서는 위 근거 법규 및 관련 법규가 환경상 이익의 침해를 받지 않은 채 깨끗한 수돗물을 마시거나 이용할 수 있는 자신들의 생활환경상의 개별적 이익을 직접적·구체적으로 보호하고 있음을 증명하여 원고적격을 인정받을 수 있다. (김해시장이 낙동강에 합류하는 하천수 주변의 토지에 구 산업집적활성화 및 공장설립에 관한 법률 제13조에 따라 공장설립을 승인하는 처분을 한 사안에서) 공장설립으로 수질오염 등이 발생할 우려가 있는 취수장에서 물을 공급받는 부산광역시 또는 양산시에 거주하는 주민들도 위 처분의 근거 법규 및 관련 법규에 의하여 법률상 보호되는 이익이 침해되거나 침해될 우려가 있는 주민으로서 원고적격이 인정된다. 대법원 2010. 4. 15. 선고 2007두16127 판결
> 2. 상수원보호구역 설정의 근거가 되는 수도법 제5조 제1항 및 동 시행령 제7조 제1항이 보호하고자 하는 것은 상수원의 확보와 수질보전일 뿐이고, 그 상수원에서 급수를 받고 있는 지역주민들이 가지는 상수원의 오염을 막아 양질의 급수를 받을 이익은 직접적이고 구체적으로는 보호하고 있지 않음이 명백하여 위 지역주민들이 가지는 이익은 상수원의 확보와 수질보호라는 공공의 이익이 달성됨에 따라 반사적으로 얻게 되는 이익에 불과하므로 지역주민들에 불과한 원고들에게는 위 상수원보호구역 변경처분의 취소를 구할 법률상 이익이 없다. 대법원 1995. 9. 26. 선고 94누14544 판결

- 환경영향평가법 : 환경영향평가 대상사업에 대한 처분의 근거·관계법률○
➡ 원고적격 판단기준○

환경영향평가 대상지역(영향권) 내 주민 : 환경상 이익 침해 추정○ ➡ 원고적격○

환경영향평가 대상지역(영향권) 밖 주민 : 환경상 이익 침해 추정✕ But 침해증명 ➡ 원고적격○

판례

1. 행정처분의 근거 법규 또는 관련 법규에 그 처분으로써 이루어지는 행위 등 사업으로 인하여 환경상 침해를 받으리라고 예상되는 영향권의 범위가 구체적으로 규정되어 있는 경우에는, 그 영향권 내의 주민들에 대하여는 당해 처분으로 인하여 직접적이고 중대한 환경피해를 입으리라고 예상할 수 있고, 이와 같은 환경상의 이익은 주민 개개인에 대하여 개별적으로 보호되는 직접적·구체적 이익으로서 그들에 대하여는 특단의 사정이 없는 한 환경상 이익에 대한 침해 또는 침해 우려가 있는 것으로 사실상 추정되어 법률상 보호되는 이익으로 인정됨으로써 원고적격이 인정된다. 대법원 2006. 12. 22. 선고 2006두14001 판결
2. 영향권 밖의 주민들은 당해 처분으로 인하여 그 처분 전과 비교하여 수인한도를 넘는 환경피해를 받거나 받을 우려가 있다는 자신의 환경상 이익에 대한 침해 또는 침해 우려가 있음을 증명하여야만 법률상 보호되는 이익으로 인정되어 원고적격이 인정된다. 대법원 2006. 12. 22. 선고 2006두14001 판결

기출OX확인

01 행정처분의 직접 상대방이 아닌 제3자라도 당해 행정처분의 취소를 구할 법률상의 이익이 있는 경우에는 원고적격이 인정된다. 11 국가 ( )

02 「환경정책기본법」 제6조의 규정 내용 등에 비추어 국민에게 구체적인 권리를 부여한 것으로 볼 수 없더라도 환경영향평가 대상지역 밖에 거주하는 주민에게 헌법상의 환경권 또는 「환경정책기본법」에 근거하여 공유수면매립면허처분과 농지개량사업 시행인가처분의 무효확인을 구할 원고적격이 있다. 17 지방 ( )

헌법 제35조 제1항에서 정하고 있는 환경권에 관한 규정만으로는 그 권리의 주체·대상·내용·행사방법 등이 구체적으로 정립되어 있다고 볼 수 없고, 환경정책기본법 제6조도 그 규정 내용 등에 비추어 국민에게 구체적인 권리를 부여한 것으로 볼 수 없으므로, 환경영향평가 대상지역 밖에 거주하는 주민에게 헌법상의 환경권 또는 환경정책기본법에 근거하여 공유수면매립면허처분과 농지개량사업 시행인가처분의 무효확인을 구할 원고적격이 없다. 대법원 2006. 3. 16. 선고 2006두330 판결

정답
01. ○ 02. ✕

03 재단법인인 수녀원은 소속된 수녀 등이 쾌적한 환경에서 생활할 수 있는 환경상 이익을 침해받는다면 매립목적을 택지조성에서 조선시설용지로 변경하는 내용의 공유수면매립목적 변경 승인처분의 무효확인을 구할 원고적격이 있다. 16 지방 ( )

> (재단법인 甲 수녀원이, 매립목적을 택지조성에서 조선시설용지로 변경하는 내용의 공유수면매립목적 변경 승인처분으로 인하여 법률상 보호되는 환경상 이익을 침해받았다면서 행정청을 상대로 처분의 무효 확인을 구하는 소송을 제기한 사안에서), 공유수면매립목적 변경 승인처분으로 甲 수녀원에 소속된 수녀 등이 쾌적한 환경에서 생활할 수 있는 환경상 이익을 침해받는다고 하더라도 이를 가리켜 곧바로 甲 수녀원의 법률상 이익이 침해된다고 볼 수 없으므로, 甲 수녀원에는 처분의 무효확인을 구할 원고적격이 없다. 대법원 2012. 6. 28. 선고 2010두2005 판결

04 지방자치단체 등이 건축물을 건축하기 위해 건축물 소재지 관할 허가권자인 지방자치단체의 장과 건축협의를 하였는데 허가권자인 지방자치단체의 장이 그 협의를 취소한 경우, 건축협의 취소는 항고소송의 대상인 행정처분에 해당한다. 17 지방 ( )

05 허가를 받은 경업자에게는 원고적격이 인정되나, 특허사업의 경업자는 특별한 사정이 없는 한 원고적격이 부인된다. 15 국가 ( )

06 인·허가 등 수익적 처분을 신청한 여러 사람이 상호 경쟁관계에 있다면, 그 처분이 타방에 대한 불허가 등으로 될 수밖에 없는 때에도 수익적 처분을 받지 못한 사람은 처분의 직접 상대방이 아니므로 원칙적으로 당해 수익적 처분의 취소를 구할 수 없다. 17 지방 ( )

> 인·허가 등의 수익적 행정처분을 신청한 수인이 서로 경쟁관계에 있어서 일방에 대한 허가 등의 처분이 타방에 대한 불허가 등으로 귀결될 수밖에 없는 때(이른바 경원관계에 있는 경우로서 동일대상지역에 대한 공유수면매립면허나 도로점용허가 혹은 일정지역에 있어서의 영업허가 등에 관하여 거리제한규정이나 업소개수제한규정 등이 있는 경우를 그 예로 들 수 있다) 허가 등의 처분을 받지 못한 자는 비록 경원자에 대하여 이루어진 허가 등 처분의 상대방이 아니라 하더라도 당해 처분의 취소를 구할 당사자적격이 있다. 대법원 1992. 5. 8. 선고 91누13274 판결

07 상수원보호구역 설정의 근거가 되는 규정은 상수원의 확보와 수질보전일 뿐이고, 그 상수원에서 급수를 받고 있는 지역주민들이 가지는 이익은 상수원의 확보와 수질보호라는 공공의 이익이 달성됨에 따라 반사적으로 얻게 되는 이익에 불과하다. 17 국가 ( )

 대표 기출문제

판례상 항고소송의 원고적격이 인정되는 경우만을 모두 고르면? 21 국가직

ㄱ. 중국 국적자인 외국인이 사증발급 거부처분의 취소를 구하는 경우
ㄴ. 소방청장이 처분성이 인정되는 국민권익위원회의 조치요구에 불복하여 조치요구의 취소를 구하는 경우
ㄷ. 지방법무사회가 법무사의 사무원 채용승인 신청을 거부하여 사무원이 될 수 없게 된 자가 지방법무사회를 상대로 거부처분의 취소를 구하는 경우
ㄹ. 개발제한구역 중 일부 취락을 개발제한구역에서 해제하는 내용의 도시관리계획변경결정에 대하여 개발제한구역 해제대상에서 누락된 토지의 소유자가 위 결정의 취소를 구하는 경우

① ㄱ, ㄴ
② ㄴ, ㄷ
③ ㄷ, ㄹ
④ ㄱ, ㄷ, ㄹ

② ㄴ. (○) 처분성이 인정되는 국민권익위원회의 조치요구에 불복하고자 하는 소방청장으로서는 조치요구의 취소를 구하는 항고소송을 제기하는 것이 유효·적절한 수단으로 볼 수 있으므로 소방청장이 예외적으로 당사자능력과 원고적격을 가진다. 대법원 2018. 8. 1. 선고 2014두35379 판결

ㄷ. (○) 지방법무사회의 사무원 채용승인 거부처분 또는 채용승인 취소처분에 대해서는 처분 상대방인 법무사뿐만 아니라 그 때문에 사무원이 될 수 없게 된 사람도 이를 다툴 원고적격이 인정되어야 한다. 대법원 2020. 4. 9. 선고 2015다34444 판결

ㄱ. (×) 사증발급의 법적 성질, 출입국관리법의 입법 목적, 사증발급 신청인의 대한민국과의 실질적 관련성, 상호주의원칙 등을 고려하면, 우리 출입국관리법의 해석상 외국인에게는 사증발급 거부처분의 취소를 구할 법률상 이익이 인정되지 않는다. 대법원 2018. 5. 15. 선고 2014두42506 판결

ㄹ. (×) 개발제한구역 중 일부 취락을 개발제한구역에서 해제하는 내용의 도시관리계획변경결정에 대하여, 개발제한구역 해제대상에서 누락된 토지의 소유자는 위 결정의 취소를 구할 법률상 이익이 없다. 대법원 2008. 7. 10. 선고 2007두10242 판결

정답 ②

취소소송의 소송요건 - 협의의 소의 이익

1 의의

- 취소소송의 승소를 통해 얻을 수 있는 이익(권리보호의 이익)

행정소송법 제12조 【원고적격】
취소소송은 처분등의 취소를 구할 법률상 이익이 있는 자가 제기할 수 있다. 처분등의 효과가 기간의 경과, 처분등의 집행 그 밖의 사유로 인하여 소멸된 뒤에도 그 처분등의 취소로 인하여 <u>회복되는 법률상 이익</u>이 있는 자의 경우에는 또한 같다.

- 대상적격 + 원고적격○

  원칙 소의 이익 인정

  예외 처분의 효력 소멸, 원상회복 불가능, 권리침해상태의 해소, 다른 특별한 불복절차의 존재

  ➡ 소의 이익×

  But 이 경우에도 처분의 취소로 인하여 회복되는 '법률상 이익' 있는 경우, 소의 이익○

판례

행정처분을 다툴 소의 이익은 개별·구체적 사정을 고려하여 판단하여야 한다. 행정처분의 무효확인 또는 취소를 구하는 소가 제소 당시에는 소의 이익이 있어 적법하였더라도, <u>소송 계속 중 처분청이 다툼의 대상이 되는 행정처분을 직권으로 취소하면 그 처분은 효력을 상실하여 더 이상 존재하지 않는 것이므로, 존재하지 않는 처분을 대상으로 한 항고소송은 원칙적으로 소의 이익이 소멸하여 부적법하다고 보아야 한다.</u>
다만 처분청의 직권취소에도 완전한 원상회복이 이루어지지 않아 무효확인 또는 취소로써 회복할 수 있는 다른 권리나 이익이 남아 있거나 또는 동일한 소송 당사자 사이에서 그 행정처분과 동일한 사유로 위법한 처분이 반복될 위험성이 있어 행정처분의 위법성 확인 내지 불분명한 법률문제에 대한 해명이 필요한 경우 행정의 적법성 확보와 그에 대한 사법통제, 국민의 권리구제의 확대 등의 측면에서 <u>예외적으로 그 처분의 취소를 구할 소의 이익을 인정할 수 있다.</u> 대법원 2020. 4. 9. 선고 2019두49953 판결

2 유형별 검토

(1) 처분의 효력 소멸

• 소의 이익을 부정한 사례

🏛 **판례**

1. 행정처분이 취소되면 그 처분은 효력을 상실하여 더 이상 존재하지 않는 것이고, 존재하지 않는 행정처분을 대상으로 한 취소소송은 소의 이익이 없어 부적법하다. 대법원 2010. 4. 29. 선고 2009두16879 판결

2. 행정처분에 그 효력기간이 정하여져 있는 경우, 그 처분의 효력 또는 집행이 정지된 바 없다면 위 기간의 경과로 그 행정처분의 효력은 상실되므로 그 기간 경과 후에는 그 처분이 외형상 잔존함으로 인하여 어떠한 법률상 이익이 침해되고 있다고 볼 만한 별다른 사정이 없는 한 그 처분의 취소를 구할 법률상의 이익이 없다. 대법원 2002. 7. 26. 선고 2000두7254 판결

• 소의 이익을 인정한 사례

🏛 **판례**

〈제재적 처분의 전력이 장래처분의 전제 또는 가중요건인 경우〉

제재적 행정처분이 그 처분에서 정한 제재기간의 경과로 인하여 그 효과가 소멸되었으나, 부령인 시행규칙 또는 지방자치단체의 규칙의 형식으로 정한 처분기준에서 제재적 행정처분(이하 '선행처분'이라고 한다)을 받은 것을 가중사유나 전제요건으로 삼아 장래의 제재적 행정처분(이하 '후행처분'이라고 한다)을 하도록 정하고 있는 경우, 제재적 행정처분의 가중사유나 전제요건에 관한 규정이 법령이 아니라 규칙의 형식으로 되어 있다고 하더라도, 그러한 규칙이 법령에 근거를 두고 있는 이상 그 법적 성질이 대외적·일반적 구속력을 갖는 법규명령인지 여부와는 상관없이, 관할 행정청이나 담당공무원은 이를 준수할 의무가 있으므로 이들이 그 규칙에 정해진 바에 따라 행정작용을 할 것이 당연히 예견되고, 그 결과 행정작용의 상대인 국민으로서는 그 규칙의 영향을 받을 수밖에 없다. 따라서 그러한 규칙이 정한 바에 따라 선행처분을 받은 상대방이 그 처분의 존재로 인하여 장래에 받을 불이익, 즉 후행처분의 위험은 구체적이고 현실적인 것이므로, 상대방에게는 선행처분의 취소소송을 통하여 그 불이익을 제거할 필요가 있다. 따라서 규칙이 정한 바에 따라 선행처분을 가중사유 또는 전제요건으로 하는 후행처분을 받을 우려가 현실적으로 존재하는 경우에는, 선행처분을 받은 상대방은 비록 그 처분에서 정한 제재기간이 경과하였다 하더라도 그 처분의 취소소송을 통하여 그러한 불이익을 제거할 권리보호의 필요성이 충분히 인정된다고 할 것이므로, 선행처분의 취소를 구할 법률상 이익이 있다. 대법원 2006. 6. 22. 선고 2003두1684 판결

〈위법한 처분이 반복될 가능성이 있는 경우〉

1. 동일한 소송 당사자 사이에서 동일한 사유로 위법한 처분이 반복될 위험성이 있어 행정처분의 위법성 확인 내지 불분명한 법률문제에 대한 해명이 필요하다고 판단되는 경우에는 행정의 적법성 확보와 그에 대한 사법통제, 국민의 권리구제의 확대 등의 측면에서 여전히 그 처분의 취소를 구할 법률상 이익이 있다. 대법원 2007. 7. 19. 선고 2006두19297 판결

2. (교도소장이 수형자 甲을 '접견내용 녹음·녹화 및 접견 시 교도관 참여대상자'로 지정한 사안에서) 비록 교도소장이 이 사건 제1심판결 선고 이후인 2013. 2. 12. 甲을 위 '접견내용 녹음·녹화 및 접견 시 교도관 참여대상자'에서 해제하기는 하였지만 앞으로도 甲에게 위와 같은 지정행위와 같은 포괄적 접견제한처분을 할 염려가 있으므로, 이 사건 소는 여전히 법률상 이익이 있다. 대법원 2014. 2. 13. 선고 2013두 20899 판결

(2) 원상회복의 불가능

• 소의 이익을 부정한 사례

🏛 **판례**

1. 비록 그 위법한 처분을 취소한다 하더라도 원상회복이 불가능한 경우에는 그 취소를 구할 이익이 없다. 따라서 건축허가가 건축법 소정의 이격거리를 두지 아니하고 건축물을 건축하도록 되어 있어 위법하다 하더라도 이미 건축공사가 완료되었다면 인접한 대지의 소유자로서는 위 건축허가처분의 취소를 구할 소의 이익이 없다. 대법원 1992. 4. 24. 선고 91누11131 판결

2. 대집행계고처분 취소소송의 변론종결 전에 대집행영장에 의한 통지절차를 거쳐 사실행위로서 대집행의 실행이 완료된 경우에는 행위가 위법한 것이라는 이유로 손해배상이나 원상회복 등을 청구하는 것은 별론으로 하고 처분의 취소를 구할 법률상 이익은 없다. 대법원 1993. 6. 8. 선고 93누6164 판결

3. 소음·진동배출시설에 대한 설치허가가 취소된 후 그 배출시설이 어떠한 경위로든 철거되어 다시 복구 등을 통하여 배출시설을 가동할 수 없는 상태라면 이는 배출시설 설치허가의 대상이 되지 아니하므로 외형상 설치허가취소행위가 잔존하고 있다고 하여도 특단의 사정이 없는 한 이제 와서 굳이 위 처분의 취소를 구할 법률상의 이익이 없고, 설령 원고가 이 사건 처분이 위법하다는 점에 대한 판결을 받아 피고에 대한 손해배상청구소송에서 이를 원용할 수 있다거나 위 배출시설을 다른 지역으로 이전하는 경우 행정상의 편의를 제공받을 수 있는 이익이 있다 하더라도, 그러한 이익은 사실적·경제적 이익에 불과하여 이 사건 처분의 취소를 구할 법률상 이익에 해당하지 않는다. 대법원 2002. 1. 11. 선고 2000두2457 판결

• 소의 이익을 인정한 사례

🏛 **판례**

1. (지방의회 의원에 대한 제명의결 취소소송 계속 중 의원의 임기가 만료된 사안에서) 제명의결의 취소로 의원의 지위를 회복할 수는 없다 하더라도 제명의결시부터 임기 만료일까지의 기간에 대한 월정수당의 지급을 구할 수 있는 등 여전히 그 제명의결의 취소를 구할 법률상 이익이 있다. 대법원 2009. 1. 30. 선고 2007두13487 판결

2. 공장등록이 취소된 후 그 공장시설물이 철거되었다 하더라도 대도시 안의 공장을 지방으로 이전할 경우 조세특례제한법상의 세액공제 및 소득세 등의 감면혜택이 있고, 공업배치 및 공장설립에 관한 법률상의 간이한 이전절차 및 우선 입주의 혜택이 있는 경우, 그 공장등록취소처분의 취소를 구할 법률상의 이익이 있다. 대법원 2002. 1. 11. 선고 2000두3306 판결

(3) 권리침해상태의 회복

• 소의 이익을 부정한 사례

🏛 판례

1. 처분 후의 사정에 의하여 권리와 이익의 침해 등이 해소된 경우에는 그 처분의 취소를 구할 소의 이익이 없다 할 것이고, 설령 그 처분이 위법함을 이유로 손해배상청구를 할 예정이라고 하더라도 달리 볼 것이 아니다. 공익근무요원 소집해제신청을 거부한 후에 원고가 계속하여 공익근무요원으로 복무함에 따라 복무기간 만료를 이유로 소집해제처분을 한 경우, 원고가 입게 되는 권리와 이익의 침해는 소집해제처분으로 해소되었으므로 위 거부처분의 취소를 구할 소의 이익이 없다. 대법원 2005. 5. 13. 선고 2004두4369 판결

2. 사법시험 제2차 시험에 관한 불합격처분 이후에 새로이 실시된 제2차 및 제3차 시험에 합격하였을 경우에는 더 이상 위 불합격처분의 취소를 구할 법률상 이익이 없다. 대법원 2007. 9. 21. 선고 2007두12057 판결

3. 현역병입영대상자로 병역처분을 받은 자가 그 취소소송 중 모병에 응하여 현역병으로 자진 입대한 경우, 그 처분의 위법을 다툴 실제적 효용 내지 이익이 없으므로 소의 이익이 없다. 대법원 1998. 9. 8. 선고 98두9165 판결

• 소의 이익을 인정한 사례

🏛 판례

1. 현역입영대상자로서는 현실적으로 입영을 하였다고 하더라도, 입영 이후의 법률관계에 영향을 미치고 있는 현역병입영통지처분 등을 한 관할지방병무청장을 상대로 위법을 주장하여 그 취소를 구할 소송상의 이익이 있다(주 : 자진 입대가 아니라 강제 징집된 사례). 대법원 2003. 12. 26. 선고 2003두1875 판결

2. 고등학교졸업이 대학입학자격이나 학력인정으로서의 의미밖에 없다고 할 수 없으므로 고등학교졸업학력검정고시에 합격하였다 하여 고등학교 학생으로서의 신분과 명예가 회복될 수 없는 것이니 퇴학처분을 받은 자로서는 퇴학처분의 위법을 주장하여 그 취소를 구할 소송상의 이익이 있다. 대법원 1992. 7. 14. 선고 91누4737 판결

(4) 다른 특별한 불복절차의 존재

🏛 판례

행정청이 한 처분 등의 취소를 구하는 소송은 처분에 의하여 발생한 위법 상태를 배제하여 원래 상태로 회복시키고 처분으로 침해된 권리나 이익을 구제하고자 하는 것이다. 따라서 해당 처분 등의 취소를 구하는 것보다 실효적이고 직접적인 구제수단이 있음에도 처분 등의 취소를 구하는 것은 특별한 사정이 없는 한 분쟁해결의 유효적절한 수단이라고 할 수 없어 법률상 이익이 있다고 할 수 없다. 대법원 2017. 10. 31. 선고 2015두45045 판결

기출OX 확인

01 행정처분의 취소를 구하는 소에서, 비록 행정처분의 위법을 이유로 취소판결을 받더라도 처분에 의하여 발생한 위법상태를 원상회복시키는 것이 불가능한 경우에는 원칙적으로 취소를 구할 법률상 이익이 없으므로, 수소법원은 소를 각하하여야 한다. 22 국가 ( )

02 처분등의 효과가 소멸된 뒤에도 그 처분등의 취소로 인하여 회복되는 법률상의 이익이 있는 자는 소를 제기할 수 있다. 10 지방 ( )

03 장래의 제재적 가중처분 기준을 대통령령이 아닌 부령의 형식으로 정한 경우에는 이미 제재기간이 경과한 제재적 처분의 취소를 구할 법률상 이익이 인정되지 않는다. 16 국가 ( )

> 제재적 행정처분의 가중사유나 전제요건에 관한 규정이 법령이 아니라 규칙의 형식으로 되어 있다고 하더라도, 그러한 규칙이 법령에 근거를 두고 있는 이상 그 법적 성질이 대외적·일반적 구속력을 갖는 법규명령인지 여부와는 상관없이, (중략) 비록 그 처분에서 정한 제재기간이 경과하였다 하더라도 그 처분의 취소소송을 통하여 그러한 불이익을 제거할 권리보호의 필요성이 충분히 인정된다고 할 것이므로, 선행처분의 취소를 구할 법률상 이익이 있다. 대법원 2006. 6. 22. 선고 2003두1684 판결

04 건축허가가 「건축법」에 따른 이격거리를 두지 아니하고 건축물을 건축하도록 되어 있어 위법하다 하더라도 건축이 완료되어 위법한 처분을 취소한다 하더라도 원상회복이 불가능한 경우에는 그 취소를 구할 법률상 이익이 없다. 16 국가 ( )

05 해임처분 취소소송 계속 중 임기가 만료되어 해임처분의 취소로 지위를 회복할 수는 없다고 할지라도, 그 취소로 해임처분일부터 임기만료일까지 기간에 대한 보수지급을 구할 수 있는 경우에는 해임처분의 취소를 구할 법률상 이익이 있으므로, 수소법원은 본안에 대하여 판단하여야 한다. 22 국가 ( )

06 지방의회 의원에 대한 제명의결 취소소송 계속 중 의원의 임기가 만료된 경우에도 여전히 제명의결의 취소를 구할 법률상 이익이 인정된다. 19 국가 ( )

07 공장등록이 취소된 후 그 공장시설물이 철거되었고 다시 복구를 통하여 공장을 운영할 수 없는 상태라 하더라도 대도시 안의 공장을 지방으로 이전할 경우 조세감면 및 우선입주 등의 혜택이 관계 법률에 보장되어 있다면, 공장등록취소처분의 취소를 구할 법률상 이익이 인정된다. 19 국가 ( )

정답
01. ○ 02. ○ 03. × 04. ○
05. ○ 06. ○ 07. ○

08 공익근무요원 소집해제신청을 거부한 후에 원고가 계속하여 공익근무요원으로 복무함에 따라 복무기간 만료를 이유로 소집해제처분을 한 경우, 원고는 거부처분의 취소를 구할 소의 이익이 있다. **21 지방** ( )

> 공익근무요원 소집해제신청을 거부한 후에 원고가 계속하여 공익근무요원으로 복무함에 따라 복무기간 만료를 이유로 소집해제처분을 한 경우, 원고가 입게 되는 권리와 이익의 침해는 소집해제처분으로 해소되었으므로 위 거부처분의 취소를 구할 소의 이익이 없다. 대법원 2005. 5. 13. 선고 2004두4369 판결

09 사법시험 제2차 시험 불합격처분 이후 새로 실시된 제2차 및 제3차 시험에 합격한 자는 불합격처분의 취소를 구할 협의의 소익이 없다. **15 국가** ( )

10 현역입영대상자가 현역병입영통지처분에 따라 현실적으로 입영을 한 후에는 처분의 집행이 종료되었고 입영으로 처분의 목적이 달성되어 실효되었으므로 입영통지처분을 다툴 법률상 이익이 인정되지 않는다. **19 국가** ( )

> 현역입영대상자로서는 현실적으로 입영을 하였다고 하더라도, 입영 이후의 법률관계에 영향을 미치고 있는 현역병입영통지처분 등을 한 관할지방병무청장을 상대로 위법을 주장하여 그 취소를 구할 소송상의 이익이 있다(주 : 자진 입대가 아니라 강제 징집된 사례). 대법원 2003. 12. 26. 선고 2003두1875 판결

11 고등학교졸업학력검정고시에 합격하였다 하더라도, 고등학교에서 퇴학처분을 받은 자는 퇴학처분의 취소를 구할 협의의 소익이 있다. **15 국가** ( )

정답

08. X 09. O 10. X 11. O

대표 기출문제

01 취소소송에서 협의의 소의 이익에 대한 설명으로 옳지 않은 것은? (다툼이 있는 경우 판례에 의함) 19 국가직

① 현역입영대상자가 현역병입영통지처분에 따라 현실적으로 입영을 한 후에는 처분의 집행이 종료되었고 입영으로 처분의 목적이 달성되어 실효되었으므로 입영통지처분을 다툴 법률상 이익이 인정되지 않는다.

② 가중요건이 법령에 규정되어 있는 경우, 업무정지처분을 받은 후 새로운 제재처분을 받음이 없이 법률이 정한 기간이 경과하여 실제로 가중된 제재처분을 받을 우려가 없어졌다면 특별한 사정이 없는 한 업무정지처분의 취소를 구할 법률상 이익이 인정되지 않는다.

③ 공장등록이 취소된 후 그 공장시설물이 철거되었고 다시 복구를 통하여 공장을 운영할 수 없는 상태라 하더라도 대도시 안의 공장을 지방으로 이전할 경우 조세감면 및 우선입주 등의 혜택이 관계법령에 보장되어 있다면, 공장등록취소처분의 취소를 구할 법률상 이익이 인정된다.

④ 지방의회 의원에 대한 제명의결 취소소송 계속 중 의원의 임기가 만료된 경우에도 여전히 제명의결의 취소를 구할 법률상 이익이 인정된다.

02 행정소송상 협의의 소익에 대한 설명으로 옳은 것만을 모두 고르면? (다툼이 있는 경우 판례에 의함) 21 지방직

ㄱ. 월정수당을 받는 지방의회 의원에 대한 제명의결 취소소송 계속 중 의원의 임기가 만료된 경우 지방의회 의원은 그 제명의결의 취소를 구할 법률상 이익이 있다.
ㄴ. 파면처분 취소소송의 사실심 변론종결 전에 금고 이상의 형을 선고받아 당연퇴직된 경우에도 해당 공무원은 파면처분의 취소를 구할 이익이 있다.
ㄷ. 공익근무요원 소집해제신청을 거부한 후에 원고가 계속하여 공익근무요원으로 복무함에 따라 복무기간 만료를 이유로 소집해제처분을 한 경우, 원고는 거부처분의 취소를 구할 소의 이익이 있다.

① ㄱ   ② ㄴ
③ ㄱ, ㄴ   ④ ㄴ, ㄷ

01
① 현역입영대상자로서는 현실적으로 입영을 하였다고 하더라도, 입영 이후의 법률관계에 영향을 미치고 있는 현역병입영통지처분 등을 한 관할지방병무청장을 상대로 위법을 주장하여 그 <u>취소를 구할 소송상의 이익이 있다.</u> 대법원 2003. 12. 26. 선고 2003두1875 판결

02
③ ㄱ. (○) 대법원 2009. 1. 30. 선고 2007두13487 판결
ㄴ. (○) 대법원 1985. 6. 25. 선고 85누39 판결
ㄷ. (×) 공익근무요원 소집해제신청을 거부한 후에 <u>원고가 계속하여 공익근무요원으로 복무함에 따라 복무기간 만료를 이유로 소집해제처분을 한 경우,</u> 원고가 입게 되는 권리와 이익의 침해는 소집해제처분으로 해소되었으므로 위 <u>거부처분의 취소를 구할 소의 이익이 없다.</u> 대법원 2005. 5. 13. 선고 2004두4369 판결

정답 01. ① 02. ③

취소소송의 소송요건 - 피고적격

1 의의

> **행정소송법 제13조 【피고적격】** ① 취소소송은 다른 법률에 특별한 규정이 없는 한 그 <u>처분등을 행한 행정청을 피고로 한다</u>. 다만, 처분등이 있은 뒤에 그 처분등에 관계되는 권한이 다른 행정청에 승계된 때에는 이를 승계한 행정청을 피고로 한다.

- 행정청 : 내부적으로 의사결정 + 외부적으로 표시할 수 있는 권한
- 정당한 권한 유무 불문 ➡ 실제로 처분을 행한 처분청이 행정청
- 조직법상 의미× 기능적 의미○ ➡ 권한의 위임·위탁 받은 행정기관, 공공단체 및 그 기관 또는 사인 포함

2 유형별 검토 : 피고적격을 갖는 자

(1) 처분청과 통지한 기관이 다른 경우 : 처분청

- 서훈취소결정이 처분권자인 대통령이 아닌 국가보훈처장에 의해 통지된 경우
  ➡ 대통령(처분권자)이 피고적격○(피고 잘못 지정 시, 석명권 행사 의무○)

🏛 **판례**

(국무회의에서 건국훈장 독립장이 수여된 망인에 대한 서훈취소를 의결하고 <u>대통령이 결재함으로써</u> 서훈취소가 결정된 후 <u>국가보훈처장이</u> 망인의 유족 甲에게 '독립유공자 <u>서훈취소결정 통보</u>'를 하자 甲이 <u>국가보훈처장을 상대로</u> 서훈취소결정의 무효 확인 등의 소를 제기한 사안에서) 甲이 서훈취소 <u>처분을 행한 행정청(대통령)</u>이 아니라 국가보훈처장을 상대로 제기한 위 소는 피고를 잘못 지정한 경우에 해당한다. 대법원 2014. 9. 26. 선고 2013두2518 판결

(2) 권한의 위임 등

- 권한의 위임·위탁 : 수임기관이 '수임기관의 명의'로 처분 ➡ 수임기관

🏛 **판례**

<u>성업공사가 체납압류된 재산을 공매하는 것은 세무서장의 공매권한 위임에 의한 것으로</u> 보아야 할 것이므로, 성업공사가 한 그 공매처분에 대한 취소 등의 항고소송을 제기함에 있어서는 <u>수임청으로서 실제로 공매를 행한 성업공사를 피고로</u> 하여야 하고, 위임청인 세무서장은 피고적격이 없다. 대법원 1997. 2. 28. 선고 96누1757 판결

• 내부위임 : 수임기관이 '위임기관의 명의'로 처분 ➡ 위임기관

But **수임기관이 자신의 명의(수임기관의 명의)로 처분(권한 없는 자의 처분으로 무효임)** ➡ 수임기관

🏛️ **판례**

> 행정처분의 취소 또는 무효확인을 구하는 행정소송은 다른 법률에 특별한 규정이 없는 한 그 처분을 행한 행정청을 피고로 하여야 하며, 행정처분을 행할 적법한 권한 있는 상급행정청으로부터 <u>내부위임</u>을 받은 데 불과한 하급행정청이 권한 없이 행정처분을 한 경우에도 실제로 그 처분을 행한 하급행정청을 피고로 하여야 할 것이지 그 처분을 행할 적법한 권한 있는 상급행정청을 피고로 할 것은 아니다. 대법원 1994. 8. 12. 선고 94누 2763 판결

• 권한의 대리 : 수임기관이 '대리관계를 표시하고 위임기관의 명의'로 처분
➡ 위임기관(피대리기관)

But 수임기관이 대리관계 표시함 없이 자신의 명의(수임기관의 명의)로 처분 ➡ 수임기관

But 대리의사○ + 상대방도 대리관계 인식 ➡ 위임기관

🏛️ **판례**

> 1. 항고소송은 다른 법률에 특별한 규정이 없는 한 원칙적으로 소송의 대상인 행정처분을 외부적으로 행한 행정청을 피고로 하여야 하고, 다만 <u>대리기관이 대리관계를 표시하고 피대리 행정청을 대리하여 행정처분을 한 때에는 피대리 행정청이 피고로 되어야 한다.</u> 대법원 2018. 10. 25. 선고 2018두43095 판결
> 2. 대리권을 수여받은 데 불과하여 그 자신의 명의로는 행정처분을 할 권한이 없는 행정청의 경우 대리관계를 밝힘이 없이 그 자신의 명의로 행정처분을 하였다면 그에 대하여는 처분명의자인 당해 행정청이 항고소송의 피고가 되어야 하는 것이 원칙이 지만, 비록 대리관계를 명시적으로 밝히지는 아니하였다 하더라도 처분명의자가 피 대리 행정청 산하의 행정기관으로서 실제로 피대리 행정청으로부터 대리권한을 수 여받아 피대리 행정청을 대리한다는 의사로 행정처분을 하였고 처분명의자는 물론 그 상대방도 그 행정처분이 피대리 행정청을 대리하여 한 것임을 알고서 이를 받아 들인 예외적인 경우에는 피대리 행정청이 피고가 되어야 한다. 대법원 2006. 2. 23. 자 2005부4 결정

⑶ **합의제 행정기관 : 합의제 행정청**

• 합의제 행정기관의
  〈예〉 토지수용위원회, 공정거래위원회, 감사원, 저작권심의조정위원회 등
  〈예외〉 중앙노동위원회 ➡ 중앙노동위원회 위원장(∵ 노동위원회법)

⑷ **지방자치단체 : 지방자치단체의 장(교육감)**

• 지방의회 : 〈원칙〉 ×(∵ 의결기관○ 표시기관×)
  〈예외〉 ○(지방의회 내부의 사건 : 징계의결, 불신임결의 등)

• 처분적 조례 : 지방의회× 지방자치단체의 장(교육감)○

판례

조례가 집행행위의 개입 없이도 그 자체로서 직접 국민의 구체적인 권리의무나 법적 이익에 영향을 미치는 등의 법률상 효과를 발생하는 경우 그 조례는 항고소송의 대상이 되는 행정처분에 해당하고, 이러한 조례에 대한 무효확인소송을 제기함에 있어서 행정소송법 제38조 제1항, 제13조에 의하여 피고적격이 있는 처분 등을 행한 행정청은, 행정주체인 지방자치단체 또는 지방자치단체의 내부적 의결기관으로서 지방자치단체의 의사를 외부에 표시한 권한이 없는 지방의회가 아니라, 구 지방자치법 제19조 제2항, 제92조에 의하여 지방자치단체의 집행기관으로서 조례로서의 효력을 발생시키는 공포권이 있는 지방자치단체의 장이다.
구 지방교육자치에관한법률 제14조 제5항, 제25조에 의하면 시·도의 교육·학예에 관한 사무의 집행기관은 시·도 교육감이고 시·도 교육감에게 지방교육에 관한 조례안의 공포권이 있다고 규정되어 있으므로, 교육에 관한 조례의 무효확인소송을 제기함에 있어서는 그 집행기관인 시·도 교육감을 피고로 하여야 한다. 대법원 1996. 9. 20. 선고 95누8003 판결

3 피고경정

- 항고소송 계속 중 피고를 변경하는 것
- 사실심 변론종결 시까지 허용
- 인정되는 경우 : 피고를 잘못 지정, 권한의 승계, 소의 변경
- 피고를 잘못 지정한 경우 : 바로 소 각하× 석명권 행사의무○

 판례

원고가 피고를 잘못 지정하였다면 법원으로서는 당연히 석명권을 행사하여 원고로 하여금 피고를 경정하게 하여 소송을 진행케 하였어야 할 것임에도 불구하고 이러한 조치를 취하지 아니한 채 피고의 지정이 잘못되었다는 이유로 소를 각하한 것이 위법하다. 대법원 2004. 7. 8. 선고 2002두7852 판결

기출OX 확인

01 취소소송에서 피고가 될 수 있는 행정청에는 대외적으로 의사를 표시할 수 있는 기관이 아니더라도 국가나 공공단체의 의사를 실질적으로 결정하는 기관이 포함된다. 20 국가 ( )

02 환경부장관의 권한을 위임받은 서울특별시장이 내린 처분에 대한 취소소송의 피고는 서울특별시장이다. 18 지방 ( )

03 상급행정청의 지시에 의해 하급행정청이 자신의 명의로 처분을 하였다면, 당해 처분에 대한 취소소송에서는 지시를 내린 상급행정청이 피고가 된다. 20 국가 ( )

04 내부위임을 받은 경찰서장의 권한 없는 자동차운전면허정지처분에 대한 항고소송의 피고는 지방경찰청장이다. 15 국가 ( )

05 대리기관이 대리관계를 표시하고 피대리 행정청을 대리하여 행정처분을 한 때에는 피대리 행정청이 피고로 되어야 한다. 19 지방 ( )

06 중앙노동위원회의 처분에 대한 항고소송의 피고는 중앙노동위원회 위원장이다. 15 국가 ( )

07 지방의회의 지방의회의원에 대한 징계의결에 대한 항고소송의 피고는 지방의회의 장이다. 15 국가 ( )

08 교육·학예에 관한 도의회의 조례에 대한 항고소송의 피고는 도의회이다. 15 국가 ( )

구 지방교육자치에관한법률 제14조 제5항, 제25조에 의하면 시·도의 교육·학예에 관한 사무의 집행기관은 시·도 교육감이고 시·도 교육감에게 지방교육에 관한 조례안의 공포권이 있다고 규정되어 있으므로, 교육에 관한 조례의 무효확인소송을 제기함에 있어서는 그 집행기관인 시·도 교육감을 피고로 하여야 한다. 대법원 1996. 9. 20. 선고 95누8003 판결

09 취소소송에서 원고가 처분청 아닌 행정관청을 피고로 잘못 지정한 경우, 법원은 석명권의 행사 없이 소송요건의 불비를 이유로 소를 각하할 수 있다. 20 국가 ( )

원고가 피고를 잘못 지정하였다면 법원으로서는 당연히 석명권을 행사하여 원고로 하여금 피고를 경정하게 하여 소송을 진행케 하였어야 할 것임에도 불구하고 이러한 조치를 취하지 아니한 채 피고의 지정이 잘못되었다는 이유로 소를 각하한 것이 위법하다. 대법원 2004. 7. 8. 선고 2002두7852 판결

정답

01. X (취소소송의 피고적격을 갖는 행정청은 행정주체의 의사를 내부적으로 결정하고 이를 외부적으로 표시할 수 있는 권한을 가진 행정기관만을 의미한다.)
02. ○
03. X (취소소송의 피고적격을 갖는 행정청은 정당한 권한을 가졌는지 여부를 불문하고 실제로 그의 이름으로 처분을 한 행정기관을 말하므로, 상급행정청의 지시에 의해 하급행정청이 자신의 명의로 처분을 하였다면 실제로 처분을 행한 하급행정청이 피고적격을 갖는다.)
04. X (내부위임이 있는 경우에 있어서, 수임기관이 위임기관이 아닌 자신의 이름으로 처분을 한 경우, (이러한 권한 행사는 위법하여 무효이지만) 피고적격을 갖는 행정청은 '실제로 처분을 한 행정기관'을 말하므로 이때는 수임기관(경찰서장)이 피고가 된다.)
05. ○ **06.** ○
07. X (지방의회는 그 의사를 외부적으로 표시할 수 있는 권한이 없는 의결기관에 불과하므로 원칙적으로 행정청이 될 수 없다. 다만, 지방의회의원에 대한 징계의결, 지방의회의장 선임의결이나 지방의회의장 불신임의결 등 지방의회 내부 사건에 있어서는 행정청인 지방자치단체장이 개입할 여지가 없으므로, 이 경우에는 그 의결을 행한 지방의회(지방의회 의장이 아님)가 행정청으로서 항고소송의 피고가 된다.)
08. X **09.** X

 **대표 기출문제**

「행정소송법」상 피고 및 피고의 경정에 대한 설명으로 옳은 것은? (다툼이 있는 경우 판례에 의함)   **2020 국가직**

① 취소소송에서 원고가 처분청 아닌 행정관청을 피고로 잘못 지정한 경우, 법원은 석명권의 행사 없이 소송요건의 불비를 이유로 소를 각하할 수 있다.

② 소의 종류의 변경에 따른 피고의 변경은 교환적 변경에 한 한다고 봄이 상당하므로 예비적 청구만이 있는 피고의 추가경정신청은 예외적 규정이 있는 경우를 제외하고는 원칙적으로 허용되지 않는다.

③ 상급행정청의 지시에 의해 하급행정청이 자신의 명의로 처분을 하였다면, 당해 처분에 대한 취소소송에서는 지시를 내린 상급행정청이 피고가 된다.

④ 취소소송에서 피고가 될 수 있는 행정청에는 대외적으로 의사를 표시할 수 있는 기관이 아니더라도 국가나 공공단체의 의사를 실질적으로 결정하는 기관이 포함된다.

② (○) 대법원 1989. 10. 27. 자 89두1 결정

① (×) 원고가 피고를 잘못 지정하였다면 법원으로서는 당연히 <u>석명권을 행사하여 원고로 하여금 피고를 경정하게 하여 소송을 진행케 하였어야 할 것임</u>에도 불구하고 <u>이러한 조치를 취하지 아니한 채 피고의 지정이 잘못되었다는 이유로 소를 각하한 것이 위법</u>하다. 대법원 2004. 7. 8. 선고 2002두7852 판결

③ (×) 취소소송의 피고적격을 갖는 행정청은 정당한 권한을 가졌는지 여부를 불문하고 실제로 그의 이름으로 처분을 한 행정기관을 말하므로, 상급행정청의 지시에 의해 하급행정청이 자신의 명의로 처분을 하였다면 실제로 처분을 행한 하급행정청이 피고적격을 갖는다.

④ (×) 취소소송의 피고적격을 갖는 행정청은 행정주체의 의사를 내부적으로 결정하고 이를 외부적으로 표시할 수 있는 권한을 가진 행정기관을 의미한다.

정답 ②

취소소송의 소송요건 - 제소기간

1 의의

• 처분의 상대방 등이 취소소송을 제기할 수 있는 기간
• 제소기간 도과 ➡ 불가쟁력 발생 But 처분청은 직권취소 가능

> **행정소송법 제20조 【제소기간】** ① 취소소송은 처분등이 있음을 안 날부터 90일 이내에 제기하여야 한다. 다만, 제18조제1항 단서에 규정한 경우와 그 밖에 행정심판청구를 할 수 있는 경우 또는 행정청이 행정심판청구를 할 수 있다고 잘못 알린 경우에 행정심판 청구가 있은 때의 기간은 재결서의 정본을 송달받은 날부터 기산한다.
> ② 취소소송은 처분등이 있은 날부터 1년(제1항 단서의 경우는 재결이 있은 날부터 1년)을 경과하면 이를 제기하지 못한다. 다만, 정당한 사유가 있는 때에는 그러하지 아니하다.
> ③ 제1항의 규정에 의한 기간은 불변기간으로 한다.

2 행정심판을 거치지 않은 경우

(1) 안 날로부터 90일

① 특정인에 대한 처분 : 송달
• 안 날 : 처분이 있음을 '현실적으로 안 날'
• 처분 통지의 도달 ➡ 안 것으로 추정

> **판례**
>
> 행정소송법 제20조 제1항이 정한 제소기간의 기산점인 '처분 등이 있음을 안 날'이란 통지, 공고 기타의 방법에 의하여 당해 처분 등이 있었다는 사실을 현실적으로 안 날을 의미하므로, 행정처분이 상대방에게 고지되어 상대방이 이러한 사실을 인식함으로써 행정처분이 있다는 사실을 현실적으로 알았을 때 행정소송법 제20조 제1항이 정한 제소기간이 진행한다고 보아야 하고, 처분서가 처분상대방의 주소지에 송달되는 등 사회통념상 처분이 있음을 처분상대방이 알 수 있는 상태에 놓인 때에는 반증이 없는 한 처분상대방이 처분이 있음을 알았다고 추정할 수 있다. 대법원 2017. 3. 9. 선고 2016두60577

• if 통지✕ ➡ 다른 경로로 알았다고 하더라도 제소기간 진행✕

> **판례**
>
> 처분이 甲에게 고지되어 처분이 있다는 사실을 현실적으로 알았을 때 행정소송법 제20조 제1항에서 정한 제소기간이 진행한다고 보아야 함에도, 甲이 통보서를 송달받기 전에 자신의 의무기록에 관한 정보공개를 청구하여 위 처분을 하는 내용의 통보서를 비롯한 일체의 서류를 교부받은 날부터 제소기간을 기산하여 위 소는 90일이 지난 후 제기한 것으로서 부적법하다고 본 원심판결에는 법리를 오해한 위법이 있다. 대법원 2014. 9. 25. 선고 2014두8254 판결

② 특정인에 대한 처분(송달이 불가능한 경우) : 공시송달(행정절차법에 따른 공고)

• 현실적으로 알 필요○ / 공고의 효력 발생일부터×

📖 **판례**

특정인에 대한 행정처분을 주소불명 등의 이유로 송달할 수 없어 관보·공보·게시판·일간신문 등에 공고한 경우에는, 공고가 효력을 발생하는 날에 상대방이 그 행정처분이 있음을 알았다고 볼 수는 없고, 상대방이 당해 처분이 있었다는 사실을 현실적으로 안 날에 그 처분이 있음을 알았다고 보아야 한다. 대법원 2006. 4. 28. 선고 2005두14851 판결

③ 불특정·다수인에 대한 처분(일반처분) : 고시 또는 공고

• 현실적으로 알 필요× / 고시·공고가 효력 발생하는 날부터○

📖 **판례**

통상 고시 또는 공고에 의하여 행정처분을 하는 경우에는 그 처분의 상대방이 불특정 다수인이고, 그 처분의 효력이 불특정 다수인에게 일률적으로 적용되는 것이므로, 그에 대한 행정심판 청구기간도 그 행정처분에 이해관계를 갖는 자가 고시 또는 공고가 있었다는 사실을 현실적으로 알았는지 여부에 관계없이 고시가 효력을 발생하는 날인 고시 또는 공고가 있은 후 5일이 경과한 날에 행정처분이 있음을 알았다고 보아야 한다. 대법원 2000. 9. 8. 선고 99두11257 판결

④ 불고지 또는 길게 오고지

• 행정심판법 : 불고지 또는 오고지 특례 규정○

➡ 불고지 : 알았는지 여부를 불문하고 있은 날로부터 180일

➡ 길게 오고지 : 고지된 기간 내○

• 행정소송법 : 불고지 또는 오고지 특례 규정× ➡ 행정심판법 특례 준용×

📖 **판례**

행정청이 법정 심판청구기간보다 긴 기간으로 잘못 알린 경우에 그 잘못 알린 기간 내에 심판청구가 있으면 그 심판청구는 법정 심판청구기간 내에 제기된 것으로 본다는 취지의 행정심판법 제18조 제5항의 규정은 행정심판 제기에 관하여 적용되는 규정이지, 행정소송 제기에도 당연히 적용되는 규정이라고 할 수는 없다. 대법원 2001. 5. 8. 선고 2000두6916 판결

(2) 있은 날로부터 1년

• 있은 날 : (처분의 통지가 도달하여) 효력이 발생한 날

• 정당한 사유 있는 경우 : 1년 후에도 가능

예 제3자효 있는 처분에 있어서 처분의 상대방 아닌 제3자

➡ 처분이 있는 것 바로 알 수 없음 ∴ 정당한 사유○

But 어떠한 경위로든 처분 있음을 알게 된 경우 ➡ 그때로부터 90일

3 행정심판을 거친 경우

- 재결서 정본을 송달받은 날로부터 90일(불변기간) / 재결 있은 날로부터 1년
- 제소기간 도과 ➡ 행정심판 각하 재결 ➡ 재결서 정본 송달일로부터 90일 내 취소소송 제기 : 제소기간 준수×
- 제소기간 도과 ➡ 행정청이 행정심판 할 수 있는 것으로 잘못 고지 : 불가쟁력 소멸×

> **📖 판례**
>
> 1. 처분이 있음을 안 날부터 90일 이내에 행정심판을 청구하지도 않고 취소소송을 제기하지도 않은 경우에는 그 후 제기된 취소소송은 제소기간을 경과한 것으로서 부적법하고, 처분이 있음을 안 날부터 90일을 넘겨 청구한 부적법한 행정심판청구에 대한 재결이 있은 후 재결서를 송달받은 날부터 90일 이내에 원래의 처분에 대하여 취소소송을 제기하였다고 하여 취소소송이 다시 제소기간을 준수한 것으로 되는 것은 아니다. 대법원 2011. 11. 24. 선고 2011두18786 판결
> 2. 이미 제소기간이 지남으로써 불가쟁력이 발생하여 불복청구를 할 수 없었던 경우라면 그 이후에 행정청이 행정심판청구를 할 수 있다고 잘못 알렸다고 하더라도 그 때문에 처분 상대방이 적법한 제소기간 내에 취소소송을 제기할 수 있는 기회를 상실하게 된 것은 아니므로 이러한 경우에 잘못된 안내에 따라 청구된 행정심판 재결서 정본을 송달받은 날부터 다시 취소소송의 제소기간이 기산되는 것은 아니다. 불가쟁력이 발생하여 더 이상 불복청구를 할 수 없는 처분에 대하여 행정청의 잘못된 안내가 있었다고 하여 처분 상대방의 불복청구 권리가 새로이 생겨나거나 부활한다고 볼 수는 없기 때문이다. 대법원 2012. 9. 27. 선고 2011두27247 판결

4 유형별 검토 : 제소기간의 기준

(1) 변경(경정)처분

- 감액경정처분 : 당초처분의 일부취소
    ➡ 대상적격 : 일부취소 되고 남은 당초처분 ∴ 당초처분 기준

> **📖 판례**
>
> 감액처분은 감액된 징수금 부분에 관해서만 법적 효과가 미치는 것으로서 당초 징수결정과 별개 독립의 징수금 결정처분이 아니라 그 실질은 처음 징수결정의 변경이므로, 감액처분으로도 아직 취소되지 않고 남아 있는 부분이 위법하다 하여 다투고자 하는 경우, 감액처분을 항고소송의 대상으로 할 수는 없고, 당초 징수결정 중 감액처분에 의하여 취소되지 않고 남은 부분을 항고소송의 대상으로 할 수 있을 뿐이며, 그 결과 제소기간의 준수 여부도 감액처분이 아닌 당초 처분을 기준으로 판단해야 한다. 대법원 2012. 9. 27. 선고 2011두27247 판결

- 증액경정처분 : 전체로서의 새로운 처분(당초처분 흡수·소멸)
    ➡ 대상적격 : 증액경정처분 ∴ 증액경정처분 기준

> **판례**
>
> 당초의 과세처분을 다투는 적법한 전심절차의 진행 중에 증액경정처분이 이루어지면 당초의 과세처분은 증액경정처분에 흡수되어 독립적인 존재가치를 상실하므로, 납세자는 특별한 사정이 없는 한 증액경정처분에 맞추어 청구의 취지나 이유를 변경한 다음, 그에 대한 결정의 통지를 받은 날부터 90일 이내에 증액경정처분의 취소를 구하는 행정소송을 제기하여야 한다. 대법원 2013. 2. 14. 선고 2011두25005 판결

(2) 변경명령재결

- 당초처분(1,000만원 과세처분) ➡ 변경명령재결(500만원으로 변경하라) ➡ 변경처분(1,000만원 ➡ 500만원)
- 대상적격 : 변경된 원처분(500만원으로 변경된 당초처분)
- 제소기간 : 변경된 원처분 기준 ∴ 재결서 정본 송달일로부터 기산

> **판례**
>
> 행정청이 식품위생법령에 따라 영업자에게 행정제재처분을 한 후 그 처분을 영업자에게 유리하게 변경하는 처분을 한 경우, 변경처분에 의하여 당초 처분은 소멸하는 것이 아니고 당초부터 유리하게 변경된 내용의 처분으로 존재하는 것이므로, 변경처분에 의하여 유리하게 변경된 내용의 행정제재가 위법하다 하여 그 취소를 구하는 경우 그 취소소송의 대상은 변경된 내용의 당초 처분이지 변경처분은 아니고, 제소기간의 준수 여부도 변경처분이 아닌 변경된 내용의 당초 처분을 기준으로 판단하여야 한다. 대법원 2007. 4. 27. 선고 2004두9302 판결

5 취소소송 외 다른 소송

(1) 무효등확인소송

원칙 제소기간 제한×

예외 무효선언적 취소소송(취소소송을 제기하였는데, 법원의 심리 결과 무효인 하자가 존재하는 경우)

➡ 제소기간 제한○(취소소송의 제소기간 적용)

> **판례**
>
> 행정처분의 당연무효를 선언하는 의미에서 취소를 구하는 행정소송을 제기한 경우에도 제소기간의 준수 등 취소소송의 제소요건을 갖추어야 한다. 대법원 1993. 3. 12. 선고 92누11039 판결

(2) 부작위위법확인소송

원칙 부작위 계속 ➡ 제소기간 제한×

예외 행정심판 거친 경우 ➡ 재결서 정본 송달받은 날로부터 90일 or 재결 있은 날로부터 1년
(∵ 취소소송의 제소기간 규정 준용됨)

판례

부작위위법확인의 소는 부작위상태가 계속되는 한 그 위법의 확인을 구할 이익이 있다고 보아야 하므로 원칙적으로 제소기간의 제한을 받지 않는다. 그러나 행정소송법 제38조 제2항이 제소기간을 규정한 같은 법 제20조를 부작위위법확인소송에 준용하고 있는 점에 비추어 보면, 행정심판 등 전심절차를 거친 경우에는 행정소송법 제20조가 정한 제소기간 내에 부작위위법확인의 소를 제기하여야 한다. 대법원 2009. 7. 23. 선고 2008두10560 판결

(3) 당사자소송

- 제소기간 제한×
- 개별법상 규정 있는 경우 그에 따름(불변기간)

 기출OX 확인

01 행정심판을 거친 경우의 제소기간은 행정심판 재결서 정본을 송달받은 날로부터 90일 이내이다. 17 교행 ( )

02 제소기간의 적용에 있어 '처분이 있음을 안 날'이란 처분의 존재를 현실적으로 안 날을 의미하는 것이 아니라 처분의 위법 여부를 인식한 날을 말한다. 15 사복 ( )

행정소송법 제20조 제1항이 정한 제소기간의 기산점인 '처분 등이 있음을 안 날'이란 통지, 공고 기타의 방법에 의하여 당해 처분 등이 있었다는 사실을 현실적으로 안 날을 의미한다. 대법원 2017. 3. 9. 선고 2016두60577 판결

03 '처분이 있음을 안 날'은 처분이 있었다는 사실을 현실적으로 안 날을 의미하므로, 처분서를 송달받기 전 정보공개청구를 통하여 처분을 하는 내용의 일체의 서류를 교부받았다면 그 서류를 교부받은 날부터 제소기간이 기산된다. 21 국가 ( )

처분이 甲에게 고지되어 처분이 있다는 사실을 현실적으로 알았을 때 행정소송법 제20조 제1항에서 정한 제소기간이 진행한다고 보아야 함에도, 甲이 통보서를 송달받기 전에 자신의 의무기록에 관한 정보공개를 청구하여 위 처분을 하는 내용의 통보서를 비롯한 일체의 서류를 교부받은 날부터 제소기간을 기산하여 위 소는 90일이 지난 후 제기한 것으로서 부적법하다고 본 원심판결에는 법리를 오해한 위법이 있다. 대법원 2014. 9. 25. 선고 2014두8254 판결

04 고시 또는 공고에 의하여 행정처분을 하는 경우 그 행정처분에 이해관계를 갖는 사람이 고시 또는 공고가 있었다는 사실을 현실적으로 알았는지 여부에 관계없이 고시 또는 공고가 효력을 발생한 날에 행정처분이 있음을 알았다고 보아야 한다. 20 지방 ( )

정답

01. O **02.** X **03.** X **04.** O

05 행정심판을 청구하였으나 심판청구기간을 도과하여 각하된 후 제기하는 취소소송은 재결서를 송달받은 날부터 90일 이내에 제기하면 된다. **21 국가**   (   )

> 처분이 있음을 안 날부터 90일 이내에 행정심판을 청구하지도 않고 취소소송을 제기하지도 않은 경우에는 그 후 제기된 취소소송은 제소기간을 경과한 것으로서 부적법하고, 처분이 있음을 안 날부터 90일을 넘겨 청구한 부적법한 행정심판청구에 대한 재결이 있은 후 재결서를 송달받은 날부터 90일 이내에 원래의 처분에 대하여 취소소송을 제기하였다고 하여 취소소송이 다시 제소기간을 준수한 것으로 되는 것은 아니다. 대법원 2011. 11. 24. 선고 2011두18786 판결

06 처분의 불가쟁력이 발생하였고 그 이후에 행정청이 당해 처분에 대해 행정심판청구를 할 수 있다고 잘못 알렸다면, 그 처분의 취소소송의 제소기간은 행정심판의 재결서를 받은 날부터 기산한다. **17 지방**   (   )

> 이미 제소기간이 지남으로써 불가쟁력이 발생하여 불복청구를 할 수 없었던 경우라면 그 이후에 행정청이 행정심판청구를 할 수 있다고 잘못 알렸다고 하더라도 그 때문에 처분 상대방이 적법한 제소기간 내에 취소소송을 제기할 수 있는 기회를 상실하게 된 것은 아니므로 이러한 경우에 잘못된 안내에 따라 청구된 행정심판 재결서 정본을 송달받은 날부터 다시 취소소송의 제소기간이 기산되는 것은 아니다. 불가쟁력이 발생하여 더 이상 불복청구를 할 수 없는 처분에 대하여 행정청의 잘못된 안내가 있었다고 하여 처분 상대방의 불복청구 권리가 새로이 생겨나거나 부활한다고 볼 수는 없기 때문이다. 대법원 2012. 9. 27. 선고 2011두27247 판결

07 「산업재해보상보험법」상 보험급여의 부당이득 징수결정의 하자를 이유로 징수금을 감액하는 경우 감액처분으로도 아직 취소되지 않고 남아 있는 부분이 위법하다 하여 다툴 때에는, 제소기간의 준수 여부는 감액처분을 기준으로 판단해야 한다. **17 지방**   (   )

> 감액처분은 감액된 징수금 부분에 관해서만 법적 효과가 미치는 것으로서 당초 징수결정과 별개 독립의 징수금 결정처분이 아니라 그 실질은 처음 징수결정의 변경이므로, 감액처분으로도 아직 취소되지 않고 남아 있는 부분이 위법하다 하여 다투고자 하는 경우, 감액처분을 항고소송의 대상으로 할 수는 없고, 당초 징수결정 중 감액처분에 의하여 취소되지 않고 남은 부분을 항고소송의 대상으로 할 수 있을 뿐이며, 그 결과 제소기간의 준수 여부도 감액처분이 아닌 당초 처분을 기준으로 판단해야 한다. 대법원 2012. 9. 27. 선고 2011두27247 판결

08 부작위법확인소송은 행정심판 등 전심절차를 거친 경우에도 제소기간의 제한을 받지 않는다는 것이 판례의 입장이다. **13 지방**   (   )

> 부작위법확인의 소는 부작위상태가 계속되는 한 그 위법의 확인을 구할 이익이 있다고 보아야 하므로 원칙적으로 제소기간의 제한을 받지 않는다. 그러나 행정소송법 제38조 제2항이 제소기간을 규정한 같은 법 제20조를 부작위법확인소송에 준용하고 있는 점에 비추어 보면, 행정심판 등 전심절차를 거친 경우에는 행정소송법 제20조가 정한 제소기간 내에 부작위법확인의 소를 제기하여야 한다. 대법원 2009. 7. 23. 선고 2008두10560 판결

정답
05. X **06.** X **07.** X **08.** X

대표 기출문제

01

③ (○) 乙에 대해서는 송달이 불가능한 경우로서 행정절차법상 공고에 따른 송달이 이루어지게 된다. 행정절차법 제14조 제4항 "송달받을 자의 주소 등을 통상적인 방법으로 확인할 수 없거나 송달이 불가능한 경우에는 송달받을 자가 알기 쉽도록 관보, 공보, 게시판, 일간신문 중 하나 이상에 공고하고 인터넷에도 공고하여야 한다."
① (×) 청소년유해매체물 결정 및 고시는 일반처분의 성격을 갖는 것으로서, 그 고시의 효력 발생일을 명시하지 않은 이상 고시가 있은 날로부터 5일(2주X)이 경과한 때에 효력이 발생한다.
② (×) 구 청소년보호법에 따른 청소년유해매체물 결정 및 고시처분은 (중략) 각종 의무를 발생시키는 행정처분이다. 대법원 2007. 6. 14. 선고 2004두619 판결
④ (×) 특정인에 대한 행정처분을 주소불명 등의 이유로 송달할 수 없어 관보·공보·게시판·일간신문 등에 공고한 경우에는, 공고가 효력을 발생하는 날에 상대방이 그 행정처분이 있음을 알았다고 볼 수는 없고, 상대방이 당해 처분이 있었다는 사실을 현실적으로 안 날에 그 처분이 있음을 알았다고 보아야 한다. 대법원 2006. 4. 28. 선고 2005두14851 판결

정답 01. ③

01 다음 사례에 대한 설명으로 옳은 것은? (다툼이 있는 경우 판례에 의함)
2020 국가직

> • 2020. 1. 6. 인기 아이돌 가수인 甲의 노래가 수록된 음반이 청소년 유해 매체물로 결정 및 고시되었는데, 여성가족부장관은 이 고시를 하면서 그 효력발생 시기를 구체적으로 밝히지 않았다.
> • A시의 시장이 「식품위생법」 위반을 이유로 乙에 대해 영업허가를 취소하는 처분을 하고자 하나 송달이 불가능하다.

① 「행정 효율과 협업 촉진에 관한 규정」에 따르면 여성가족부장관의 고시의 효력은 2020. 1. 20.부터 발생한다.
② 甲의 노래가 수록된 음반을 청소년 유해 매체물로 지정하는 결정 및 고시는 항고소송의 대상이 될 수 없다.
③ A시의 시장이 영업허가취소처분을 송달하려면 乙이 알기 쉽도록 관보, 공보, 게시판, 일간신문 중 하나 이상에 공고하고 인터넷에도 공고하여야 한다.
④ 乙의 영업허가취소처분이 공보에 공고된 경우, 乙이 자신에 대한 영업허가취소처분이 있음을 알고 있지 못하더라도 영업허가취소처분에 대한 취소소송을 제기하려면 공고가 효력을 발생한 날부터 90일 안에 제기해야 한다.

02 취소소송의 제소기간에 대한 설명으로 옳은 것(○)과 옳지 않은 것(×)을 바르게 연결한 것은? (다툼이 있는 경우 판례에 의함) 2021 국가직

> ㄱ. 행정청이 행정심판청구를 할 수 있다고 잘못 알려 행정심판을 청구한 경우에는 재결서 정본을 송달받은 날이 아닌 처분이 있음을 안 날로부터 제소기간이 기산된다.
>
> ㄴ. 행정심판을 청구하였으나 심판청구기간을 도과하여 각하된 후 제기하는 취소소송은 재결서를 송달받은 날부터 90일 이내에 제기하면 된다.
>
> ㄷ. '처분이 있음을 안 날'은 처분이 있었다는 사실을 현실적으로 안 날을 의미하므로, 처분서를 송달받기 전 정보공개청구를 통하여 처분을 하는 내용의 일체의 서류를 교부받았다면 그 서류를 교부받은 날부터 제소기간이 기산된다.
>
> ㄹ. 동일한 처분에 대하여 무효확인의 소를 제기하였다가 그 처분의 취소를 구하는 소를 추가적으로 병합한 경우, 주된 청구인 무효확인의 소가 적법한 제소기간 내에 제기되었다면 추가로 병합된 취소청구의 소도 적법하게 제기된 것으로 볼 수 있다.

	ㄱ	ㄴ	ㄷ	ㄹ
①	×	×	○	×
②	○	○	×	○
③	○	×	○	×
④	×	×	×	○

02

④ ㄱ. (×) 행정청이 행정심판청구를 할 수 있다고 잘못 알린 경우에 행정심판청구가 있은 때의 기간은 재결서의 정본을 송달받은 날부터 기산한다(행정소송법 제20조 제1항 단서).

ㄴ. (×) 처분이 있음을 안 날부터 90일 이내에 행정심판을 청구하지도 않고 취소소송을 제기하지도 않은 경우에는 그 후 제기된 취소소송은 제소기간을 경과한 것으로서 부적법하고, 처분이 있음을 안 날부터 90일을 넘겨 청구한 부적법한 행정심판청구에 대한 재결이 있은 후 재결서를 송달받은 날부터 90일 이내에 원래의 처분에 대하여 취소소송을 제기하였다고 하여 취소소송이 다시 제소기간을 준수한 것으로 되는 것은 아니다. 대법원 2011. 11. 24. 선고 2011두18786 판결

ㄷ. (×) 처분이 甲에게 고지되어 처분이 있다는 사실을 현실적으로 알았을 때 행정소송법 제20조 제1항에서 정한 제소기간이 진행한다고 보아야 함에도, 甲이 통보서를 송달받기 전에 자신의 의무기록에 관한 정보공개를 청구하여 위 처분을 하는 내용의 통보서를 비롯한 일체의 서류를 교부받은 날부터 제소기간을 기산하여 위 소는 90일이 지난 후 제기한 것으로서 부적법하다고 본 원심판결에는 법리를 오해한 위법이 있다. 대법원 2014. 9. 25. 선고 2014두8254 판결

ㄹ. (○) 대법원 2005. 12. 23. 선고 2005두3554 판결

정답 **02. ④**

취소소송의 소송요건 - 전심절차

1 행정심판 임의주의

• 행정심판을 거침이 없이 곧바로 행정소송을 제기할 수 있는 입법주의

> **행정소송법 제18조【행정심판과의 관계】** ① 취소소송은 법령의 규정에 의하여 당해 처분에 대한 행정심판을 제기할 수 있는 경우에도 이를 거치지 아니하고 제기할 수 있다. 다만, 다른 법률에 당해 처분에 대한 행정심판의 재결을 거치지 아니하면 취소소송을 제기할 수 없다는 규정이 있는 때에는 그러하지 아니하다.

2 예외적 행정심판 전치주의

(1) 일반론

• 행정심판을 거쳐야만 행정소송을 제기할 수 있는 입법주의

> **행정소송법 제18조【행정심판과의 관계】** ① 취소소송은 법령의 규정에 의하여 당해 처분에 대한 행정심판을 제기할 수 있는 경우에도 이를 거치지 아니하고 제기할 수 있다. 다만, 다른 법률에 당해 처분에 대한 행정심판의 재결을 거치지 아니하면 취소소송을 제기할 수 없다는 규정이 있는 때에는 그러하지 아니하다.

• **예** 국세·지방세기본법(심사청구 또는 심판청구), 국가·지방·교육공무원법(소청심사), 관세법, 도로교통법
  ∴ 과세처분 또는 그에 기한 체납처분에 대한 항고소송을 제기하기 위해서는 사전에 국세기본법에서 정한 심사청구 또는 심판청구(둘 중 하나 택일)를 거쳐야 함.
• 적용 범위: 취소소송○, 부작위위법확인소송○ / 무효등확인소송×(무효선언적 취소소송○)

(2) 예외(행정소송법 제18조 제2항 및 제3항)

• 행정심판 전치주의가 적용됨에도 행정심판(재결)을 거치지 않아도 되는 경우

> **행정소송법 제18조【행정심판과의 관계】** ② 제1항 단서의 경우에도 다음 각 호의 1에 해당하는 사유가 있는 때에는 행정심판의 **재결을 거치지 아니하고** 취소소송을 제기할 수 있다.
> 1. 행정심판청구가 있은 날로부터 60일이 지나도 재결이 없는 때
> 2. 처분의 집행 또는 절차의 속행으로 생길 중대한 손해를 예방하여야 할 긴급한 필요가 있는 때
> 3. 법령의 규정에 의한 행정심판기관이 의결 또는 재결을 하지 못할 사유가 있는 때
> 4. 그 밖의 정당한 사유가 있는 때

③ 제1항 단서의 경우에 다음 각 호의 1에 해당하는 사유가 있는 때에는 **행정심판을 제기함이 없이** 취소소송을 제기할 수 있다.
1. 동종사건에 관하여 이미 행정심판의 기각재결이 있은 때
2. 서로 내용상 관련되는 처분 또는 같은 목적을 위하여 단계적으로 진행되는 처분 중 어느 하나가 이미 행정심판의 재결을 거친 때
3. 행정청이 사실심의 변론종결 후 소송의 대상인 처분을 변경하여 당해 변경된 처분에 관하여 소를 제기하는 때
4. 처분을 행한 행정청이 행정심판을 거칠 필요가 없다고 잘못 알린 때

• 재결 불요 : 심판청구 후 60일 경과, 중대한 손해 예방의 긴급한 필요, 심판기관이 재결 못할 사유 존재
• 심판청구 불요 : 동종사건에 대한 기각재결, 관련 처분에 대한 재결, 사실심 변론종결 후 처분 변경, 오고지

(3) 이행 여부 판단

• 행정심판청구는 적법해야 함 ➡ 부적법한 행정심판청구 : 전치주의 이행×

> 🏛 **판례**
>
> 행정처분의 취소를 구하는 항고소송의 전심절차인 행정심판청구가 기간도과로 인하여 부적법한 경우에는 행정소송 역시 전치의 요건을 충족치 못한 것이 되어 부적법 각하를 면치 못하는 것이고, 이 점은 행정청이 행정심판의 제기기간을 도과한 부적법한 심판에 대하여 그 부적법을 간과한 채 실질적 재결을 하였다 하더라도 달라지는 것이 아니다.
> 대법원 1991. 6. 25. 선고 90누8091 판결

• 사실심 변론종결 시 기준으로 판단
  ➡ 소 제기 시에는 전치요건 충족되지 않았더라도, 변종시까지 재결 거치면 전치주의 이행○

> 🏛 **판례**
>
> 전심절차를 밟지 아니한 채 증여세부과처분취소소송을 제기하였다면 제소당시로 보면 전치요건을 구비하지 못한 위법이 있다 할 것이지만, 소송계속 중 심사청구 및 심판청구를 하여 각 기각결정을 받았다면 원심변론종결일 당시에는 위와 같은 전치요건흠결의 하자는 치유되었다고 볼 것이다. 대법원 1987. 4. 28. 선고 86누29 판결

• 행정심판절차에서 주장하지 않은 공격방어방법 ➡ 취소소송절차에서 주장할 수 있음(별도의 전심절차 불요).

> 🏛 **판례**
>
> 항고소송에 있어서 원고는 전심절차에서 주장하지 아니한 공격방어방법을 소송절차에서 주장할 수 있고 법원은 이를 심리하여 행정처분의 적법 여부를 판단할 수 있는 것이므로, 원고가 전심절차에서 주장하지 아니한 처분의 위법사유를 소송절차에서 새롭게 주장하였다고 하여 다시 그 처분에 대하여 별도의 전심절차를 거쳐야 하는 것은 아니다.
> 대법원 1996. 6. 14. 선고 96누754 판결

 기출OX 확인

01 행정소송은 원칙적으로 임의적 행정심판전치주의를 취하고 있다. 14 사복 (　　)

02 필요적 행정심판전치주의가 적용되는 경우 처분의 집행 또는 절차의 속행으로 생길 중대한 손해를 예방하여야 할 긴급한 필요가 있는 때에는 재결을 거치지 아니하고 취소소송을 제기할 수 있으나, 이 경우에도 행정심판은 제기하여야 한다.
14 사복 (　　)

03 필요적 행정심판전치주의가 적용되는 경우 행정심판전치 요건은 사실심 변론종결시까지 충족하면 된다. 14 사복 (　　)

 정답
01. ○　**02.** ○　**03.** ○

Theme 08 집행정지

1 의의

> **행정소송법 제23조 【집행정지】** ① <u>취소소송의 제기는 처분등의 효력이나 그 집행 또는 절차의 속행에 영향을 주지 아니한다.</u>
> ② 취소소송이 제기된 경우에 처분등이나 그 집행 또는 절차의 속행으로 인하여 생길 <u>회복하기 어려운 손해를 예방하기 위하여 긴급한 필요가 있다고 인정할 때에는 본안이 계속되고 있는 법원은 당사자의 신청 또는 직권에 의하여 처분등의 효력이나 그 집행 또는 절차의 속행의 전부 또는 일부의 정지를 결정할 수 있다.</u> 다만, 처분의 효력정지는 처분등의 집행 또는 절차의 속행을 정지함으로써 목적을 달성할 수 있는 경우에는 허용되지 아니한다.
> ③ 집행정지는 <u>공공복리에 중대한 영향을 미칠 우려가 있을 때에는 허용되지 아니한다.</u>

- 항고소송 제기 ➡ 처분의 효력 정지×: 집행부정지 원칙
- 집행정지 : 당사자의 권리구제를 위해 예외적으로 처분의 효력(집행)을 정지시키는 제도

2 요건

(1) 적극적 요건

① 적법한 본안소송의 계속 : 본안소송을 제기함 없이 집행정지만 단독으로 신청 불가능

🏛 판례

1. 행정처분의 효력정지나 집행정지를 구하는 신청사건에서는 <u>행정처분 자체의 적법 여부는 원칙적으로 판단의 대상이 아니고</u>, 그 행정처분의 효력이나 집행을 정지할 것인가에 관한 행정소송법 제23조 제2항에서 정한 요건의 존부만이 판단의 대상이 되는 것이다. 다만, 집행정지는 행정처분의 집행부정지원칙의 예외로서 인정되는 것이고, 또 본안에서 원고가 승소할 수 있는 가능성을 전제로 한 권리보호수단이라는 점에 비추어 보면, <u>집행정지사건 자체에 의하여도 신청인의 본안청구가 적법한 것이어야 한다는 것을 집행정지의 요건에 포함시키는 것이 옳다.</u> 대법원 2010. 11. 26.자 2010무137 결정
2. 행정처분의 집행정지는 행정처분집행 부정지의 원칙에 대한 예외로서 인정되는 일시적인 응급처분이라 할 것이므로 집행정지결정을 하려면 이에 대한 본안소송이 법원에 제기되어 계속 중임을 요건으로 하는 것이므로 <u>집행정지결정을 한 후에라도 본안소송이 취하되어 소송이 계속하지 아니한 것으로 되면 집행정지결정은 당연히 그 효력이 소멸되는 것이고 별도의 취소조치를 필요로 하는 것이 아니다.</u> 대법원 1975. 11. 11. 선고 75누97 판결

- 본안소송(취소소송 등)과 동시에 or 제기 후 신청 가능
- 본안소송은 소송요건을 갖춘 적법한 것이어야 함.

② 처분 등의 존재

- 집행정지의 대상이 될 처분의 존재 ➡ 부작위위법확인소송 : 집행정지×(∵ 처분 없음)

③ '회복하기 어려운 손해예방'의 필요

- 회복하기 어려운 손해 : 금전으로 보상할 수 없는 손해

> **판례**
>
> 행정소송법 제23조 제2항에 정하고 있는 행정처분 등의 집행정지 요건인 '<u>회복하기 어려운 손해</u>'라 함은 특별한 사정이 없는 한 금전으로 보상할 수 없는 손해로서 이는 금전보상이 불능인 경우 내지는 금전보상으로는 사회관념상 행정처분을 받은 당사자가 참고 견딜 수 없거나 또는 참고 견디기가 현저히 곤란한 경우의 유형, 무형의 손해를 일컫는다 할 것이다. 대법원 2003. 10. 9.자 2003무23 결정

④ 긴급한 필요 : 손해 발생이 절박하여 본안판결을 기다릴 여유가 없는 상황
   ➡ 구체적·개별적 판단

> **판례**
>
> '처분 등이나 그 집행 또는 절차의 속행으로 인하여 생길 회복하기 어려운 손해를 예방하기 위하여 긴급한 필요'가 있는지는 <u>처분의 성질과 태양 및 내용, 처분상대방이 입는 손해의 성질·내용 및 정도, 원상회복·금전배상의 방법 및 난이 등은 물론 본안청구의 승소가능성 정도 등을 종합적으로 고려하여 구체적·개별적으로 판단</u>하여야 한다. 대법원 2014. 1. 23.자 2011무178 결정

⑤ 주장 및 소명책임 : 신청인(처분의 상대방인 국민)

> **판례**
>
> 집행정지의 <u>적극적 요건에 관한 주장·소명책임은 원칙적으로 신청인측에 있다.</u> 대법원 1999. 12. 20.자 99무42 결정

(2) 소극적 요건

① 공공복리에 중대한 영향 미칠 우려×

- 처분의 집행과 관련된 구체적이고 개별적인 공익○(추상적 공익 일반×)
- 주장 및 소명책임 : 피신청인(처분청)

> **판례**
>
> 행정소송법 제23조 제3항에서 집행정지의 요건으로 규정하고 있는 '공공복리에 중대한 영향을 미칠 우려'가 없을 것이라고 할 때의 '<u>공공복리</u>'는 그 처분의 집행과 관련된 구체적이고도 개별적인 공익을 말하는 것으로서 이러한 집행정지의 소극적 요건에 대한 주장·소명책임은 행정청에게 있다. 대법원 1999. 12. 20.자 99무42 결정

② 본안청구가 이유 없음이 명백×

원칙 처분의 위법 여부 ➡ 본안판단의 대상

But 집행정지 제도의 취지 고려 ➡ 처분이 최소한의 위법 가능성은 가지고 있어야 함.

∴ 집행정지의 요건○ ➡ 본안청구가 이유 없음이, 즉 적법함이 명백 : 집행정지×

📖 판례

행정처분의 효력정지나 집행정지를 구하는 신청사건에 있어서는 행정처분 자체의 적법 여부는 원칙적으로는 판단할 것이 아니고 그 행정처분의 효력이나 집행을 정지할 것인 가에 대한 행정소송법 제23조 제2항 소정의 요건의 존부만이 판단의 대상이 되나 <u>본안 소송에서의 처분의 취소가능성이 없음에도 불구하고 처분의 효력정지나 집행정지를 인정한다는 것은 제도의 취지에 반하므로 집행정지사건 자체에 의하여도 신청인의 본안청구가 이유 없음이 명백할 때에는 행정처분의 효력정지나 집행정지를 명할 수 없다.</u> 대법원 1992. 8. 7.자 92두30 결정

3 효력

- 처분의 효력·집행 또는 절차의 속행 정지
- **효력 정지** : 집행 또는 절차의 속행 정지로 목적 달성할 수 없는 경우에만 가능

  예 대집행 절차(계고 – 영장에 의한 통지 – 실행 – 비용 징수) 중 계고에 대한 집행정지신청 있는 경우

  ➡ 후속 절차인 영장에 의한 통지 절차의 속행 정지함으로써 목적 달성 가능 ∴ 효력 정지×

- 집행정지결정 : 기속력○ ➡ 행정청 및 관계 행정청 구속

  if 집행정지결정 위반한 처분 ➡ 당연무효

- 효력의 존속 시기 : 주문에서 정함○ ➡ 정한 시기까지

  　　　　　　　　　　정함× ➡ 본안판결 확정시까지

  ➡ 종기의 도래와 함께 집행정지의 효력은 장래를 향해 당연히 소멸함.

📖 판례

행정소송법 제23조에 의한 <u>집행정지결정의 효력은 결정주문에서 정한 시기까지 존속하며 그 시기의 도래와 동시에 효력이 당연히 소멸하는 것</u>이므로, 일정기간 동안 영업을 정지할 것을 명한 행정청의 영업정지처분에 대하여 법원이 집행정지결정을 하면서 주문에서 당해 법원에 계속 중인 본안소송의 판결선고시까지 처분의 효력을 정지한다고 선언하였을 경우에는 처분에서 정한 영업정지기간의 진행은 그 때까지 저지되는 것이고 <u>본안소송의 판결선고에 의하여 당해 정지결정의 효력은 소멸하고 이와 동시에 당초의 영업정지처분의 효력이 당연히 부활되어 처분에서 정하였던 정지기간(정지결정 당시 이미 일부 진행되었다면 나머지 기간)은 이때부터 다시 진행한다.</u> 대법원 1999. 2. 23. 선고 98두14471 판결

4 불복절차

• 집행정지결정 또는 기각결정 : 즉시항고
  ➡ 집행정지결정에 대한 즉시항고 : 결정의 집행 정지×(즉 계속하여 집행 정지)
• 집행정지의 요건을 결여하였다는 이유로 기각결정 ➡ 처분의 위법성을 이유로 불복할 수 없음.

> **판례**
>
> 집행정지의 요건을 결여하였다는 이유로 효력정지 신청을 기각한 결정에 대하여 행정처분 자체의 적법 여부를 가지고 불복사유로 삼을 수 없다. 대법원 2011. 4. 21.자 2010무111 결정

• 집행정지결정 후 공공복리에 중대한 영향 또는 정지사유 소멸
  ➡ (신청 또는 직권으로) 집행정지결정 취소
  ➡ 즉시항고(결정의 집행 정지× 즉 계속하여 집행부정지)

5 관련 문제

(1) 거부처분에 대한 집행정지 가부

• even if 거부처분 집행정지○ ➡ 거부처분 부존재○ 신청인용×
∴ 집행정지 인정×(∵ 신청이익 없음)

> **판례**
>
> 행정청에 대한 거부처분의 효력을 정지하더라도 거부처분이 없었던 것과 같은 상태, 즉 거부처분이 있기 전의 신청시의 상태로 되돌아가는 데에 불과하고 행정청에게 신청에 따른 처분을 하여야 할 의무가 생기는 것이 아니므로, 거부처분의 효력정지는 그 거부처분으로 인하여 신청인에게 생길 손해를 방지하는 데 아무런 보탬이 되지 아니하여 그 효력정지를 구할 이익이 없다. 대법원 1995. 6. 21.자 95두26 판결

(2) 민사소송법상 가처분 인정 여부

• 규정 없음 ➡ 준용×

> **판례**
>
> 항고소송의 대상이 되는 행정처분의 효력이나 집행 혹은 절차속행 등의 정지를 구하는 신청은 행정소송법상 집행정지신청의 방법으로서만 가능할 뿐 민사소송법상 가처분의 방법으로는 허용될 수 없다. 대법원 2009. 11. 2.자 2009마596 결정

 **기출OX 확인**

01 무효등확인소송의 제기는 처분의 효력이나 그 집행 또는 절차의 속행에 영향을 주지 아니한다. 16 지방 ( )

02 집행정지는 적법한 본안소송이 계속 중일 것을 요한다. 16 국가 ( )

03 본안문제인 행정처분 자체의 적법여부는 집행정지 신청의 요건이 되지 아니하는 것이 원칙이지만, 본안소송의 제기 자체는 적법한 것이어야 한다. 14 국가 ( )

04 '회복하기 어려운 손해'란 금전보상이 불가능한 경우뿐만 아니라 금전보상으로는 사회관념상 행정처분을 받은 당사자가 참고 견딜 수 없거나 또는 참고 견디기가 현저히 곤란한 경우의 유형·무형의 손해를 말한다. 15 사복 ( )

05 집행정지의 소극적 요건으로서 '공공복리'는 그 처분의 집행과 관련된 구체적이고도 개별적인 공익으로서 이러한 소극적 요건에 대한 주장·소명책임은 행정청에게 있다. 23 국가 ( )

06 처분의 취소가능성이 없음에도 처분의 효력이나 집행의 정지를 인정한다는 것은 집행정지제도의 취지에 반하므로 집행정지사건 자체에 의하여도 신청인의 본안청구가 이유 없음이 명백하지 않아야 한다는 것도 집행정지의 요건이다. 20 국가 ( )

07 처분의 효력정지는 처분 등의 집행 또는 절차의 속행을 정지함으로써 목적을 달성할 수 있는 경우에는 허용되지 아니한다. 14 국가 ( )

08 거부처분에 대한 집행정지는 그 거부처분으로 인하여 신청인에게 생길 손해를 방지하는 데 아무런 보탬이 되지 아니하므로 허용되지 않는다. 23 국가 ( )

09 「민사집행법」에 따른 가처분은 항고소송에서도 인정된다. 16 국가 ( )

> 항고소송의 대상이 되는 행정처분의 효력이나 집행 혹은 절차속행 등의 정지를 구하는 신청은 행정소송법상 집행정지신청의 방법으로서만 가능할 뿐 민사소송법상 가처분의 방법으로는 허용될 수 없다. 대법원 2009. 11. 2.자 2009마596 결정

정답
01. ○ 02. ○ 03. ○ 04. ○
05. ○ 06. ○ 07. ○ 08. ○
09. ✕

www.pmg.co.kr

② 행정청에 대한 거부처분의 효력을 정지하더라도 거부처분이 없었던 것과 같은 상태, 즉 거부처분이 있기 전의 신청시의 상태로 되돌아가는 데에 불과하고 행정청에게 신청에 따른 처분을 하여야 할 의무가 생기는 것이 아니므로, 거부처분의 효력정지는 그 거부처분으로 인하여 신청인에게 생길 손해를 방지하는 데 아무런 보탬이 되지 아니하여 그 효력정지를 구할 이익이 없다. 대법원 1995. 6. 21.자 95두26 판결

정답 ②

「행정소송법」에 따른 집행정지에 대한 설명으로 옳지 않은 것은? (다툼이 있는 경우 판례에 의함) 2021 지방직

① 처분의 효력정지결정을 하려면 그 효력정지를 구하는 당해 행정처분에 대한 본안소송이 법원에 제기되어 계속 중임을 요건으로 한다.

② 거부처분의 효력정지는 그 거부처분으로 인하여 신청인에게 생길 손해를 방지하는 데 필요하므로 신청인에게는 그 효력정지를 구할 이익이 있다.

③ 처분의 효력정지는 처분의 집행 또는 절차의 속행을 정지함으로써 목적을 달성할 수 있는 경우에는 허용되지 아니한다.

④ 신청인의 본안청구의 이유 없음이 명백할 때는 집행정지가 인정되지 않는다.

취소소송의 판결 - 일반론

1 사정판결

(1) 의의

- 처분 위법 But 처분 취소 시 발생할 공익 침해 예방을 위해 하는 기각판결

> **행정소송법 제28조 【사정판결】** ① 원고의 청구가 이유 있다고 인정하는 경우에도 처분 등을 취소하는 것이 현저히 공공복리에 적합하지 아니하다고 인정하는 때에는 법원은 원고의 청구를 기각할 수 있다. 이 경우 법원은 그 판결의 주문에서 그 처분 등이 위법함을 명시하여야 한다.
> ② 법원이 제1항의 규정에 의한 판결을 함에 있어서는 미리 원고가 그로 인하여 입게 될 손해의 정도와 배상방법 그 밖의 사정을 조사하여야 한다.
> ③ 원고는 피고인 행정청이 속하는 국가 또는 공공단체를 상대로 손해배상, 제해시설의 설치 그 밖에 적당한 구제방법의 청구를 당해 취소소송등이 계속된 법원에 병합하여 제기할 수 있다.

(2) 요건

- 처분이 위법할 것(원고의 청구가 이유 있을 것)
- 처분을 취소하는 것이 현저히 공공복리에 적합하지 않을 것
  ➡ 공익-사익 비교형량 : 극히 엄격한 요건 아래 제한적으로 인정
- 판단의 기준시점 : 위법성 판단 ➡ 처분 시
  　　　　　　　　　사정판결의 필요성 판단 ➡ 판결 시(변론종결 시)
- 법원은 미리 원고가 입게 될 손해의 정도, 배상방법 등을 조사해야 함(석명의무○).

> **판례**
>
> 사정판결의 요건을 갖추었다고 판단되는 경우 법원으로서는 행정소송법 제28조 제2항에 따라 원고가 입게 될 손해의 정도와 배상방법, 그 밖의 사정에 관하여 심리하여야 하고, 이 경우 원고는 행정소송법 제28조 제3항에 따라 손해배상, 제해시설의 설치 그 밖에 적당한 구제방법의 청구를 병합하여 제기할 수 있으므로, 당사자가 이를 간과하였음이 분명하다면 적절하게 석명권을 행사하여 그에 관한 의견을 진술할 수 있는 기회를 주어야 한다. 대법원 2016. 7. 14. 선고 2015두4167 판결

> **판례**
>
> 행정소송에서 행정처분의 위법 여부는 행정처분이 행하여졌을 때의 법령과 사실 상태를 기준으로 하여 판단하여야 하고, 처분 후 법령의 개폐나 사실상태의 변동에 의하여 영향을 받지는 않는다. 대법원 2008. 7. 24. 선고 2007두3930 판결

⚖ 위법판단의 기준 시
처분 등이 있은 후 처분 등의 근거가 된 법령이 개·폐되거나 처분의 기초가 된 사실상 태가 변경되는 경우 법원이 처분의 위법 여부를 판단함에 있어서 어느 시점의 법령 및 사실상태를 기준으로 해야 할 것인지가 문제되는데, 판례는 '처분시'를 기준으로 처분의 위법 여부를 판단한다.

- 주장·입증책임 : 처분청 But 법원이 직권으로도 가능

> **판례**
>
> 사정판결은 당사자의 명백한 주장이 없는 경우에도 기록에 나타난 여러 사정을 기초로 직권으로 할 수 있다. 대법원 2006. 9. 22. 선고 2005두2506 판결

(3) 효과

- 기각판결 But 판결 주문에 처분의 위법성 명시
- 원고는 피고 행정청이 속하는 국가나 공공단체를 상대로 손해배상 등 적당한 구제방법의 청구를 취소소송이 계속된 법원에 병합하여 제기 가능
- 소송비용 부담 : 행정청
- 무효등확인소송×(∵ 존치시킬 효력 있는 처분 없음), 부작위위법확인소송×

> **판례**
>
> 당연무효의 행정처분을 소송목적물로 하는 행정소송에서는 존치시킬 효력이 있는 행정행위가 없기 때문에 행정소송법 제28조 소정의 사정판결을 할 수 없다. 대법원 1996. 3. 22. 선고 95누5509 판결

2 일부취소(일부인용) 판결

(1) 의의

- 원고의 청구 중 일부에 대하여만 인용(취소)판결을 하는 것
- if 일부취소 가능 ➡ 일부취소 의무○ (∴ 전부취소×)

(2) 요건

- 분리취소가능성 : even if 외형상 하나의 처분, 가분성○ 또는 일부 특정○ ➡ 일부취소 가능
- 기속행위(예 과세처분, 개발부담금부과처분)

  원칙 정당한 부과금액을 산정할 수 있는 경우 ➡ 일부취소 가능

  예외 적법하게 부과될 금액을 산출할 수 없는 경우(법원의 적극적 석명의무 없음) ➡ 일부취소 불가능

> **판례**
>
> 일반적으로 금전 부과처분 취소소송에서 부과금액 산출과정의 잘못 때문에 부과처분이 위법한 것으로 판단되더라도 사실심 변론종결 시까지 제출된 자료에 의하여 적법하게 부과될 정당한 부과금액이 산출되는 때에는 부과처분 전부를 취소할 것이 아니라 정당한 부과금액을 초과하는 부분만 취소하여야 하지만, 처분청이 처분 시를 기준으로 정당한 부과금액이 얼마인지 주장·증명하지 않고 있는 경우에도 법원이 적극적으로 직권증거조사를 하거나 처분청에게 증명을 촉구하는 등의 방법으로 정당한 부과금액을 산출할 의무까지 부담하는 것은 아니다. 대법원 2016. 7. 14. 선고 2015두4167 판결

- 재량행위(예 과징금, 영업정지 등 제재적 처분)

  원칙 일부취소 불가능 ➡ 전부취소○

  예외 일부취소 가능

📖 판례

1. 처분을 할 것인지 여부와 처분의 정도에 관하여 재량이 인정되는 <u>과징금</u> 납부명령에 대하여 그 명령이 재량권을 일탈하였을 경우, <u>법원으로서는 재량권의 일탈 여부만 판단할 수 있을 뿐이지 재량권의 범위 내에서 어느 정도가 적정한 것인지에 관하여는 판단할 수 없어 그 전부를 취소할 수밖에 없고, 법원이 적정하다고 인정하는 부분을 초과한 부분만 취소할 수는 없다.</u> 대법원 2009. 6. 23. 선고 2007두18062 판결

2. 공정거래위원회가 위반행위에 대한 <u>과징금</u>을 부과하면서 여러 개의 위반행위에 대하여 외형상 하나의 과징금 납부명령을 하였으나 <u>여러 개의 위반행위 중 일부의 위반행위에 대한 과징금 부과만이 위법하고 소송상 그 일부의 위반행위를 기초로 한 과징금액을 산정할 수 있는 자료가 있는 경우에는, 하나의 과징금 납부명령일지라도 그 일부의 위반행위에 대한 과징금액에 해당하는 부분만을 취소하여야 한다.</u> 대법원 2019. 1. 31. 선고 2013두14726 판결

3. <u>여러 처분사유에 관하여 하나의 제재처분을 하였을 때 그중 일부가 인정되지 않는다고 하더라도 나머지 처분사유들만으로도 처분의 정당성이 인정되는 경우에는 그 처분을 위법하다고 보아 취소하여서는 아니 된다.</u> 행정청이 여러 개의 위반행위에 대하여 하나의 제재처분을 하였으나, <u>위반행위별로 제재처분의 내용을 구분하는 것이 가능하고 여러 개의 위반행위 중 일부의 위반행위에 대한 제재처분 부분만이 위법하다면, 법원은 제재처분 중 위법성이 인정되는 부분만 취소하여야 하고 제재처분 전부를 취소하여서는 아니 된다.</u> 대법원 2020. 5. 14. 선고 2019두63515 판결

기출OX확인

01 사정판결은 본안심리 결과 원고의 청구가 이유 있다고 인정됨에도 불구하고 처분을 취소하는 것이 현저히 공공복리에 적합하지 아니하다고 인정하는 때 원고의 청구를 기각하는 판결을 말한다. 21 지방 ( )

02 법원이 사정판결을 함에 있어서는 미리 원고가 그로 인하여 입게 될 손해의 정도와 배상방법 그 밖의 사정을 조사하여야 한다. 21 지방 ( )

03 원고는 피고인 행정청이 속하는 국가 또는 공공단체를 상대로 손해배상, 제해시설의 설치 그 밖에 적당한 구제방법의 청구를 당해 취소소송등이 계속된 법원에 병합하여 제기할 수 있다. 21 지방 ( )

04 사정판결의 요건인 처분의 위법성은 변론 종결시를 기준으로 판단하고, 공공복리를 위한 사정판결의 필요성은 처분시를 기준으로 판단하여야 한다. 23 국가

( )

05 공공복리를 위한 사정판결의 필요성은 변론종결시를 기준으로 판단하여야 한다.
12 지방 ( )

06 당사자의 명백한 주장이 없는 경우에도 직권으로 사정판결을 할 수 있다. 15 국가

( )

07 당연무효의 행정처분을 대상으로 하는 행정소송에서도 사정판결을 할 수 있다.
15 국가 ( )

> 당연무효의 행정처분을 소송목적물로 하는 행정소송에서는 존치시킬 효력이 있는 행정행위가 없기 때문에 행정소송법 제28조 소정의 사정판결을 할 수 없다. 대법원 1996. 3. 22. 선고 95누5509 판결

08 처분을 할 것인지 여부와 처분의 정도에 관하여 재량이 인정되는 과징금 납부명령에 대하여 그 명령이 재량권을 일탈하였을 경우, 법원은 재량권의 범위 내에서 어느 정도가 적정한 것인지에 관하여 판단할 수 있고 그 일부를 취소할 수 있다.
20 지방 ( )

> 처분을 할 것인지 여부와 처분의 정도에 관하여 재량이 인정되는 과징금 납부명령에 대하여 그 명령이 재량권을 일탈하였을 경우, 법원으로서는 재량권의 일탈 여부만 판단할 수 있을 뿐이지 재량권의 범위 내에서 어느 정도가 적정한 것인지에 관하여는 판단할 수 없어 그 전부를 취소할 수밖에 없고, 법원이 적정하다고 인정하는 부분을 초과한 부분만 취소할 수는 없다. 대법원 2009. 6. 23. 선고 2007두18062 판결

정답

01. ○ 02. ○ 03. ○
04. X (사정판결에 있어서도 처분 등의 위법성은 처분시를 기준으로 판단하고, 사정판결의 필요성이 있는지 여부는 제도의 취지에 비추어 처분시가 아닌 판결시(변론종결시)를 기준으로 판단한다.)
05. ○ 06. ○ 07. X 08. X

취소소송의 판결 - 판결의 효력

1 형성력(취소판결에 대해서만 인정)

(1) 형성효

• 취소판결 확정 ➡ 처분청의 취소행위 없이도 처분의 효력은 당연히 상실됨.

> **판례**
>
> 행정처분을 취소한다는 확정판결이 있으면 그 취소판결의 형성력에 의하여 당해 행정처분의 취소나 취소통지 등의 별도의 절차를 요하지 아니하고 당연히 취소의 효과가 발생한다. 대법원 1991. 10. 11. 선고 90누5443 판결

(2) 소급효

• 처분의 효력은 처분 시로 소급하여 소멸 ➡ 취소된 처분을 전제로 형성된 법률관계는 모두 효력 상실

> **판례**
>
> 1. 과세처분을 취소하는 판결이 확정되면 그 과세처분은 처분 시에 소급하여 소멸하므로 그 뒤에 과세관청에서 그 과세처분을 갱정하는 갱정처분을 하였다면 이는 존재하지 않는 과세처분을 갱정한 것으로서 그 하자가 중대하고 명백한 당연무효의 처분이다. 대법원 1989. 5. 9. 선고 88다카16096 판결
> 2. 영업의 금지를 명한 영업허가취소처분 자체가 나중에 행정쟁송절차에 의하여 취소되었다면 그 영업허가취소처분은 그 처분 시에 소급하여 효력을 잃게 되며, 그 영업허가취소처분에 복종할 의무가 원래부터 없었음이 확정되었다고 봄이 타당하고, 영업허가취소처분이 장래에 향하여서만 효력을 잃게 된다고 볼 것은 아니므로 그 영업허가취소처분 이후의 영업행위를 무허가영업이라고 볼 수는 없다. 대법원 1993. 6. 25. 선고 93도277 판결

(3) 제3자효(대세효)

• 처분 등을 취소하는 확정판결은 제3자에 대하여도 효력이 있음(행정소송법 제29조 제1항).

> **판례**
>
> 행정처분을 취소하는 확정판결이 제3자에 대하여도 효력이 있다고 하더라도 일반적으로 판결의 효력은 주문에 포함한 것에 한하여 미치는 것이니 그 취소판결 자체의 효력으로써 그 행정처분을 기초로 하여 새로 형성된 제3자의 권리까지 당연히 그 행정처분 전의 상태로 환원되는 것이라고는 할 수 없고, 단지 취소판결의 존재와 취소판결에 의하여 형성되는 법률관계를 소송당사자가 아니었던 제3자라 할지라도 이를 용인하지 않으면 아니된다는 것을 의미하는 것에 불과하다 할 것이며, 따라서 취소판결의 확정으로 인하여

당해 행정처분을 기초로 새로 형성된 제3자의 권리관계에 변동을 초래하는 경우가 있다 하더라도 이는 취소판결 자체의 형성력에 기한 것이 아니라 취소판결의 위와 같은 의미에서의 제3자에 대한 효력의 반사적 효과로서 그 취소판결이 제3자의 권리관계에 대하여 그 변동을 초래할 수 있는 새로운 법률요건이 되는 까닭이라 할 것이다. 대법원 1986. 8. 19. 선고 83다카2022 판결

2 기판력(모든 판결에 대해서 인정)

(1) 의의

• **취소소송의 소송물**(심판의 대상) : 처분의 위법성 일반(처분의 위법·적법 여부)

• **기판력** : 소송물에 관한 법원의 판단 내용(판결) 확정되면, 후소에서 이와 모순·저촉되는 주장·판단을 할 수 없게 하는 힘(∵ 법적 안정성)

> **예** A처분 취소소송(전소) ➡ 청구기각판결 확정 : 처분의 적법성에 대해 기판력○

> ➡ A처분 무효확인소송(후소) : 처분의 위법성 주장× 판단×

> ⇒ 결국 동일한 소송물에 대해서 다시 소송을 제기할 수 없게 하는 효과○(일사부재리의 원칙)

> **판례**
>
> 1. 과세처분취소 청구를 기각하는 판결이 확정되면 그 처분이 적법하다는 점에 관하여 기판력이 생기고 그 후 원고가 다시 이를 무효라 하여 그 무효확인을 소구할 수는 없는 것이어서, 과세처분의 취소소송에서 청구가 기각된 확정판결의 기판력은 그 과세처분의 무효확인을 구하는 소송에도 미친다. 대법원 1996. 6. 25. 선고 95누1880 판결
>
> 2. 행정청이 관련 법령에 근거하여 행한 공사중지명령의 상대방이 명령의 취소를 구한 소송에서 패소함으로써 그 명령이 적법한 것으로 이미 확정되었다면, 이후 이러한 공사중지명령의 상대방은 그 명령의 해제신청을 거부한 처분의 취소를 구하는 소송에서 그 명령의 적법성을 다툴 수 없다. 그와 같은 공사중지명령에 대하여 그 명령의 상대방이 해제를 구하기 위해서는 명령의 내용 자체로 또는 성질상으로 명령 이후에 원인사유가 해소되었음이 인정되어야 한다. 대법원 2014. 11. 27. 선고 2014두37665 판결

(2) 기판력의 범위 및 작용

• 기판력은 소송물에 대한 판단, 즉 처분의 위법성에 대한 판단(판결의 주문) 에만 미침.

• 판결이유에 적시된 구체적 위법사유 : 기판력 미치지 않음.

> **판례**
>
> 기판력의 객관적 범위는 그 판결의 주문에 포함된 것, 즉 소송물로 주장된 법률관계의 존부에 관한 판단의 결론 그 자체에만 미치는 것이고 판결이유에 설시된 그 전제가 되는 법률관계의 존부에까지 미치는 것은 아니다. 대법원 1987. 6. 9. 선고 86다카2756 판결

3 기속력(취소판결에 대해서만 인정)

(1) 의의

> **행정소송법 제30조 【취소판결 등의 기속력】** ① 처분 등을 취소하는 확정판결은 그 사건에 관하여 당사자인 행정청과 그 밖의 관계행정청을 기속한다.
> ② 판결에 의하여 취소되는 처분이 당사자의 신청을 거부하는 것을 내용으로 하는 경우에는 그 처분을 행한 행정청은 판결의 취지에 따라 다시 이전의 신청에 대한 처분을 하여야 한다.

- 판결의 취지에 따라 행동하도록 행정청 및 관계 행정청을 구속하는 힘
  ➡ 판결의 실효성 확보
  > **예** A처분 취소판결(∵ 처분사유a 위법) ➡ 다시 A처분(처분사유a) 할 수 없게 하는 힘

🏛 **판례**

> 행정소송법 제30조 제1항은 "처분 등을 취소하는 확정판결은 그 사건에 관하여 당사자인 행정청과 그 밖의 관계행정청을 기속한다."라고 규정하고 있다. 이러한 취소 확정판결의 '**기속력**'은 <u>취소 청구가 인용된 판결에서 인정되는 것</u>으로서 당사자인 행정청과 그 밖의 관계행정청에게 확정판결의 취지에 따라 행동하여야 할 의무를 지우는 작용을 한다. 이에 비하여 행정소송법 제8조 제2항에 의하여 행정소송에 준용되는 민사소송법 제216조, 제218조가 규정하고 있는 '**기판력**'이란 <u>기판력 있는 전소 판결의 소송물과 동일한 후소를 허용하지 않음</u>과 동시에, 후소의 소송물이 전소의 소송물과 동일하지는 않더라도 전소의 소송물에 관한 판단이 후소의 선결문제가 되거나 모순관계에 있을 때에는 후소에서 전소 판결의 판단과 다른 주장을 하는 것을 허용하지 않는 작용을 한다. 대법원 2016. 3. 24. 선고 2015두48235 판결

- 청구인용(취소)판결 확정된 경우에만 인정 ➡ 기각판결 후 처분청은 직권취소 가능
- 기속력에 위반한 행정청의 행위 : 당연무효

🏛 **판례**

> 확정판결의 당사자인 처분행정청이 그 행정소송의 사실심 변론종결 이전의 사유를 내세워 다시 확정판결과 저촉되는 행정처분을 하는 것은 허용되지 않는 것으로서 이러한 행정처분은 그 <u>하자가 중대하고도 명백한 것이어서 당연무효</u>라 할 것이다. 대법원 1990. 12. 11. 선고 90누3560 판결

(2) 반복금지효 : 동일한 처분의 반복금지

- 취소된 처분과 동일한 처분인지 판단 기준 : 기본적 사실관계의 동일성
  기본적 사실관계의 동일성× ➡ 동일한 처분× ➡ 반복 처분 가능
  기본적 사실관계의 동일성○ ➡ 동일한 처분○ ➡ 반복 처분 금지

아래 사례를 통해 기속력의 반복금지효를 쉽게 정리해 볼 수 있다.

[사례]

시장이 편의점 점주 갑에 대하여 "갑이 2023. 5. 8. 미성년자 을에게 '처음처럼'을 판매한 사실이 있음"을 이유로 영업정지 2월의 처분을 하였음. 갑은 취소소송을 제기하였고, 법원은 "갑이 2023. 5. 8. 미성년자 을에게 '처음처럼'을 판매한 사실이 없음"을 이유로 영업정지 2월의 처분을 취소하는 판결을 함.

① 취소판결 후 시장이 다시 갑에게 "갑이 2023. 5. 8. 미성년자 을에게 '참이슬'을 판매한 사실이 있음"을 이유로 영업정지 2월의 처분을 할 수 있는지?

② 취소판결 후 시장이 다시 갑에게 "갑이 2023. 5. 9. 미성년자 병에게 맥주를 판매한 사실이 있음"을 이유로 영업정지 2월의 처분을 할 수 있는지?

[해설]

①의 경우 시장이 다시 행한 처분은 법원의 취소판결 이유와 기본적 사실관계(2023. 5. 8. 을에게 술을 판매한 사실)가 동일하다(참이슬인지 처음처럼인지는 전혀 중요한 것이 아니기 때문). 따라서 ①의 경우 시장이 다시 행한 처분은 취소판결의 기속력에 저촉되어 위법하다.

②의 경우 시장이 다시 행한 처분은 법원의 취소판결 이유와 기본적 사실관계가 다르다(술을 팔았다는 날짜도 다르고 사람도 다름). 따라서 ②의 경우 시장이 다시 행한 처분은 취소판결의 기속력에 저촉되지 않고 적법하다.

판례

1. 재결의 기속력은 재결의 주문 및 그 전제가 된 요건사실의 인정과 판단, 즉 처분 등의 구체적 위법사유에 관한 판단에만 미친다고 할 것이고, 종전 처분이 재결에 의하여 취소되었다 하더라도 <u>종전 처분시와는 다른 사유를 들어서 처분을 하는 것은 기속력에 저촉되지 않는다</u>고 할 것이며, 여기에서 동일 사유인지 다른 사유인지는 종전 처분에 관하여 위법한 것으로 재결에서 판단된 사유와 **기본적 사실관계에 있어 동일성이 인정되는 사유인지 여부**에 따라 판단되어야 한다. 대법원 2005. 12. 9. 선고 2003두7705 판결

2. 과세처분시 납세고지서에 과세표준, 세율, 세액의 산출근거등이 누락되어 있어 이러한 절차 내지 형식의 위법을 이유로 과세처분을 취소하는 판결이 확정된 경우에 그 확정판결의 기판력(주 : 기속력을 의미함. 이하 같음)은 확정판결에 적시된 절차 내지 형식의 위법사유에 한하여 미친다고 할 것이므로 과세처분권자가 그 확정판결에 적시된 위법사유를 보완하여 행한 새로운 과세처분은 확정판결에 의하여 <u>취소된 종전의 과세처분과는 별개의 처분</u>으로서 확정판결의 기판력에 저촉되는 것은 아니다. 대법원 1986. 11. 11. 선고 85누231 판결

(3) 재처분의무 : 신청에 대한 거부처분이 취소된 경우

- 신청에 대한 거부처분이 취소 ➡ '판결의 취지'에 따라 다시 신청에 대한 처분을 하여야 함.
- 재처분의 내용이 종전 처분과 기본적 사실관계가 동일 ➡ 재처분은 기속력에 저촉되어 위법
- 재처분의 내용이 종전 처분과 기본적 사실관계가 상이 ➡ 재처분은 기속력에 저촉되지 않음.

판례

1. 행정소송법 제30조 제2항의 규정에 의하면 행정청의 <u>거부처분을 취소하는 판결이 확정된 때에는 그 처분을 행한 행정청이 판결의 취지에 따라 이전의 신청에 대하여 재처분할 의무가 있으나</u>, 이 때 확정판결의 당사자인 <u>처분 행정청</u>은 그 확정판결에서 적시된 위법사유를 보완하여 새로운 처분을 할 수 있다. 행정처분의 적법 여부는 그 행정처분이 행하여 진 때의 법령과 사실을 기준으로 하여 판단하는 것이므로 거부처분 후에 법령이 개정·시행된 경우에는 개정된 법령 및 허가기준을 <u>새로운 사유로 들어</u> 다시 이전의 신청에 대한 거부처분을 할 수 있으며 그러한 처분도 행정소송법 제30조 제2항에 규정된 재처분에 해당된다. 대법원 1998. 1. 7.자 97두22 판결

2. 행정소송법 제30조 제2항에 의하면, 행정청의 <u>거부처분을 취소하는 판결이 확정된 경우</u>에는 그 처분을 행한 행정청은 판결의 취지에 따라 이전의 신청에 대하여 <u>재처분할 의무가 있고</u>, 이 경우 확정판결의 당사자인 처분 행정청은 그 행정소송의 <u>사실심 변론종결 이후 발생한 새로운 사유</u>를 내세워 다시 이전의 신청에 대하여 거부처분을 할 수 있으며, 그러한 처분도 이 조항에 규정된 재처분에 해당한다. 대법원 1999. 12. 28. 선고 98두1895 판결

(4) 원상회복의무(위법상태제거의무)

- 행정청은 위법한 처분으로 인해 초래된 상태 또는 위법한 결과를 제거해야
  할 의무를 부담하게 됨.
- 명문의 규정 없음. / But 판례는 행정소송법 제30조를 근거로 하여 인정함.

(5) 기속력이 인정되는 범위

- 주관적 범위 : 행정청 및 관계 행정청
- 객관적 범위 : 판결의 주문 + 판결이유에서 적시된 개개의 위법사유

> 🏛 **판례**
>
> 1. 행정소송법 제30조 제1항에 의하여 인정되는 취소소송에서 처분 등을 취소하는 확정
>   판결의 기속력은 주로 판결의 실효성 확보를 위하여 인정되는 효력으로서 <u>판결의 주
>   문뿐만 아니라 그 전제가 되는 처분 등의 구체적 위법사유에 관한 이유 중의 판단에
>   대하여도 인정</u>된다. 대법원 2001. 3. 23. 선고 99두5238 판결
> 2. <u>취소 확정판결의 기속력은 판결의 주문 및 전제가 되는 처분 등의 구체적 위법사유
>   에 관한 판단에도 미치나, 종전 처분이 판결에 의하여 취소되었더라도 종전 처분과
>   다른 사유를 들어서 새로이 처분을 하는 것은 기속력에 저촉되지 않는다.</u> 여기에서
>   <u>동일 사유인지 다른 사유인지는 확정판결에서 위법한 것으로 판단된 종전 처분사유
>   와 기본적 사실관계에서 동일성이 인정되는지 여부에 따라 판단</u>되어야 한다. 대법원
>   2016. 3. 24. 선고 2015두48235 판결

(6) 간접강제

> **행정소송법 제34조 【거부처분취소판결의 간접강제】** ① 행정청이 제30조제2항의 규정에
> 의한 처분을 하지 아니하는 때에는 제1심 수소법원은 당사자의 신청에 의하여 결정으로
> 써 상당한 기간을 정하고 행정청이 그 기간 내에 이행하지 아니하는 때에는 그 지연기
> 간에 따라 <u>일정한 배상을 할 것을 명하거나 즉시 손해배상을 할 것을 명할 수 있다.</u>

- 거부처분 취소판결 확정 But 재처분의무 불이행 ➡ 행정청에 금전배상 명
  령(판결의 실효성 확보)
- 요건 : ① 판결의 취지에 따른 재처분의무의 불이행, ② 당사자의 신청(직권×)

> 🏛 **판례**
>
> 거부처분에 대한 취소의 확정판결이 있음에도 행정청이 아무런 재처분을 하지 아니하거
> 나, <u>재처분을 하였다 하더라도 그것이 종전 거부처분에 대한 취소의 확정판결의 기속력
> 에 반하는 등으로 당연무효라면 이는 아무런 재처분을 하지 아니한 때와 마찬가지라 할
> 것이므로 이러한 경우에는 행정소송법 제30조 제2항, 제34조 제1항 등에 의한 간접강제
> 신청에 필요한 요건을 갖춘 것으로 보아야 한다.</u> 대법원 2002. 12. 11.자 2002무22 결정

- 의무이행기간 경과 후 재처분의무 이행한 경우
  ➡ 배상금 추심 불가(∵ 배상금 : 지연손해금× / 재처분의무 이행을 위한
     심리적 강제수단○)

 판례

간접강제결정에 기한 배상금은 확정판결의 취지에 따른 재처분의 지연에 대한 제재나 손해배상이 아니고, 재처분의 이행에 관한 심리적 강제수단에 불과한 것이므로, 특별한 사정이 없는 한 간접강제결정에서 정한 의무이행기한이 경과한 후에라도 확정판결의 취지에 따른 재처분의 이행이 있으면 처분 상대방이 더 이상 배상금을 추심하는 것은 허용되지 않는다. 대법원 2004. 1. 15. 선고 2002두2444 판결

• 부작위위법확인소송O / 무효등확인소송×(∵ 준용 규정 없음)

 판례

행정소송법 제38조 제1항이 무효확인 판결에 관하여 취소판결에 관한 규정을 준용함에 있어서 같은 법 제30조 제2항을 준용한다고 규정하면서도 같은 법 제34조는 이를 준용한다는 규정을 두지 않고 있으므로, 행정처분에 대하여 무효확인 판결이 내려진 경우에는 그 행정처분이 거부처분인 경우에도 행정청에 판결의 취지에 따른 재처분의무가 인정될 뿐 그에 대하여 간접강제까지 허용되는 것은 아니라고 할 것이다. 대법원 1998. 12. 24.자 98무37 결정

기출OX 확인

01 영업허가취소처분이 나중에 행정쟁송절차에 의하여 취소되었더라도, 그 영업허가 취소처분 이후의 영업행위는 무허가영업이다. **22 국가** ( )

> 영업의 금지를 명한 영업허가취소처분 자체가 나중에 행정쟁송절차에 의하여 취소되었다면 그 영업허가취소처분은 그 처분시에 소급하여 효력을 잃게 되며, 그 영업허가취소처분에 복종할 의무가 원래부터 없었음이 확정되었다고 봄이 타당하고, 영업허가취소처분이 장래에 향하여서만 효력을 잃게 된다고 볼 것은 아니므로 그 영업허가취소처분 이후의 영업행위를 무허가영업이라고 볼 수는 없다. 대법원 1993. 6. 25. 선고 93도277 판결

02 조세부과처분을 취소하는 행정판결이 확정된 경우 부과처분의 효력은 처분 시에 소급하여 효력을 잃게 되므로 확정된 행정판결은 조세포탈에 대한 무죄를 인정할 명백한 증거에 해당한다. **22 국가** ( )

03 처분등을 취소하는 확정판결은 당사자 이외의 제3자에게는 효력이 없다. **10 지방** ( )

> **행정소송법 제29조【취소판결등의 효력】** ① 처분등을 취소하는 확정판결은 제3자에 대하여도 효력이 있다.

04 취소된 행정처분을 기초로 하여 새로 형성된 제3자의 권리가 취소판결 자체의 효력에 의해 당연히 그 행정처분 전의 상태로 환원되는 것은 아니다. **20 국가** ( )

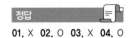
정답
01. X **02.** O **03.** X **04.** O

05 취소확정판결이 있으면 당사자는 동일한 소송물을 대상으로 다시 소를 제기할 수 없다. 14 지방 ( )

06 대법원은 기판력의 객관적 범위가 판결의 주문 이외에 판결이유에 설시된 그 전제가 되는 법률관계의 존부에도 미친다고 판시하고 있다. 10 국가 ( )

> 기판력의 객관적 범위는 그 판결의 주문에 포함된 것, 즉 소송물로 주장된 법률관계의 존부에 관한 판단의 결론 그 자체에만 미치는 것이고 판결이유에 설시된 그 전제가 되는 법률관계의 존부에까지 미치는 것은 아니다. 대법원 1987. 6. 9. 선고 86다카2756 판결

07 취소소송의 기각판결이 확정되면 기판력은 발생하나 기속력은 발생하지 않는다. 16 국가 ( )

08 행정처분이 판결에 의해 취소된 경우, 취소된 처분의 사유와 기본적 사실관계에서 동일성이 인정되지 않는 다른 사유를 들어 새로이 처분을 하는 것은 기속력에 반한다. 20 국가 ( )

> 취소 확정판결의 기속력은 판결의 주문 및 전제가 되는 처분 등의 구체적 위법사유에 관한 판단에도 미치나, 종전 처분이 판결에 의하여 취소되었더라도 종전 처분과 다른 사유를 들어서 새로이 처분을 하는 것은 기속력에 저촉되지 않는다. 대법원 2016. 3. 24. 선고 2015두48235 판결

09 과세처분 시 납세고지서에 절차 내지 형식의 위법을 이유로 과세처분을 취소하는 판결이 확정된 경우에, 과세처분권자가 그 확정판결에 적시된 위법사유를 보완하여 행한 새로운 과세처분은 확정판결의 기판력에 저촉되지 아니한다. 14 지방 ( )

10 취소판결의 기속력은 주로 판결의 실효성 확보를 위하여 인정되는 효력으로서 판결의 주문뿐만 아니라 그 전제가 되는 처분 등의 구체적 위법사유에 관한 이유 중의 판단에 대하여도 인정된다. 20 국가 ( )

11 행정청이 재처분이 취소판결의 기속력에 저촉되더라도 당연무효는 아니고 취소사유가 될 뿐이다. 19 국가 ( )

> 확정판결의 당사자인 처분행정청이 그 행정소송의 사실심 변론종결 이전의 사유를 내세워 다시 확정판결과 저촉되는 행정처분을 하는 것은 허용되지 않는 것으로서 이러한 행정처분은 그 하자가 중대하고도 명백한 것이어서 당연무효라 할 것이다. 대법원 1990. 12. 11. 선고 90누3560 판결

12 행정청이 재처분을 하였더라도 취소판결의 기속력에 저촉되는 경우에는 甲은 간접강제를 신청할 수 있다. 19 국가 ( )

13 행정청이 간접강제결정에서 정한 의무이행 기한 내에 재처분을 이행하지 않아 배상금이 이미 발생한 경우에는 그 이후에 재처분을 이행하더라도 甲은 배상금을 추심할 수 있다. 19 국가 ( )

> 간접강제결정에 기한 배상금은 확정판결의 취지에 따른 재처분의 지연에 대한 제재나 손해배상이 아니고, 재처분의 이행에 관한 심리적 강제수단에 불과한 것이므로, 특별한 사정이 없는 한 간접강제결정에서 정한 의무이행기한이 경과한 후에라도 확정판결의 취지에 따른 재처분의 이행이 있으면 처분 상대방이 더 이상 배상금을 추심하는 것은 허용되지 않는다. 대법원 2004. 1. 15. 선고 2002두2444 판결

13. X

대표 기출문제

01 사정판결에 대한 설명으로 옳지 않은 것은? (다툼이 있는 경우 판례에 의함)
2021 지방직

① 사정판결은 본안심리 결과 원고의 청구가 이유 있다고 인정됨에도 불구하고 처분을 취소하는 것이 현저히 공공복리에 적합하지 아니하다고 인정하는 때 원고의 청구를 기각하는 판결을 말한다.
② 사정판결은 항고소송 중 취소소송 및 무효등확인소송에서 인정되는 판결의 종류이다.
③ 법원이 사정판결을 함에 있어서는 미리 원고가 그로 인하여 입게 될 손해의 정도와 배상방법 그 밖의 사정을 조사하여야 한다.
④ 원고는 피고인 행정청이 속하는 국가 또는 공공단체를 상대로 손해배상, 제해시설의 설치 그 밖에 적당한 구제방법의 청구를 당해 취소소송 등이 계속된 법원에 병합하여 제기할 수 있다.

01
② 당연무효의 행정처분을 소송목적물로 하는 행정소송에서는 <u>존치시킬 효력이 있는 행정행위가 없기 때문에 행정소송법 제28조 소정의 사정판결을 할 수 없다.</u> 대법원 1996. 3. 22. 선고 95누5509 판결

02 「행정소송법」상 취소소송에서 확정된 청구인용판결의 효력에 대한 설명으로 옳지 않은 것은? (다툼이 있는 경우 판례에 의함) 2020 국가직

① 취소판결의 효력은 원칙적으로 소급적이므로, 취소판결에 의해 취소된 영업허가취소처분 이후의 영업행위는 무허가영업에 해당하지 않는다.
② 취소된 행정처분을 기초로 하여 새로 형성된 제3자의 권리가 취소판결 자체의 효력에 의해 당연히 그 행정처분 전의 상태로 환원되는 것은 아니다.
③ 취소판결의 기속력은 주로 판결의 실효성 확보를 위하여 인정되는 효력으로서 판결의 주문뿐만 아니라 그 전제가 되는 처분 등의 구체적 위법사유에 관한 이유 중의 판단에 대하여도 인정된다.
④ 행정처분이 판결에 의해 취소된 경우, 취소된 처분의 사유와 기본적 사실관계에서 동일성이 인정되지 않는 다른 사유를 들어 새로이 처분을 하는 것은 기속력에 반한다.

02
④ 취소 확정판결의 기속력은 판결의 주문 및 전제가 되는 처분 등의 구체적 위법사유에 관한 판단에도 미치나, 종전 처분이 판결에 의하여 취소되었더라도 종전 처분과 다른 사유를 들어서 새로이 처분을 하는 것은 기속력에 저촉되지 않는다. 여기에서 동일 사유인지 다른 사유인지는 확정판결에서 위법한 것으로 판단된 종전 처분사유와 기본적 사실관계에서 동일성이 인정되는지 여부에 따라 판단되어야 한다. 대법원 2016. 3. 24. 선고 2015두48235 판결

03 甲은 관할 A행정청에 토지형질변경허가를 신청하였으나 A행정청은 허가를 거부하였다. 이에 甲은 거부처분취소소송을 제기하여 재량의 일탈·남용을 이유로 취소판결을 받았고, 그 판결은 확정되었다. 이에 대한 설명으로 옳은 것은? (다툼이 있는 경우 판례에 의함)　　　**2019 국가직**

① A행정청이 거부처분 이전에 이미 존재하였던 사유 중 거부처분 사유와 기본적 사실관계의 동일성이 없는 사유를 근거로 다시 거부처분을 하는 것은 허용되지 않는다.

② A행정청이 재처분을 하였더라도 취소판결의 기속력에 저촉되는 경우에는 甲은 간접강제를 신청할 수 있다.

③ A행정청의 재처분이 취소판결의 기속력에 저촉되더라도 당연무효는 아니고 취소사유가 될 뿐이다.

④ A행정청이 간접강제결정에서 정한 의무이행 기한 내에 재처분을 이행하지 않아 배상금이 이미 발생한 경우에는 그 이후에 재처분을 이행하더라도 甲은 배상금을 추심할 수 있다.

03

② 거부처분에 대한 취소의 확정판결이 있음에도 행정청이 아무런 재처분을 하지 아니하거나, 재처분을 하였다 하더라도 그것이 종전 거부처분에 대한 취소의 확정판결의 기속력에 반하는 등으로 당연무효라면 이는 아무런 재처분을 하지 아니한 때와 마찬가지라 할 것이므로 이러한 경우에는 행정소송법 제30조 제2항, 제34조 제1항 등에 의한 간접강제신청에 필요한 요건을 갖춘 것으로 보아야 한다. 대법원 2002. 12. 11.자 2002무22 결정

① 취소 확정판결의 기속력은 판결의 주문 및 전제가 되는 처분 등의 구체적 위법사유에 관한 판단에도 미치나, 종전 처분이 판결에 의하여 취소되었더라도 종전 처분과 다른 사유를 들어서 새로이 처분을 하는 것은 기속력에 저촉되지 않는다. 여기에서 동일 사유인지 다른 사유인지는 확정판결에서 위법한 것으로 판단된 종전 처분사유와 기본적 사실관계에서 동일성이 인정되는지 여부에 따라 판단되어야 한다. 대법원 2016. 3. 24. 선고 2015두48235 판결

③ 확정판결의 당사자인 처분행정청이 그 행정소송의 사실심 변론종결 이전의 사유를 내세워 다시 확정판결과 저촉되는 행정처분을 하는 것은 허용되지 않는 것으로서 이러한 행정처분은 그 하자가 중대하고도 명백한 것이어서 당연무효라 할 것이다. 대법원 1990. 12. 11. 선고 90누3560 판결

④ 간접강제결정에 기한 배상금은 확정판결의 취지에 따른 재처분의 지연에 대한 제재나 손해배상이 아니고, 재처분의 이행에 관한 심리적 강제수단에 불과한 것이므로, 특별한 사정이 없는 한 간접강제결정에서 정한 의무이행기한이 경과한 후에라도 확정판결의 취지에 따른 재처분의 이행이 있으면 처분 상대방이 더 이상 배상금을 추심하는 것은 허용되지 않는다. 대법원 2004. 1. 15. 선고 2002두2444 판결

정답 03. ②

강성빈

주요 약력

고려대학교 사회학과, 법학과 졸업
고려대학교 대학원 법학과 졸업(법학 석사)
전북대학교 법학전문대학원 졸업
공군 학사장교
변호사시험 합격
현 변호사
전 메가공무원/메가소방 행정법
현 박문각공무원 행정법

주요 저서

2024 박문각 공무원 입문서 시작! 강성빈 행정법
강성빈 행정법총론 기본서
강성빈 행정법총론 서브&요약노트
강성빈 행정법총론 진도별 기출문제집
강성빈 소방행정법 진도별 기출문제집

시작!
강성빈
행정법

박문각 공무원
입문서

초판인쇄 | 2023. 5. 15. **초판발행** | 2023. 5. 19. **편저자** | 강성빈 **발행인** | 박 용
발행처 | (주)박문각출판 **등록** | 2015년 4월 29일 제2015-000104호
주소 | 06654 서울시 서초구 효령로 283 서경 B/D 4층
팩스 | (02)584-2927 **전화** | 교재 주문·내용 문의 (02)6466-7202

저자와의
협의하에
인지생략

정가 17,000원 ISBN 979-11-6987-298-0
ISBN 979-11-6987-302-4(세트)

* 본 교재의 정오표는 박문각출판 홈페이지에서 확인하실 수 있습니다.